分《虞書》、《夏書》、《商書》、《周書》。儒家五經之一，又稱《書經》。現在《十三經注疏》本《尚書》是《今文尚書》和偽《古文尚書》的合編本。現存版本真偽參半。

《尚書》為虞、夏、商、周各代典、謨、訓、誥、誓、命等文獻。

「典」是重要史實記載；

「謨」是記君臣謀略的；

「訓」是臣開導君主的話；

「誥」是勉勵的文告；

「誓」是君主訓誡士眾的誓詞；

「命」是君主的命令。

還有以人名標題的，如《盤庚》《微子》；

有以事為標題，如《高宗肜日》《西伯戡黎》；

有以內容為標題的，如《洪範》《無逸》。

我國最早的一部歷史文獻典籍

尚書新解

不詳 ○原著

唐婷 ○編譯

國學經典
原味呈現

　　《尚書》是中國最古老的一部文獻典籍。據《春秋説題辭》解釋：「尚者上也，上古帝王之遺出也。」在先秦時單稱作《書》。「書」是著的意思，

導讀 /《尚書》是一本「上古的史書」

一、尚書的性質和時代

　　《尚書》是中國最古老的一部文獻典籍。據《春秋說題辭》解釋：「尚者上也，上古帝王之遺出也。」在先秦時單稱作《書》。「書」是著的意思，即如《說文》所說：「書，著也。從聿者聲。」《說文序》又說：「著於竹帛謂之書，書者，如也。」就《尚書》的性質而言，它實是一部上古三代的政治檔案資料彙編。其中有政治領導人的訓話，有座談會紀要，有君臣談話，有誥命，有誓辭，有大臣的謀略及訓誡等等。總之多是與軍國大事相關的。故《荀子‧勸學》說：「書者，政事之紀也。」《史記‧自序》也說：「《書》記先王之事，故長於政。」

　　在中國文化典籍中，《尚書》與《周易》、《詩經》、《禮》（《禮》有三，即《周禮》、《儀禮》、《禮記》。最早列入「五經」的《禮》當是《儀禮》，唐宋以後始更為《禮記》）、《春秋》，共同構成一個經典系統，此即所謂的「五經」。故《尚書》又稱作《書經》。先秦時有「六經」之稱，是把失傳的《樂經》也包括在內了。在這個經典文化系統中，《尚書》主要承載著講述事理、「疏通知遠」的功能。故《莊子‧天下篇》說：「詩以道志，書以道事，禮以道行，樂以道和，易以道陰陽，春秋以道名分。」《禮記經解》也說：「孔子曰：入其國，其教可知也。其為人也，溫柔敦厚，《詩》教也；疏通知遠，《書》教也；廣博易良，《樂》教也；絜靜精微，《易》教也；恭儉莊敬，《禮》教也；屬辭比事，《春秋》教也。」所謂「疏通知遠」，是指疏通豁達，不蔽於物，而能見識深遠，因為《尚書》記述二帝三王政治始末，可使人考古驗今，不僅能明曉歷史，而且可推知未來。唐代劉知幾說：「《尚書》者，七經之冠冕，百氏之襟袖。凡學者必精此書，次覽群籍。」也正是從這個角度立說的。

　　《尚書》五十八篇，所涉及的時代，上起堯舜，下至秦穆公。有的篇章是透過前代口傳而留下來的，有的是後世史官根據材料、傳說所作的追述。以前人認為《堯典》是時代最早的一篇。但《堯典》開首即云：「曰若稽古，帝堯曰放勳。」「稽古」就是「考古」，

這顯然是後人的追述，而不是堯時候的文獻。有可能是周朝史官整理的堯時的檔案，具體時間則不好定。像《虞書》、《夏書》、《商書》中的大多篇章，都有可能寫定於周朝史官之手。只有《周書》，多保留的是原始檔案。因此在語言上，《周書》反而比《虞書》、《夏書》更難懂。《秦誓》是秦穆公時的一篇誓辭，這應該是時間最晚的。關於《尚書》的編輯，傳統認為出於孔子之手。近人又有以為是秦人者，因為最後一篇是秦國的作品。目前學術界尚無定論。

二、關於《尚書》的今、古、偽問題

《尚書》在先秦時具體是什麼樣子我們無法見到，《漢書·藝文志》言：「故《書》之所起遠矣，至孔子纂焉，上斷自堯，下訖於秦，凡百篇而為之序。」談到《書》有百篇，兩漢學者多同此說。劉起釪先生曾對先秦文獻引用《尚書》的情況作過統計①，從引用情況來看，先秦所見到的《尚書》篇目極有可能是上百篇。

秦始皇時，頒布焚書令，要將《詩》、《書》等典籍統統燒掉。博士伏生便將一部《尚書》藏在自家的牆壁中。一直到漢初免除焚書令後，伏生才取出壁中的《尚書》，教授於齊、魯之間。漢初，孝文帝徵求研究《尚書》的學者，聽到了濟南人伏生的情況。此時，伏生已九十多歲，不便行走，於是朝廷就派晁錯去伏生家學習《尚書》。伏生所傳授的《尚書》僅二十八篇，據說有十餘篇已經遺失。晁錯記下此二十八篇，帶回了朝廷。到漢武帝時，魯恭王拆修孔子舊宅，從牆壁中發現了幾部用先秦古文字寫的書籍，其中有一部就是《尚書》。經孔安國與「伏生本」比對後，發現比「伏生本」多出十六篇。因為是用先秦古文字寫成，沒有經過官方組織做文字的規範化的整理，於是就稱作古文《尚書》；「伏生本」是用漢代通行的文字整理的，故作今文《尚書》。武帝末年，得《泰誓》篇，用隸書寫成，據推斷是屬於秦朝官方的藏本②。此篇不在伏生的二十八篇中，當時的博士便把這篇加入其中，以成今文《尚書》二十九篇。

關於「今、古文」的命名，最初當然是依據文字，但這並不意味著「古文」本就一直以古文的姿態流傳於兩漢。實際上，「古文」

本被發現之後，孔安國就比對今文《尚書》，將古文《尚書》可以讀懂的篇目用當時通用的隸書重新摹寫。所以，應該說兩者都是今文。古文學派與今文學派最大的不同並不來自於文字，而是來自於是否立於學官。

西漢時，傳授今文《尚書》的主要有歐陽家、大夏侯家、小夏侯家。三家各立門戶，自有講章，並分別於武帝、宣帝時立於學官。因此，今文《尚書》在漢朝取得了正統地位，在官方的支持下，獲得了廣泛傳播，並與利祿之途聯繫了起來，成了知識群體進身官場的一條途徑。古文《尚書》雖在王莽時因為政治原因被立於學官，但隨著王莽政權的崩潰，又被冷落，作為一個民間學術流派而存在著。到東漢後期，隨著漢家政權的衰落，今文《尚書》也開始失去強有力的政治靠山，而長期的「官養」，使這個學派失去了競爭能力。古文《尚書》則在沒有政治力量支持的背景下，憑藉自身的學術實力在民間發展，培養起了頑強的競爭能力。在「官養學術」走向衰落時，經大學者賈逵、馬融、鄭玄等的發現與提倡，便逐漸走向興盛。到魏文帝曹丕重新設立「五經」博士時，古文《尚書》便自然走向聖壇，被立於學官。這時今文《尚書》便很少有人問津，漢代的今、古文之爭，被古文學派內部的鄭（玄）、王（肅）之爭所取代。

西晉永嘉五年，匈奴攻陷洛陽，擄走懷帝，爆發了著名的「永嘉之亂」。經過這場戰亂，伏生所傳授的《今文尚書》徹底失傳，《古文尚書》所多出的十六篇也佚失，只剩下立於學官的三十四篇③。到東晉，談玄風盛，經學不受重視。元帝時，梅賾獻上自稱是漢代孔安國傳本的《古文尚書》五十八篇。這本《尚書》被後世稱作《孔傳古文尚書》，也就是今本《尚書》。孔傳本《尚書》南朝梁武帝時開始盛行，到唐代，孔穎達奉敕撰《尚書正義》，以之作底本，由此而確立了它在經學史上的正統地位。

但孔傳本《古文尚書》因來路蹊蹺，因此從唐代開始就引起了人的懷疑。到宋代，疑經之風興起，吳棫著《書裨傳》，對其進行了考辨，提出了《書》中某些篇目晚出的懷疑。朱熹在其基礎上又有所發展。到明代，梅鷟著《讀書譜》、《尚書考異》，從多方蒐

尋證據，力證《古文尚書》為偽書，是皇甫謐之偽作。到清朝，閻若璩著《尚書古文疏證》，提出了一百二十八個疑問，最終將《古文尚書》本釘了十字架上。其後雖毛奇齡等為之申冤，但相應者甚少。民國以來的《尚書》注本，多注今文不注古文，《古文尚書》明顯地被冷落、拋棄。

關於《孔傳古文尚書》的真偽問題，近些年來又成為《尚書》學研究上的一個重點。隨著地下出土文獻的新發現，以及新的科學研究手段的應用，為《古文尚書》翻案的聲音逐漸高了起來。但不論真與偽，有一點毋庸置疑，即《古文尚書》作為帝王的教科書，它參與了中國文化的營建工程，並產生了積極的作用。我們不應該只關注它的史料價值，更應該關注它在文化思想上的意義。不能因為它有作偽的嫌疑就判處它的死刑，忽略了它曾經有過並將繼承產生的歷史作用。

三、《尚書》的當代意義

在「五經」中，《周易》談天道，《禮》講行人道，而《尚書》則重在王道，它的政治意義與歷史意義堪為「五經」之首，故子夏稱：「《書》之論事，昭昭若日月之代明，離離若星辰之錯行，上有堯舜之道，下有三王之義。」（《孔叢子·論書第二》）《尚書》中所宣導的以道德為核心的價值觀念和以中和為核心的文化精神，直接影響了中國歷史的運動模式和方向。在中國人顛覆舊經學體系的文化革命進行了一個世紀的今天，我們重新提出《尚書》的當代意義，似乎不合時宜。然而在應對西方價值觀伴隨著武力與文化侵略向全球推開的挑戰中，我們發現《尚書》所運載的人類累積了數千年的文明成果——價值系統與生存智慧，對於解決當代社會與人類面臨的諸多難題具有非常大的意義。因為它給我們提供了另一種思路，使人類有了更多的選擇。我們可從以下三方面來思考這個問題。

（一）「敬德保民」的治平原則

古來朝代的興衰、戰爭的勝敗、治理的得失都是後世借鑒吸取的教訓。《尚書》強調「學於古訓乃有獲」，在君臣的告誡勸勉中，

很自然地多有對歷史的評判、對後世的規誡，而功過是非最終都歸結到「有德」與「無德」上。《太甲（下）》篇，伊尹說：「德惟治，否德亂。」凡是秉德而行，國家就太平；凡惡德暴行，國家必亡。在這裡，不強調文韜武略，不強調兵力雄厚，不強調國土廣袤，只強調「德」在治世安民上的決定性作用。孟子所云「得道者多助，失道者寡助」，也是同樣的道理。

這個價值系統，在社會生活的取向上，自是貴義而賤利，這與西方追求利益最大化的價值觀自然背道而馳；在治國方略上，強調「德政」，有「皇天無親，惟德是輔」之說，這與西方所謂的「法治」自然也如同天壤。在今天，「法治」被許多人認作是最佳的治世方略，故而大喊要推進法治進程。《尚書》所宣導的這個價值系統對我們的啟示是，在「敬德」觀念所營建的文化生態中，人可能感到的是人間的溫情，是真正的幸福感受。當然這種文化生態也是很脆弱的，經受不起利己主義的精神污染。如何德、法並舉，修復世道人心，這是值得思考的問題。「德」能喚起人內心向善的追求，是深沉的、引導性的教化。「法」則是外加的、強制實行的，是對利己行為的限制。孔子說：「道之以政，齊之以刑，民免而無恥；道之以德，齊之以禮，有恥且格。」這裡明確地指出了道德禮義與刑法政治的區別。道德教化的政治方略是讓人明是非，知禮義，而「法治」則無是非可言，只有絕對遵守。道德良心之網疏而不漏，法律之網則是密而有缺。因此在一再強調「法治」的今天，三聚氰胺毒奶粉、蘇丹紅毒鴨蛋之類的事件仍頻頻發生。

（二）「協和萬邦」的世界精神

《堯典》說堯帝「光被四表，格於上下……百姓昭明，協和萬邦」；《大禹謨》言「萬邦咸寧」，謂禹「淹有四海，為天下君」，「朔南暨聲教，訖於四海」；《益稷》篇言「烝民乃粒，萬邦作乂」；《仲虺之誥》言「表正萬邦，纘禹舊服」；《洛誥》言「萬邦咸休」。在這裡，淡漠了狹隘的民族主義和國家觀念，展現出的是博大的天下觀念和與世界共存共榮的精神。由於淡漠了狹隘的民族主義和國家觀念，因此在成湯平定天下時，出現了「東征西夷怨，南征北夷怨，曰：『奚獨後予』」的現象（《仲虺之誥》）；在武王伐商時，

戰場上商人軍隊中也出現了「前徒倒戈，攻於後以北」的現象（《武成》）。狹隘的民族主義的破除，便意味著天下觀念的確立。我們應該看到，民族觀念太強，必會導致民族之間的利益衝突。西方人強調的愛國主義觀念，表面上是一種道德精神，但那種狹隘的愛國行為，必然後造成對別國的傷害。即如墨子所說：「獨知愛其國不愛人之國，是以不憚舉其國以攻人之國。」二次世界大戰中的日本、德國等就是例子。只有天下觀念才能帶來世界的和平與穩定。如今西方發達國家動不動就以各種理由向不發達國家（特別是有豐富資源的國家）發動戰爭，其目的不外乎在「國家利益高於一切」的幌子下，掠奪別國資源，損人以利己。這種掠奪戰爭的加頻，其後果必然導致世界性災難的出現。如何在中國傳統天下觀念的導引下，實現人類的和平統一，這是人類一條避免自殺之路。著名歷史學家湯因比之所以把世界未來的希望寄託在中國文化上，原因正在於此。

（三）聖王楷模與王道政治

《尚書》記事從堯開始，曆記舜、禹、湯到文王、周公，這是一個政治統治合法性的天命傳承系統，也是中國文化道統與治統統一的王道典範。宋明以來所說的道統，就是在《尚書》所記載的這個系統的基礎上提出的。在這個系統中，最核心的思想就是一個「道」字。堯、舜、禹、湯、文、武、周公，他們都是道的堅持者。這道就是人間的正道，醞釀著天地間的溫愛。君王擁有這個道，便是「有道明君」，他所代表的便是天下人民的利益；一旦失道，便成為「無道昏君」，就失去了王權擁有的合理性。天下百姓便有權利將他推翻。三代以上大多情況下是政教合一的，聖君同時擁有道。秦漢以後中央集權制的形成，加大了皇帝的權威，但在理論上「道」仍居於皇帝之上，臣下可以「道」為根據來制止皇帝的無道行為，對皇帝實行強諫；天下萬民仍可以道的存亡，來決定皇帝的命運。中國古代王朝約三百年一個週期的循環規律，便是在道的存亡之間進行的。現在許多人把中國古代的這種制度稱是專制，而呼籲西方的「民主」。但我們要看到「道」與「民主」之間的不同的性質及功能。「道」重在「德」，是以和諧為旨歸的；「民主」則重在「利」，

是以物質利益為目標的。道的出發點是天下,民主的出發點是自己。民主表決一件事情,每一個表決者都以自己的利益為出發點,最後少數服從多數。這樣眾多人為了一個共同的利益努力,必然會增強一個群體的實力。因此「民主」可增強集團——包括國家、民族的競爭力,但卻無法消除國家、民族間因利益競爭而導致的衝突。中國之道雖不利於民族、國家物質競爭力的增強,但卻有利於天下和平,因為它講的不是集團的小利,而是天下的「大利」,而對全天下的人都有好處的莫過於「和平」,這和平只有在「道」中才能獲得。在全世界都在強調民主的今天,我們不應忽略道是一個比民主更高的層次。

總之,《尚書》所呈現的是一個以道德為核心的價值體系,對一切事物的評價都以是否合道德為原則。而近代從西方輸進的價值觀念,無論是「法治」,還是「愛國」、「民主」,都是以個人或集團利益為前提的。我們每一個人面對「道德」與「利益」做選擇時,可能會遇到良知與欲望的衝突。但我們期待別人的選擇時,你會希望他拋棄道德嗎?

注釋

① 劉起釪,《尚書學史》第 62 頁,中華書局 1989 年版。

② 馬雍,《尚書史話》第 11 頁。

③ 與今文《尚書》相比,古文《尚書》將《盤庚》、《泰誓》分為上、中、下三篇,從《顧命》篇分出《康王之誥》,共三十四篇。

序言

　　《尚書》是上古之書，記載了虞、夏、商、周的各項政治檔，包括君王的誥令、作戰的誓辭、大臣的謀略勸誡等。劉起釪先生認為《尚書》是「上古的史書」，強調了它作為歷史文獻資料的重要價值。同時，我們更要看到，《尚書》作為「五經」之一，它在建構中華民族精神文明的過程中所產生的重要作用。這樣一部專講政事的經典，確立起一個以敬天保民、重德厚生為核心的政治思想體系，成為了後世君王的準則與理想追求。

　　《尚書》五十八篇涉及的時代，上起堯舜，下至春秋時期的秦穆公。全書內容分為「虞書（5篇）」、「夏書（4篇）」、「商書（17篇）」、「周書（31篇）」四部分，主要有典、謨、訓、誥、誓、命六種體例。典，是記載五帝歷史事件的重要文書。有《堯典》、《舜典》，記載堯帝、舜帝治理天下的事蹟。謨，是記載大臣重要謀略的文書。如《大禹謨》、《皋陶謨》等。《大禹謨》篇大禹提出了注重「養民」的政治謀略，《皋陶謨》篇皋陶提出了「知人安民」的行政主張。訓，是大臣教誨君王的訓誡。如《五子之歌》、《伊訓》、《高宗肜日》、《無逸》等。誥，是君王誥諭臣下的文書，如《湯誥》、《康誥》、《酒誥》等。這類文體有近二十篇，是構成《尚書》的主要部分。誓，是作戰前鼓舞士氣、宣明紀律的誓辭。如《甘誓》、《泰誓》、《牧誓》等。此類文體一般先聲明敵方的罪行，再說作戰紀律，最後說賞罰。命，是君王任命官員的冊命辭。如《說命》、《畢命》等。

　　另外還有地理著作《禹貢》、闡述治國大法的《洪范》、祝禱之辭《金縢》、法律著作《呂刑》等。總之，《尚書》內容十分豐富，涉及到上古時代的政治、哲學、軍事、禮儀、地理、天文曆法等多方面，保存了大量珍貴的歷史文化資料。

　　歷代研究《尚書》的著作浩如煙海。僅《四庫全書總目》著錄就多達 134 部，1081 卷。《續修四庫全書總目》著錄達 274 種。日本江戶時代的《尚書》學著作也多達 260 餘種。現揀選其中具有代表性的幾部，略做介紹，以供參考。

（唐）孔穎達《尚書正義》二十卷。孔穎達，字仲達，河北衡水人。此書的主要特點是：（一）以東晉梅賾所獻的《孔傳古文尚書》為本，參考隋代大儒劉焯、劉炫等的注釋作「正義」，擇善而從，削繁增簡。（二）保存了馬融、鄭玄、王肅等多家《尚書》注，辨析各家得失，並參考各家注來補充、疏解《孔傳》。（三）疏解經傳注重「文勢」，開始強調文學性。

　　（宋）蔡沈《書集傳》六卷。蔡沈，號九峰，福建建陽市人。師從朱熹。《書集傳》代表了宋代《尚書》學研究的最高成就。該書的特點是：

　　（一）「嚴守師道又不泥於師說，博採眾長，敢創新識」；（二）「析分今古文而又不拘今古文《書》說，堅持以義理說《書》」；（三）「重視漢宋注疏傳統又不囿於成式，傳語易簡暢達」；（四）「保存了大量已失傳的重要《書》說」。

　　（清）閻若璩《古文尚書疏證》八卷。閻若璩，字百詩，太原人，後遷居江蘇淮安。《疏證》針對東晉梅賾所獻的《孔傳古文尚書》提出一百二十八條論證，有文獻、史實方面的證據，有《孔傳古文尚書》內容上的矛盾，又旁徵博引多家說法，最後判定《孔傳古文尚書》為「偽書」。雖然「引證過於龐雜，時常拉扯到一些不相干的論題上去，從而使自己的主要論點不夠突出」，但他的觀點產生了巨大影響，後來的學者多遵從其說。

　　（清）孫星衍《尚書今古文注疏》三十卷。孫星衍，字淵如，陽湖（今江蘇武進）人。注疏重在訓詁考據，故盡收漢魏佚說，兼采清儒王鳴盛、江聲、段玉裁及王念孫父子等時人考據成果，獨棄宋明人注而不取，以其無師傳，恐滋臆說。清人《尚書》注本以此書用功最勤，故皮錫瑞《經學通論》說：「治《尚書》當先看孫星衍《尚書今古文注疏》、陳喬樅《今文尚書經說考》。」此書被列入《清十三經注疏》中。

　　楊筠如《尚書覈詁》四卷。楊筠如（1903~1946），字德昭，湖南省常德縣人。大學時代，就讀於南京東南大學國文系。後考入清華大學，師從王國維。此書是他的畢業論文。僅注今文篇目，注解每以甲骨文、金文及漢唐舊注為證，並不逐字逐句詳說，只選取

疑難艱深的字詞作考釋。不墨守師說，多有創見。

顧頡剛、劉起釪《尚書校釋譯論》。顧頡剛（1893~1980），字銘堅，江蘇吳縣人。為20世紀疑古派的領軍人物。劉起釪（1917~），湖南安化人，中央大學歷史系研究生畢業，師從顧頡剛先生。1976年進入中國社會科學院歷史研究所。研究上古史，主攻《尚書》。著有《尚書學史》、《尚書校釋譯論》、《古史續辨》等。此書是劉起釪先生依據顧頡剛先生的《尚書大誥今譯（摘要）》的體例而作，選取今文《尚書》二十八篇，依次作「校釋、今譯、討論」，故取名「校釋譯論」。

江灝、錢宗武《今古文尚書全譯》。錢宗武（1952~），揚州大學文學院教授。著有《唐前傳奇箋釋》、《帝王政書尚書》、《今文〈尚書〉語法研究》、《〈尚書〉新箋與上古文明》、《今文〈尚書〉語言研究》、《漢語論叢》等。該書對《孔傳古文尚書》五十八篇全部做了譯注。每篇前有題解，經文前分列《書序》，注釋簡潔，翻譯流暢，是適合大眾閱讀的通俗版本。

本書原文以孔穎達《尚書正義》為底本，注釋和譯文參考了古今多家的研究成果。本次注釋，對於一篇裡重複出現的字詞，如果意思相同，則不再另注。注釋時採用《孔傳古文尚書》，簡稱《孔傳》；採用孔穎達《尚書正義》，簡稱《孔疏》。譯文多採取直譯，實在不宜直譯處意譯。書末附有「《尚書》名言名句」，以方便讀者。由於譯注者才疏學淺，難免有錯訛及疏漏，懇請方家指正。

唐　婷

目録

◎尚書序言

尚書序言

題解

◆ 此序又稱作（大序），與分列於各篇之首的《書序》相區別。東晉時，梅賾向朝廷進獻自稱是孔安國所傳的《古文尚書》，始有此序。序中以孔安國的口吻講述了得「壁中書」的經過，及承詔作傳等事。從宋朝開始，學者大多懷疑此序並非出於孔安國之手。朱熹曾說：「《書序》（指《大序》）恐不是孔安國做，漢文粗枝大葉，今《書序》細膩，只是魏、晉六朝文字。」此序非孔安國所作已是定論，學者多認為作於魏晉時。

➲ 原文

古者伏犧氏之王天下也①，始畫八卦②，造書契③，以代結繩之政④，由是文籍生焉⑤。

伏犧、神農、黃帝之書⑥，謂之「三墳」⑦，言大道也。少昊、顓頊、高辛、唐、虞之書⑧，謂之「五典」㊴，言常道也。至於夏、商、周之書，雖設教不倫⑩，雅誥奧義⑪，其歸一揆⑫。是故歷代寶之，以為大訓。八卦之說，謂之「八索」⑬，求其義也。九州之志，⑭謂之「九丘」⑮。丘，聚也。言九州所有，土地所生，風氣所宜，皆聚此書也。《春秋左氏傳》曰，楚左史倚相「能讀三墳、五典、八索、九丘」，即謂上世帝王遺書也。

注釋

① 伏犧：又作伏羲，古代傳說中的部落首領。　　王（ㄨㄤˋ）：統治天下。

② 八卦：指八種具有象徵意義的基本圖形，每個圖形由代表陽的「-」（陽爻）和代表陰的「--」（陰爻）組成。有乾、坤、震、巽、坎、離、艮、兌八種。最初是反映古代人們對現實世界的認識，後來被用為卜筮的符號。

③ 書契：文字。契，指刻木而書其側。

④ 結繩：文字產生前的記事方法。用繩打結，透過不同的形狀

和數量標記不同的事。

⑤ 由是：因此。

⑥ 神農：即炎帝。　黃帝：姬姓，號軒轅氏，又稱有熊氏。後世將伏犧、神農、黃帝合稱為「三皇」。

⑦ 三墳：《孔疏》：「墳，大也。以所論三皇之事其道至大，故曰：『言大道也』。」

⑧ 少昊（ㄏㄠˋ）：黃帝的兒子，與顓頊、高辛、堯、舜合稱為「五帝」。

顓頊（ㄓㄨㄢ ㄒㄩˋ）：黃帝的孫子，昌意的兒子，稱高陽氏。　高辛：黃帝的曾孫，又稱帝嚳（ㄎㄨˋ）。唐：堯帝。虞：舜帝。

⑨ 五典：《孔疏》：「典者，常也。言五帝之道可以百代常行，故曰：『言常道也』。」

⑩ 設教：施行教化。　倫：類。

⑪ 雅誥：雅正的誥辭。

⑫ 歸：旨趣。　揆：道理。

⑬ 八索：《孔疏》：「引言為論八卦事義之說者，其書謂之八索。」又：「此索為求索，亦為蒐索。」

⑭ 志：記載。

⑮ 九丘：《孔疏》：「其論九州之事所有志記者，其書謂之九丘。」

[譯文]

古代伏犧氏統治天下時，開始畫八卦，發明文字，來代替結繩處理政事，因此文章典籍就產生了。

伏犧、炎帝、黃帝三皇時代的書，叫作「三墳」，說的是天地間的大道理。少昊、顓頊、高辛、堯、舜五帝時代的書，叫作「五典」，說的是常行的道理。至於夏、商、周三代的書，雖然施行教化不與「三墳」「五典」同類，但雅正辭誥的深奧意義，它們的旨趣是同一個道理。所以歷朝歷代都珍視它們，認為是偉大的教訓。闡述八卦的，叫作「八索」，探尋八卦的意義。記載

九州的，叫作「九丘」。丘，是「聚集」的意思。是說九州所有的，土地生產的，風氣適宜的，都聚集在這類書裡。《春秋左氏傳》說，楚國的左史倚相「能讀三墳、五典、八索、九丘」，這就說的是上古帝王遺留下來的典籍。

⊃ 原文

先君孔子[1]，生於周末，睹史籍之繁文，懼覽之者不一[2]，遂乃定《禮》、《樂》[3]，明舊章[4]，刪《詩》為三百篇[5]，約史記而修《春秋》[6]，贊《易》道以黜「八索」[7]，述《職方》以除「九丘」[8]。討論墳、典[9]，斷自唐虞以下，訖於周[10]。芟夷煩亂[11]，翦截浮辭[12]，舉其宏綱，撮其機要[13]，足以垂世立教[14]，典、謨、訓、誥、誓、命之文凡百篇[15]。所以恢弘至道[16]，示人主以軌範也[17]。帝王之制，坦然明白，可舉而行，三千之徒並受其義[18]。

及秦始皇滅先代典籍，焚書坑儒，天下學士逃難解散，我先人用藏其家書於屋壁[19]。漢室龍興[20]，開設學校，旁求儒雅[21]，以闡大猷[22]。濟南伏生[23]，年過九十，失其本經，口以傳授。裁二十餘篇。以其上古之書，謂之《尚書》。百篇之義，世莫得聞。至魯共王好治宮室[24]，壞孔子舊宅，以廣其居，於壁中得先人所藏古文虞夏商周之書，及傳《論語》、《孝經》[25]，皆科斗文字[26]。王又升孔子堂，聞金石絲竹之音[27]，乃不壞宅。悉以書還孔氏。科斗書廢已久，時人無能知者，以所聞伏生之書考論文義，定其可知者，為隸古定[28]，更以竹簡寫之，增多伏生二十五篇。伏生又以《舜典》合於《堯典》，《益稷》合於《皋陶謨》，《盤庚》三篇合為一，《康王之誥》合於《顧命》，復出此篇，並序，凡五十九篇，為四十六卷。其餘錯亂摩滅[29]，弗可復知，悉上送官，藏之書府，以待能者。

注釋

① 先君：子孫對自己祖先的尊稱。
② 不一：不統
③ 遂：於是。　定：《孔疏》：「修而不改曰定。」
④ 舊章：指《禮》《樂》、《詩》、《書》、《易》、《春秋》。

⑤ 刪：《孔疏》：「就而減削曰刪。」指刪去重複。據《史記》記載，古時詩有三千餘篇，孔子去其重複，選取可施於禮義者三百餘篇。

⑥ 約：依據。下文「約文申義」同。

⑦ 贊：申明，《孔疏》：「因而佐成曰贊。」　黜：廢棄，不用。

⑧ 職方：官名。據《周禮·夏官司馬·職方氏》，是掌管天下地、圖的官。

⑨ 討論：整理。

⑩ 訖（ㄑㄧˋ）：終。

⑪ 芟（ㄕㄢ）夷：削除。繁亂：指繁瑣雜亂的文字。

⑫ 浮辭：不切實際的言辭。

⑬ 撮：摘取。　　機要：精義和要點。

⑭ 垂世：流傳後世。立教：制定規範、施行教化。

⑮ 典、謨、訓、誥、誓、命：是《尚書》的六種文體，分別是指「五帝之書」（如《堯典》）、「謀略」（如《皋陶謨》）、「訓導」（如《伊訓》）、「告誡」（如《康誥》）、「誓詞」（如《湯誓》）、「命令」如《畢命》）。

⑯ 恢弘：發揚。　　至道：最深刻的道理。

⑰ 人主：君王。　　軌範：楷模。

⑱ 三千之徒：指孔子的學生。

⑲ 先人：據《孔子家語》，指子襄，是孔子的第八世孫，孔安國的曾祖。

⑳ 龍興：比喻新王朝興起。

㉑ 旁求：廣泛地尋求。

㉒ 大猷（ㄧㄡˊ）：大道。

㉓ 伏生：名勝，濟南人，秦朝博士。漢文帝時，伏生已九十多歲，文帝使晁錯跟從伏生學習《尚書》，伏生口授《尚書》二十九篇，後世稱作「今文《尚書》」。

㉔ 魯共王：又作魯恭王，漢景帝的兒子，名餘。喜好台苑犬馬，曾毀孔子故居，在壁中得若干古文典籍。

㉕ 傳：據《孔疏》，指《論語》、《孝經》，「漢世通謂《論語》、《孝經》為傳也。以《論語》《孝經》非先王之書，是孔子所傳說，故謂之傳，所以異於先王之書。」

㉖ 科斗文字：我國的一種古文字，頭粗尾細，像蝌蚪狀，因而叫「科斗文」。

㉗ 金石絲竹之音：泛指音樂。金，鐘；石，磬；絲，琴；竹，管類樂器。

㉘ 隸古定：用隸書寫古文。

㉙ 摩滅：指消失。摩，通「磨。

譯文

　　我的祖先孔子出生在周朝末年，他看到史籍中有一些繁瑣混亂的文字，擔心閱讀這些史籍的人接受的內容不統一，於是就釐定《禮》《樂》，使舊有篇章更顯明，刪去《詩》重複的篇目定為三百篇，依據歷史記載整理《春秋》，申明《易》的道理用來廢除「八索」，闡述職方的職責用來廢除「九丘」。整理「三墳」「五典」，斷定年代從堯舜往下，一直到周朝為止。刪除煩雜混亂的文字，去除虛浮不實的言辭，提取典籍宏大的綱領，摘取典籍的精義和要點，足以流傳給後世，作為規範來施行教化，這典、謨、訓、誥、誓、命六類文體共一百篇。用來發揚最深刻的道理，讓國君看到楷模。帝王的制度，坦然明白，可以實行，祖先的三千弟子一同學習其中的道義。

　　到秦始皇毀壞前代的典籍、焚書坑儒的時候，天下學士逃難解散，我的先人把家裡的書藏在了房屋的牆壁中。漢朝興起，開設學校，廣泛尋求博學雅正的儒生，來闡明大道。有濟南人伏生，年紀已經過了九十歲，失掉了原有的經書，就口頭傳授，有二十多篇。因為是上古時候的書，就叫作《尚書》。至於一百篇的大意，世上沒有誰能夠聽說。到了魯共王，愛好修建宮室，毀壞孔子的舊宅來擴寬自己的宮殿，就在孔子舊宅的牆壁中發現了先人所藏的、用古文字寫的虞、夏、商、周的書，和《論語》《孝經》，都是蝌蚪文字。魯共王又登上孔子的廟堂，聽見金石絲竹奏出的

音樂，於是就不再繼續毀壞孔子的舊宅，把發現的書都還給了孔家。蝌蚪文字已經廢棄很久，當時的人沒有能看懂的，就用伏生傳授的書來考察文義，把能知道的內容修定成隸書，寫在竹簡上，比伏生傳授的《尚書》多了二十五篇。伏生把《舜典》並在《堯典》後，《益稷》並在《皋陶謨》後，《盤庚》三篇合成一篇，《康王之誥》並在《顧命》後，就分出這些篇目再加上序，一共是五十九篇，四十六卷，其餘錯亂丟失的，那就不能知道了，把這些篇目全部送到官府，藏在書庫中，等候能夠讀懂它們的人。

⊃ 原文

承詔為五十九篇作傳①，於是遂研精覃思②，博考經籍，採摭群言③，以立訓傳。約文申義，敷暢厥旨④，庶幾有補於將來⑤。

《書》序，序所以為作者之意。昭然義見⑥，宜相附近⑦，故引之各冠其篇首，定五十八篇。既畢，會國有巫蠱事⑧，經籍道息⑨，用不復以聞⑩，傳之子孫，以貽後代⑪。若好古博雅君子，與我同志⑫，亦所不隱也。

注釋

① 承詔：接受皇帝的命令。

② 研精：精細地研究。　覃（ㄊㄢ ˊ）思：深刻地思考。

③ 採摭（ㄓ ˊ）：選取。

④ 敷暢：鋪敘發揮。　厥：其。

⑤ 庶幾：表示希望。

⑥ 昭然：明顯

⑦ 宜相附近：指《書》序應該與相應篇目的正文相靠近。

⑧ 會：碰上。　巫蠱事：指漢武帝末年崇信巫術。當時江充與太子有矛盾，江充便用騙術陷害太子，被太子殺害。武帝信了江充的話，以為太子宮中有蠱氣，便令丞相出兵討伐，太子逃到湖關自殺。蠱（ㄍㄨ ˇ），毒蟲。

⑨ 經籍道息：《孔疏》：「好愛經籍之道滅息。」

⑩ 聞：指奏上朝廷，使朝廷知道。

⑪ 貽：遺留。
⑫ 志：志向。

譯文

　　我接受皇帝的命令為五十九篇作傳，於是就精細地研究、深刻地思考，廣泛參考經書典籍，選取各家說法，來寫傳注。依據申明，鋪敘發揮其中的旨趣，希望能對將來有些幫助。

　　《書》序，是敘述作者這樣寫的用意。意思明明白白地顯現出來，是應該把它們置於各篇和正文放在一起，所以援用它們時各放在了每篇的開頭，定為五十八篇。寫完之後，正碰上國家發生了巫蠱事件，愛好經書典籍的風氣消失了，因此不能再把《書》上奏給朝廷，只有傳給子孫，留給後代。如果有愛好古道、博學雅正的君子，與我志向相同，我也不會隱藏我的《書》傳。

◎虞　書

❀ 堯　典

題解

◆ 堯是我國原始社會後期的氏族首領，屬陶唐氏，與伏羲、神農、帝嚳、舜並稱為「五帝」。典，指記載「五帝」歷史事件的重要文書。本篇是後世史官對堯帝事蹟的追述。關於創作時間，歷來眾說紛紜，有人認為作於唐堯時，有人認為作於夏朝或秦漢時。梳理各家說法，我們認為應是周朝史官根據傳下來史料而作，但在流傳過程中受到秦漢思想文化的影響，部分內容有所改動。今文《尚書》、古文《尚書》都有此篇。

➲ 原文

昔在帝堯，聰明文思①，光宅天下②。將遜於位③，讓於虞舜④，作《堯典》。

注釋

① 文：文雅。　思：謀慮。
② 宅：充滿。
③ 遜：讓。
④ 虞舜：即舜，原始社會的部落首領。

譯文

從前堯稱帝時，聰明能幹，文雅又有謀慮，他的光輝充滿天地間。他打算把帝位讓給虞舜，（史官根據這些情況，）創作了《堯典》。（以上是序）

➲ 原文

曰若稽古①。帝堯曰放勳，欽明文思安安②，允恭克讓③。光被四表④，格於上下⑤，克明俊德⑥，以親九族⑦。九族既睦，平

章百姓⑧。百姓昭明⑨，協和萬邦。黎民於變時雍⑩。

注釋

① 曰若：引起下文，無義。　稽：考察。
② 欽：敬，此指處事嚴謹。　明：明達。　安安：溫和。
③ 允：誠，確實。　克：能。
④ 被：覆蓋。　四表：四方。
⑤ 格：至。　上下：天地。
⑥ 明：顯明。　俊：美。
⑦ 九族：從高祖到玄孫九代親人。
⑧ 平章：辨明。　百姓：百官。
⑨ 昭：明。
⑩ 時：是。　雍：和。

譯文

考察古代的歷史。堯帝叫放勳，他嚴謹明達、文雅溫和、有謀慮，對人能恭敬禮讓。他的光輝普照四方，達於天地。他能夠發揚美德，使氏族成員親善和睦。氏族成員親善和睦後，又能辨明百官的好壞。百官的好壞辨明瞭，又與諸侯國協同合作。這樣，天下的百姓也就變得友好和睦了

○ 原文

乃命羲和①，欽若昊天②，曆象日月星辰③，敬授人時④。分命羲仲，宅嵎夷⑤，曰暘穀⑥，寅賓出日⑦，平秩東作⑧。日中⑨，星鳥⑩，以殷仲春⑪。厥民析⑫，鳥獸孳尾⑬。申命羲叔⑭，宅南交⑮，平秩南訛⑯，敬致⑰。日永，星火⑱，以正仲夏。厥民因⑲，鳥獸希革⑳。分命和仲，宅西，曰昧穀㉑，寅餞納日㉒，平秩西成㉓。宵中，星虛㉔，以殷仲秋。厥民夷㉕，鳥獸毛毨㉖。申命和叔，宅朔方㉗，曰幽都㉘，平在朔易㊴。日短，星昴㉚，以正仲冬。厥民隩㉛，鳥獸氄毛㉜。帝曰：「諮㉝，汝羲暨和㉞，期三百有六旬有六日㉟，以閏月定四時成歲。允釐百工㊱，庶績咸熙㊲。」

注釋

① 羲和：羲氏、和氏，相傳是掌管曆法的官員。下文「羲仲」、「羲叔」、「和仲」、「和叔」分別是羲氏、和氏的首領。

② 若：順。　昊：廣大。

③ 曆：察看。　象：法，取法。

④ 授：頒發。　人時：曆法。

⑤ 嵎夷：古地名，今山東半島、遼東半島一帶。

⑥ 暘（一ㄤˊ）谷：傳說是日出的地方。暘，日出。

⑦ 寅：恭敬。　賓：迎接。

⑧ 平：辨明。　秩：次序。　東作：春季耕種。

⑨ 日中：晝夜長短相等。

⑩ 星鳥：星名，指南方的星宿朱雀。

⑪ 殷：確定。　仲春：春天的第二個月。

⑫ 厥：其。　析：分散。

⑬ 孳（ㄗ）尾：動物的交配繁殖。　孳，繁殖。　尾，交合。

⑭ 申：又。

⑮ 南交：地名，古代南方的交阯。

⑯ 南訛（ㄜˊ）：作「南為」，指夏季耕作。

⑰ 致：引導。

⑱ 火：星名，也叫心星，是東方蒼龍星宿的中星。

⑲ 因：指在高處居住。

⑳ 希：稀疏。　革：羽毛。

㉑ 昧（ㄇㄟˋ）谷：地名，太陽落下的地方。昧，昏暗。

㉒ 納日：落日。

㉓ 西成：秋季收穫。

㉔ 虛：星名，北方玄武星宿的中星。

㉕ 夷：平，指住在平地。

㉖ 毨（ㄒㄧㄢˇ）：羽毛新生。

㉗ 朔方：北方。

㉘ 幽都：幽州，約在今北京密雲區東北。

㉙ 在：察看。　易：指治理田地。

㉚ 昴（ㄇㄠ∨）：星名，西方白虎星宿的中星。

㉛ 隩（ㄩ丶）：藏，指待在室內。

㉜ 氄（ㄖㄨㄥ∨）：長出細密的毛。

㉝ 諮：啊。

㉞ 暨（ㄐㄧ丶）：及。

㉟ 期（ㄐㄧ）：周，此指一年。　有：又。　旬：十天。

㊱ 允：用。　釐：治理。

㊲ 庶：眾。　咸：都。　熙：興，興起。

譯文

於是堯帝命令羲氏、和氏，恭敬地順從上天，觀察日月星辰運行的規律，制定曆法，供人們使用。分別命令羲仲，居住在東方的暘穀，恭敬地迎接日出，辨明春季耕種的次序。春分這天晝夜長短相等，傍晚時鳥星出現在天空的正南方，人們把此時確定為春天的第二個月。這時人們都分散在田野裡播種，飛鳥走獸開始交配繁殖。又命令羲叔，居住在南方的交阯，辨明夏季耕作的次序，引導人們做農活。夏至這天白晝最長，傍晚時火星出現在天空的正南方，人們把此時確定為夏季的第二個月。交阯人居住在高處，鳥獸的羽毛稀疏。分別命令和仲，居住在西方的昧穀，恭敬地送別落日，辨明秋季收穫的次序。秋分這天晝夜長短相等，傍晚時虛星出現在天空的正南方，人們把此時確定為秋季的第二個月。昧穀人居住在平地，鳥獸生長出新的羽毛。又命令和叔，居住在北方的幽州，辨明察看冬季的田園工作。冬至這天白晝最短，傍晚時昴星出現在天空的正南方，人們把此時確定為冬季的第二個月。這時人們都呆在屋內，鳥獸長著柔軟細密的羽毛。堯帝說：「啊，羲氏與和氏，一年有三百六十六天，你們要用置閏月的辦法來確定一年的春夏秋冬四季。由此規定百官的職責，各種事情就可以做起來了。」

⊃ 原文

帝曰：「疇諮若時登庸①？」放齊曰②：「胤子朱啟明③。」堯曰：「籲④！嚚訟⑤，可乎？」

　　帝曰：「疇諮若予采⑥？」歡兜曰⑦：「都⑧！共工方鳩僝功⑨。」帝曰：「籲！靜言⑩，庸違⑪。象恭滔天⑫。」

　　帝曰：「諮！四嶽⑬，湯湯洪水方割⑭，蕩蕩懷山襄陵⑮，浩浩滔天。下民其諮⑯。有能俾乂⑰？」僉曰⑱：「於，鯀哉⑲！」帝曰：「籲！咈哉⑳！方命圮族㉑。」嶽曰：「異哉㉒，試，可乃已㉓。」帝曰：「往，欽哉！」九載，績用弗成。

（注釋）

① 疇：誰。　時：天命。　登：登上王位。　庸：用，指治理國家。

② 放齊：臣名。

③ 胤（一ㄣˋ）：後嗣。　朱：即丹朱，堯的兒子。　啟明：開明。

④ 籲：呀，表示驚訝。

⑤ 嚚（一ㄣˊ）：不說忠言。　訟：爭辯。

⑥ 若：善。　采：事務。

⑦ 歡兜：臣名，相傳與鯀、共工、三苗並稱「四罪」。

⑧ 都：啊，表示讚歎。

⑨ 共工：人名，相傳是共工氏的首領。　方：已經。　鳩：聚。僝（ㄔㄢˊ）：具，成。

⑩ 靜言：巧言。

⑪ 庸：指行事。　違：違背。

⑫ 滔：即「慆」，輕慢。

⑬ 四嶽：四方諸侯。

⑭ 湯（ㄕㄤ）：水盛大的樣子。　割：害。

⑮ 襄：湧上。

⑯ 諮：哀歎。

⑰ 俾（ㄅㄧˋ）：使。　乂（一ˋ）：治理。

⑱ 僉（ㄑㄧㄢ）：都。

⑲ 鯀（ㄍㄨㄣˇ）：大禹的父親，被舜流放到羽山。

⑳ 咈（ㄈㄨˊ）：不。

㉑ 方：違抗。　圮（ㄆㄧˇ）：毀。

㉒ 異：通「已」。

㉓ 可：不可。錢大昕：「古人語急，以不可為可。」

譯文

堯帝說：「啊！誰能順應天命登上王位呢？」放齊說：「您的兒子丹朱開明通達。」堯帝說：「呀！他說話荒謬，又好爭辯，這樣的人可以嗎？」

堯帝說：「啊！誰能為我處理好事務呢？」歡兜說：「啊！共工已聚積了很多成功的業績。」堯帝說：「呀！他花言巧語，做事違背道義。表面上很恭敬，實際上對上天都輕慢無禮。」

堯帝說：「啊！四方諸侯，如今浩大的洪水已經造成了嚴重的危害，它包圍山丘，洶湧地沖上山陵，浩浩蕩蕩充盈天地間。百姓都在哀歎。有誰能讓這洪水得到治理嗎？」眾人齊聲說：「啊，鯀吧。」堯帝說：「呀！不！他違抗命令，毀敗自己的氏族。」四嶽說：「已經沒有別人可以推薦了，先試用鯀，不行再說。」堯帝說：「鯀，你去治理吧，一定要謹慎啊。」九年過去了，鯀沒有取得成功。

◯ 原文

帝曰：「諮！四嶽，朕在位七十載①，汝能庸命，巽朕位②？」嶽曰：「否德忝帝位③。」曰：「明明揚側陋④。」師錫帝曰⑤：「有鰥在下⑥，曰虞舜。」帝曰：「俞⑦，予聞，如何？」嶽曰：「瞽子⑧。父頑，母囂，象傲⑨，克諧，以孝烝烝⑩，乂不格奸。」帝曰：「我其試哉⑪。女於時⑫，觀厥刑於二女⑬。」釐降二女於媯汭⑭，嬪於虞⑮。帝曰：「欽哉！」

注釋

① 朕：我。自秦始皇始，「朕」專為皇帝自稱之辭。

② 巽（ㄒㄩㄣˋ）：接替。

③ 否（ㄆㄧˇ）：惡。 忝：辱，即不配。

④ 明明揚側陋：第一個「明」，舉薦。第二個「明」，在朝的賢者。揚，舉薦。側陋，指隱居的賢者。

⑤ 師：眾。 錫：即「賜」，指提議。

⑥ 鰥（ㄍㄨㄢ）：指男子無妻。 下：民間。

⑦ 俞：是。

⑧ 瞽（ㄍㄨˇ）：盲人。

⑨ 象：人名，舜同父異母的弟弟。

⑩ 烝烝：孝順的樣子。

⑪ 試：考驗。

⑫ 女：嫁女。 時：是，指虞舜。

⑬ 刑：法，此指德行。

⑭ 釐：命令。 降：下嫁。 媯（ㄍㄨㄟ）：水名，在今山西永濟南。 汭（ㄖㄨㄟˋ）：河流會合或彎曲的地方。

⑮ 嬪：嫁。

譯文

堯帝說：「啊！四方諸侯，我在位已經七十年了。你們能聽從我的命令，就由你們來接替我的帝位吧。」四嶽回答說：「我們品德惡劣，不配接替帝位。」堯帝說：「那你們舉薦在朝的能者和隱居的賢者吧。」眾人提議說：「民間有位單身的男子，叫虞舜。」堯帝說：「是，我也曾聽說過，他怎麼樣？」四嶽說：「他是盲人的兒子。父親頑固暴戾，後母說話荒謬，弟弟象又傲慢無禮，而舜能同他們和諧相處，是因為他很孝順，能修身自治並感化親人，使親人不變得邪惡。」堯帝說：「那麼我來考驗一下他吧。我把自己的女兒嫁給他，以便從兩個女兒那裡觀察他的德行。」於是命令兩個女兒下嫁到媯水彎曲處，嫁給虞舜。堯帝說：「（你們要）恭敬啊！」

❀ 舜 典

題解

◆ 舜是我國原始社會後期的氏族首領，屬虞氏族，又稱「虞舜」，是「五帝」之一。本篇是史官對舜帝事蹟的追記，記述了舜即位後巡察四方、任命官員等政治活動，展現了舜治理天下的卓越才能，及知人用人的超群智慧。今文《尚書》中與《堯典》合為一篇，無篇首「曰若稽古」等二十八字，今據古文《尚書》分作兩篇。

⊃ 原文

虞舜側微①，堯聞之聰明，將使嗣位②，歷試諸難③，作《舜典》。

注釋

① 側：指隱居。　微：低賤。
② 嗣位：繼位。
③ 歷：多次。　試：考驗。

譯文

虞舜隱居在民間，身份很低賤，堯帝聽說他聰明，打算讓他繼承帝位，就多次用困難的事考驗他，（史官根據這些情況，）創作了《舜典》。（以上是序）

⊃ 原文

曰若稽古①。帝舜曰重華，協於帝②。濬哲文明③，溫恭允塞④④。玄德升聞⑤，乃命以位。

慎徽五典⑥，五典克從。納於百揆⑦，百揆時敘⑧。賓於四門⑨，四門穆穆⑩。納於大麓⑪，烈風雷雨弗迷。帝曰：「格⑫！汝舜，詢事考言，乃言底可績⑬，三載。汝陟帝位⑭。」舜讓於德，弗嗣⑮。

注釋

① 曰若：引起下文，無義。　稽：考察。

② 協：同。

③ 濬：深。　哲：智。　文：文雅。　明：明達。

④ 允：誠，確實。　塞：充滿。

⑤ 玄：潛修。　升：上，此指朝廷。

⑥ 徽：善。　五典：五教，指父義、母慈、兄友、弟恭、子孝。

⑦ 納：入，引申為授予職務。　百揆：總管一切事務的官。揆，處理。

⑧ 時：是。　敘：有序。

⑨ 四門：四面城門。

⑩ 穆：恭敬。

⑪ 麓：山林川澤。

⑫ 格：來。

⑬ 底（ㄓˇ）可績：即「可底績」。底，取得。

⑭ 陟：登。

⑮ 嗣：繼位。

譯文

　　考察古代的歷史。舜帝叫重華，德行與堯帝相同。他智慧深邃、文雅明達，溫和謙遜的美德充滿天地間。他默默地加強自己的德行，朝廷上的大臣都聽說過他，於是授予他官職。

　　堯帝命舜謹慎地完善父義、母慈、兄友、弟恭、子孝五種教化，使百姓都能順從這五種教化。又命他管理一切事務，事務都管理得井井有條。又命他去城門迎接前來覲見的諸侯，諸侯們都肅然起敬。又讓他走入深山密林中，即使狂風怒吼、雷雨交加，他也不迷失方向。堯帝說：「來吧！舜，我同你謀劃政事並考察你的言行，已經三年了，你的提議是可以取得功績的。你就登上帝位吧。」舜謙讓給有德的人，不肯繼位。

⊃ 原文

正月上日①，受終於文祖②。在璿璣玉衡③，以齊七政④。肆類於上帝⑤，禋於六宗⑥，望於山川⑦，遍於群神。輯五瑞⑧。既月乃日⑨，覲四嶽群牧⑩，班瑞於群後⑪。

歲二月，東巡守⑫，至於岱宗⑬，柴⑭。望秩於山川⑮，肆覲東後。協時、月，正日⑯，同律度量衡⑰。修五禮、五玉、三帛、二生、一死贄⑱。如五器⑲，卒乃複。五月，南巡守，至於南嶽，如岱禮。八月，西巡守，至於西嶽，如初。十有一月，朔巡守，至於北嶽，如西禮。歸，格於藝祖⑳。用特㉑。

五載一巡守，群後四朝。敷奏以言㉒，明試以功，車服以庸㉓。

注釋

① 上日：初一。

② 受終：指禪位。　文祖：堯太祖的宗廟。

③ 在：察。　璿璣玉衡：北斗七星。

④ 齊：正，意為「確定」。　七政：指日、月、金、木、水、火、土的運行規律。

⑤ 肆：於是。　類：通「」，祭祀名。

⑥ 禋（一ㄣ）：祭祀名。　六宗：天地四方的神靈。

⑦ 望：祭祀山川之名。

⑧ 輯：收斂。　五瑞：五玉，公、侯、伯、子、男手拿的作為信符用的玉器。

⑨ 既月乃日：指選定日期。

⑩ 覲：會見。　四嶽：四方諸侯。　牧：州長。

⑪ 班：同「頒」，頒發。　群後：即上文「四嶽群牧」。

⑫ 巡守：天子到諸侯的封地巡察。

⑬ 岱宗：泰山。下文「南嶽」指衡山，「西嶽」指華山，「北嶽」指恒山。

⑭ 柴：通「祡」，祭祀名。

⑮ 秩：等級。

⑯ 正：確定。

⑰ 同：統一。　律：音律。　度：量長短的器物。　量：量多少的容器。　衡：稱重量的器物。

⑱ 五禮：指諸侯朝見天子的五等禮儀。　五玉：即上文「五瑞」，下文「五器」同義。　三帛：指紅、黑、白三色絲帛。帛，古代絲織品的總稱。　二生：指活的羊羔和大雁，卿和大夫使用。　一死：指死的野雞，士使用。贄：大臣見君王、晚輩見長輩時呈獻的禮物。

⑲ 如：及，至於。

⑳ 藝祖：即上文「文祖」。

㉑ 特：公牛。

㉒ 敷奏：向君王報告。

㉓ 庸：用。

譯文

正月初一，舜在太廟接受了堯的禪位。他觀察北斗七星，確定日月與金、木、水、火、土五星的運行規律。然後祭祀上天，祭祀天地四方和名山大川的各位神靈。收斂諸侯們的信符。又選定日期會見四方諸侯和各州州長，將信符頒發給他們。

這年二月，舜到東方巡察，到了泰山，燒柴祭祀天帝。又按等級祭祀山川群神，然後會見東方的諸侯。舜協調四季、月份，確定天數，統一律、度、量、衡。又修訂諸侯朝見時的五等禮儀，規定諸侯進獻的五等信符，三種不同顏色的絲綢，卿大夫進獻活的羊羔、大雁，士進獻死的野雞。至於五等信符，會見完畢後就歸還給諸侯。五月，舜到南方巡察，到了衡山，祭祀典禮同在泰山一樣。八月，到西方巡察，到了華山，祭祀典禮同以前一樣。十一月，到北方巡察，到了恒山，祭祀典禮同在華山一樣。返回後，舜到太廟祭祀，用公牛作祭品。

舜每五年到諸侯國巡察一次，其餘四年，諸侯分別來朝見。朝見時，諸侯要廣泛地發表政論，舜根據他們的政論，來考察他們的功績，（如果有功績，）就賜給車馬衣服以供享用。

⊃ 原文

肇十有二州①，封十有二山②，浚川③。

象以典刑④，流宥五刑⑤，鞭作官刑，扑作教刑⑥，金作贖刑，眚災肆赦⑦，怙終賊刑⑧。「欽哉，欽哉，惟刑之恤哉⑨！」

流共工於幽州⑩，放歡兜於崇山⑪，竄三苗於三危⑫，殛鯀於羽山⑬，四罪而天下咸服。

注釋

① 肇（ㄓㄠˋ）：開始。

② 封：聚土設壇，作祭祀用。

③ 浚：疏通河道。

④ 象：象刑，指在衣服鞋帽上畫圖象作為象徵性的懲罰。 典：常。

⑤ 流：流放。 宥（一ㄡˋ）：寬赦。 五刑：墨、劓（一ˋ）、剕（ㄈㄟˋ）、宮、大辟五種。

⑥ 扑：用荊條製成的刑具。

⑦ 眚（ㄕㄥˇ）：過錯。 災：不幸。 肆：就。

⑧ 怙（ㄏㄨˋ）：自負。 賊刑：不赦免。

⑨ 恤：慎。

⑩ 共工：人名，共工氏的首領。 幽州：約在今北京密雲縣東北。

⑪ 歡兜：臣名。 崇山：在今湖北黃陂縣南。

⑫ 竄：驅逐。 三苗：古代南方民族。 三危：山名，在今甘肅敦煌一帶。

⑬ 殛（ㄐ一ˊ）：流放。 鯀：大禹的父親。 羽山：今山東蓬萊東南。

譯文

舜開始將天下劃分為十二個州，又在十二座大山上封土設壇，還疏通了各州的河道。

（舜規定）把在衣服鞋帽上畫圖像的象刑作為常用的刑罰，

把流放作為寬恕五刑的刑罰，把鞭打作為官府的刑罰，把木棍杖打作為學校的刑罰，把黃金作為贖罪的刑罰，因過失而犯罪的人，就赦免他，自以為是、終不悔改的人，就不赦免他。（又告誡眾人說：）「要謹慎啊，要謹慎，只有施行刑法是最需要謹慎的啊！」

舜把共工流放到北方的幽州，把歡兜流放到南方的崇山，把三苗驅逐到西方的三危，把鯀流放到東方的羽山，四個罪人受到懲罰後，天下的人都心悅誠服了。

⊃ 原文

二十有八載，帝乃殂落 ①。百姓如喪考妣 ②。三載，四海遏密八音 ③。月正元日 ④，舜格於文祖。詢於四嶽，辟四門 ⑤，明四目，達四聰。

諮 ⑥，十有二牧曰：「食哉 ⑦！惟時柔遠能邇 ⑧；惇德允元 ⑨；而難任人 ⑩，蠻夷率服。」

注釋

① 殂落：逝世。

② 考妣（ㄅㄧˇ）：死去的父母。

③ 遏：止。 密：靜。 八音：原指金、石、絲、竹、匏、土、革、木八種不同材質的樂器音，此泛指一切音樂。

④ 月正：正月。 元日：初一。

⑤ 辟：開。

⑥ 諮：語氣詞，「啊」。

⑦ 食：即「飭」，謹慎。

⑧ 柔：安撫。 能：親善。 邇：近。

⑨ 惇（ㄉㄨㄣ）：厚。 允：信。 元：善。

⑩ 難：拒絕。 任人：奸邪的人。任，佞。

譯文

舜接替帝位二十八年後，堯帝逝世。天下百姓像失去了親生父母一樣悲痛。三年間，天下停止演奏一切音樂，四海之內寂靜

無聲。（三年後的）正月初一，舜到太廟，和四方諸侯謀劃國事，大開四面城門，以便把天下四方看得更明白，聽得更清楚。

啊，十二位州長說：「謹慎啊！要安撫遠方的諸侯、親善身邊的臣子；要厚待有德的人、信任善良的人；要拒絕奸邪的人，這樣，四方的少數民族才會服從你。」

➲ 原文

舜曰：「諮，四嶽，有能奮庸熙帝之載[1]？使宅百揆，亮采惠疇[2]。」僉曰[3]：「伯禹作司空[4]。」帝曰：「俞，諮，禹，汝平水土，惟時懋哉[5]。」禹拜稽首[6]，讓於稷、契暨皋陶[7]。帝曰：「俞，汝往哉。」

帝曰：「棄，黎民阻饑，汝后稷，播時百穀[8]。」

帝曰：「契，百姓不親，五品不遜[9]，汝作司徒[10]，敬敷五教[11]，在寬。」

帝曰：「皋陶，蠻夷猾夏[12]，寇賊奸宄[13]。汝作士[14]。五刑有服[15]，五服三就[16]。五流有宅[17]，五宅三居。惟明克允[18]。」

注釋

① 庸：努力。　熙：廣。　載：事。

② 亮：助。　采：事。　惠：順。　疇：類。

③ 僉（ㄑㄧㄢ）：都。

④ 伯禹：大禹，夏後氏的首領。　司空：掌管土地的官。

⑤ 懋（ㄇㄠˋ）：勉。

⑥ 稽首：古代的跪拜禮，叩頭觸地。

⑦ 稷：名棄，周民族的祖先，相傳因姜嫄踩巨人的足跡而生。契：商民族的祖先，相傳因簡狄吞食鳥蛋而生。　皋陶：偃姓，是東夷部落的首領。

⑧ 時：四季。

⑨ 五品：指父、母、兄、弟、子。　遜：順。

⑩ 司徒：掌管教育的官員。

⑪ 敷：布。　五教：即上文「五典」。

⑫ 猾：擾亂。

⑬ 寇：搶劫。　賊：殺人。　奸宄（ㄍㄨㄟˇ）：作亂。亂在內為奸，在外為宄。

⑭ 士：獄官之長。

⑮ 服：服刑。

⑯ 三就：三處，指行刑的地點。大刑在原野，中刑在市場，小刑在朝廷。

⑰ 五流：與五刑相對的五種流放辦法。

⑱ 明：明察。　允：信。

譯文

舜帝說：「啊，四方諸侯，有誰能努力地發揚光大堯帝的事業呢？（有的話，）就讓他做掌管一切事務的百揆，輔助百官按類別處理事務。」眾人都說：「伯禹可以做司空。」舜帝說：「好，禹，你去治理水土吧，要勤勉啊。」禹叩頭跪拜，讓給稷、契和皋陶。舜帝說：「好啦，還是你去吧。」

舜帝說：「棄，百姓遭受饑餓困苦，你做掌管農事的稷官，帶領百姓播種四季的穀物。」

舜帝說：「契，百官不和睦，父子兄弟等都不和順，你做掌管教化的司徒，恭敬地施行父義、母慈、兄友、弟恭、子孝這五種教化，要寬厚。」

舜帝說：「皋陶，如今蠻夷擾亂我中國，搶劫殺人，犯法作亂。你做獄官長。五刑有各自相應的服刑方法，按罪行的輕重分別在朝廷、市場、原野這三處行刑。五種流放罪也有各自的處所，這些處所按遠近分為三個等級。你要明察案情，使百姓信服。」

○ 原文

帝曰：「疇若予工①？」僉曰：「垂哉②。」帝曰：「俞，咨，垂，汝共工③。」垂拜稽首，讓於殳斨暨伯與④。帝曰：「俞，往哉，汝諧⑤。」

帝曰：「疇若予上下草木鳥獸⑥？」僉曰：「益哉⑦。」帝曰：

「俞，咨，益，汝作朕虞⑧。」益拜稽首，讓於朱虎、熊、羆⑨。帝曰：「俞，往哉，汝諧。」

注釋

① 疇：誰。　若：善。　予：我。　工：百工。
② 垂：人名。
③ 共：管理。
④ 殳（ㄕㄨ）斨（ㄑㄧㄤ）、伯與：二人名。　暨：及。
⑤ 諧：和，適合。
⑥ 上下：天地。
⑦ 益：人名。
⑧ 虞：掌管山林川澤的官。
⑨ 朱虎、熊、羆（ㄆㄧˊ）：三人名。

譯文

舜帝說：「誰能為我管理好百工呢？」眾人說：「垂吧。」舜帝說：「好啊，垂，你來管理百工。」垂叩頭跪拜，讓給殳斨和伯與。舜帝說：「好啦，去吧，你很適合。」

舜帝說：「誰能為我管理好天下的草木鳥獸呢？」眾人說：「益吧。」舜帝說：「好啊，益，你做我的掌管山澤的虞官。」益叩頭跪拜，讓給朱虎、熊、羆三人。舜帝就說：「好啦，去吧，你很適合。」

◑ 原文

帝曰：「咨，四嶽，有能典朕三禮①？」僉曰：「伯夷②。」帝曰：「俞，咨！伯，汝作秩宗③，夙夜惟寅④，直哉惟清⑤。」伯拜稽首，讓於夔、龍⑥。帝曰：「俞，往，欽哉。」

帝曰：「夔，命汝典樂，教冑子⑦，直而溫，寬而栗⑧，剛而無虐，簡而無傲。詩言志，歌永言⑨，聲依永，律和聲，八音克諧，無相奪倫⑩，神人以和。」夔曰：「於⑪！予擊石拊石⑫，百獸率舞。」

帝曰：「龍，朕聖讒說殄行[13]，震驚朕師[14]。命汝作納言[15]，夙夜出納朕命，惟允。」

帝曰：「諮，汝二十有二人，欽哉，惟時亮天功[16]。」

三載考績，三考，黜陟幽明[17]，庶績咸熙。分北三苗[18]。

舜生三十征[19]，庸三十[20]，在位五十載。陟方乃死[21]。

注釋

① 典：主持。　三禮：指祭祀天、地、祖先的三種禮儀。

② 伯夷：人名。

③ 秩宗：古代掌管宗廟祭祀的官。

④ 夙（ㄙㄨˋ）夜：早晚。夙，早。　寅：敬。

⑤ 直：正直。　清：清明。

⑥ 夔（ㄎㄨㄟˊ）、龍：二人名。

⑦ 胄（ㄓㄡˋ）子：指貴族子弟。

⑧ 栗：戰慄，此指謹慎。

⑨ 永：即「詠」，詠唱。

⑩ 倫：次序。

⑪ 於：是。

⑫ 拊（ㄈㄨˇ）：擊打。

⑬ 聖（ㄐㄧˊ）：厭惡。　殄（ㄊㄧㄢˇ）：殘暴。

⑭ 師：眾。

⑮ 納言：傳達王命的官。

⑯ 功：事。

⑰ 黜：貶退。　陟:提拔。　幽:昏庸的官員。　明:賢明的官員。

⑱ 北：古「背」字，分別。

⑲ 征：召。

⑳ 庸：用，指輔助君王。

㉑ 陟方：巡行四方。陟，登。

譯文

舜帝說：「啊，四方諸侯，有誰能為我主持祭祀天地鬼神的

儀式呢?」眾人說:「伯夷。」舜帝說:「好啊,伯,你做掌管宗廟祭祀的官,早晚都要恭敬地祭祀鬼神,要正直清明。」伯叩頭跪拜,讓給夔、龍二人。舜帝說:「好啦,去吧,要謹慎啊。」

舜帝說:「夔,我任命你做掌管樂律的官,教導貴族子弟,使他們正直而溫和,寬容而謹慎,剛強而不暴虐,簡單而不傲慢。詩是傳達人的思想感情的,歌是詠唱人的言語的,聲調的高低是隨著詠唱而變化的,奏起的音律是要與歌聲和諧的。如果一切音樂都能很好地配合,不打亂相互間的次序,那麼神和人聽了就會和睦相處。」夔說:「是啊!我擊打石頭,發出美妙的聲音,各種獸類都跳起舞來。」

舜帝說:「龍,我厭惡讒言和暴行,因為它們使我的民眾驚恐不安。你做傳達王命的官,隨時傳達我的命令,轉告民間的意見,一定要誠信。」

舜帝說:「啊,你們二十二個人,要恭謹啊,要互相協助來完成上天注定的事業。」

舜帝三年考察一次政績,三次考察後,貶退昏庸的官員,提拔賢明的官員,這樣所有的事業就都興盛起來。又分別三苗(把他們驅逐出境)。

舜帝三十歲時被堯徵召任用,輔助堯三十年後即位,在位五十年。後來在巡行四方時逝世。

❀ 大禹謨

題解

◆ 大禹,是原始社會後期夏氏族的首領,姒(ㄙˋ)姓,鯀的兒子。他繼承父親治理洪水的事業,取得卓越的功績,舜將帝位禪讓給他。謨,謀略。本篇記載大禹注重「養民」的政治謀略,及接受禪位的過程,突出了他的智慧、仁德和功績。古文《尚書》有,今文《尚書》無。

⊃ **原文**

皋陶矢厥謨 ①，禹成厥功 ②，舜帝申之 ③。作《大禹》、《皋
陶》、《益稷》。

注釋

① 皋陶：人名。　矢：陳述。　厥：其。
② 成：陳述。
③ 申：重視。

譯文

皋陶陳述他的謀略，大禹陳述他的功績，舜帝很重視他們的
言論。（史官記下他們之間的對話，）創作了《大禹》、《皋陶》、
《益稷》三篇。

⊃ **原文**

曰若稽古 ①。大禹曰：「文命敷於四海 ②，祗承於帝 ③。」曰：
「後克艱厥後 ④，臣克艱厥臣，政乃乂 ⑤，黎民敏德 ⑥。」帝曰：
「俞！允若茲 ⑦，嘉言罔攸伏 ⑧，野無遺賢，萬邦咸寧 ⑨。稽於眾
⑩，舍己從人，不虐無告 ⑪，不廢困窮 ⑫，惟帝時克 ⑬。」

注釋

① 曰若：引起下文，無義。　稽：考察。
② 文命：文德教化。　敷：散布。
③ 祗（ㄓ）：恭敬。　帝：指堯。
④ 後：君王。　克：能。
⑤ 乂（一ˋ）：治理。
⑥ 敏：勉力。
⑦ 允：誠，確實。
⑧ 罔：無。　攸：所。
⑨ 咸：都。
⑩ 稽：考，引申為「聽取」。

⑪ 虐：欺負。　無告：有苦無處訴的人。
⑫ 廢：拋棄。
⑬ 時：是。　克：能。

譯文

考察古代的歷史。禹說：「將文德教化傳播到四海，恭敬地繼承堯帝的事業。」又說：「君王能認識到做君王的艱難，大臣能認識到做大臣的艱難，那麼政事就會得到很好的治理，百姓也會勉力地行善德。」舜帝說：「是呀！真能那樣的話，好的言論就不會被埋沒，賢德的人也不會被遺棄在民間，天下各國就都安寧了。聽取眾人的意見，捨棄自己不對的主張，採納別人對的主張，不欺負有苦無處申訴的人，不拋棄困苦貧窮的人，這些只有堯帝才能做到啊。」

○ 原文

益曰①：「都②，帝德廣運③，乃聖乃神④，乃武乃文⑤。皇天眷命，奄有四海⑥，為天下君。」

禹曰：「惠迪吉⑦，從逆凶，惟影響⑧。」

益曰：「籲！戒哉！儆戒無虞⑨，罔失法度。罔游於逸⑩，罔淫於樂⑪。任賢勿貳，去邪勿疑。疑謀勿成，百志惟熙⑫。罔違道以干百姓之譽⑬，罔咈百姓以從己之欲⑭。無怠無荒，四夷來王⑮。」

禹曰：「於！帝念哉⑯！德惟善政，政在養民。水火金木土穀惟修⑰，正德利用厚生惟和⑱，九功惟敘⑲，九敘惟歌⑳。戒之用休㉑，董之用威㉒，勸之以九歌，俾勿壞㉓。」帝曰：「俞！地平天成㉔，六府三事允治，萬世永賴，時乃功㉕。」

注釋

① 益：伯益，臣名。
② 都：啊，表示讚歎。
③ 運：運行不止，引申為「遠」。

④ 乃：語氣助詞。

⑤ 武：指平定禍亂。 文：指安定國家。

⑥ 淹：盡。

⑦ 惠：順。 迪：道。

⑧ 影響：影子、回聲。

⑨ 儆：戒備。 虞：料想。

⑩ 逸：放縱。

⑪ 淫：過度。

⑫ 志：思慮。 熙：廣。

⑬ 干：求。

⑭ 咈（ㄈㄨ╱）：違背。

⑮ 王：朝見天子表示臣服。

⑯ 念：考慮。

⑰ 修：治理。

⑱ 德：指父慈、子孝、兄友、弟恭等德行。 用：指百姓使用的器具。 厚生：使人們豐衣足食。

⑲ 九功：九件事。上文「水火金木土穀」為「六府」，「正德利用厚生」為「三事」，六府三事合稱「九功」。

⑳ 歌：讚美。

㉑ 休：美，善。

㉒ 董：督，指糾正。 威：作「畏」，指懲罰。

㉓ 俾：使。 壞：敗壞。

㉔ 地平：水土得到治理。 天成：萬物得到成長。

㉕ 時：是。 乃：你。

譯文

益說：「啊！堯帝的德行廣大而深遠，聖明而神妙，能平定禍亂，能安定國家。上天眷顧他、任命他，讓他擁有四方，做天下的君王。」

禹說：「順從道就吉利，順從惡就凶險，它們的關係就像影子和形體，回聲和聲音一樣。」

益說：「啊！要警戒啊！戒備那些沒有料想到的事，不要丟失了法則制度。不要放縱遊玩，不要過度享樂。任用賢人不要三心二意，除去奸邪不要遲疑不決。可疑的謀略不會取得成功，所有的思慮都要寬廣。不要違背道義來求得百姓的讚美，不要違背百姓來順從自己的私欲。不要懈怠、不要荒廢政事，那麼四方各民族都會臣服。」

禹說：「啊！君王您要考慮到這些啊！德就是處理好政事，處理政事在於教養百姓。水、火、金、木、土、穀這六件事要治理，端正人們的德行、便利人們的器具、富足人們的生活，這三件事要配合實行，以上九件事處理得順理有序，這樣百姓就會歌頌君王。您要用善言告誡人們，用懲罰糾正人們，用九德之歌勉勵人們，使他們不至於敗壞德行。」舜帝說：「是呀！水土得到治理，萬物得到成長，六府三事都確實得到治理，造福千秋萬代，這是你的功勞。」

⊃ 原文

帝曰：「格，汝禹！朕宅帝位三十有三載，耄期倦於勤①。汝惟不怠，總朕師②。」禹曰：「朕德罔克，民不依。皋陶邁種德③，德乃降④，黎民懷之。帝念哉！念茲在茲⑤，釋茲在茲⑥，名言茲在茲⑦，允出茲在茲⑧。惟帝念功。」

帝曰：「皋陶，惟茲臣庶，罔或幹予正⑨。汝作士⑩，明於五刑⑪，以弼五教⑫，期於予治⑬。刑期於無刑，民協於中⑭。時乃功，懋哉⑮！」皋陶曰：「帝德罔愆⑯，臨下以簡⑰，御眾以寬⑱。罰弗及嗣⑲，賞延於世。宥過無大⑳，刑故無小㉑。罪疑惟輕，功疑惟重。與其殺不辜，寧失不經㉒。好生之德，洽於民心㉓。茲用不犯於有司㉔。」帝曰：「俾予從欲以治，四方風動㉕，惟乃之休。」

注釋

① 耄（ㄇㄠˋ）：指九十歲的人。　期：指百歲的人。

② 總：統帥。　朕：我。秦始皇後，「朕」為皇帝自稱之辭。師：眾，指民眾。

③ 邁：通「勵」，勉力。　種：施行。

④ 降：下，指遍及民間。

⑤ 茲：此，指皋陶。

⑥ 釋：舍。

⑦ 名言：善言。

⑧ 允出：誠信發自內心。允，信。

⑨ 或：有。　干：犯。　正：通「政」，政令。

⑩ 士：獄官之長。

⑪ 明：通曉。　五刑：指墨、劓、剕、宮、大辟五種刑罰。

⑫ 弼：輔助。　五教：父義、母慈、兄友、弟恭、子孝。

⑬ 期：合。

⑭ 協：服從。　中：正道。

⑮ 懋（ㄇㄠˋ）：勉。

⑯ 愆：過失。

⑰ 臨下：面對大臣。

⑱ 御：管理。

⑲ 嗣：子孫後代，下文「世」同義。「嗣」親，「世」疏。

⑳ 宥（ㄧㄡˋ）：寬赦。

㉑ 故：故意犯罪。

㉒ 不經：不守常法。經，常。

㉓ 洽：浸潤，指深得民心。

㉔ 有司：官吏，此代指刑法。

㉕ 風動：隨風而動，比喻各方回應。

譯文

　舜帝說：「禹，往前來，我在位已經有三十三年了，已經是快百歲的人，被辛勞的事弄得很疲憊。只有你不倦怠，你來統帥我的民眾吧。」禹說：「我的德行不夠，民眾不會順從我。皋陶勉力地施行德政，德政遍及民間，百姓都歸順他。君王您要考慮這些！慎重考慮後，最佳的選擇當然是皋陶，捨棄皋陶就沒有更合適的人選，能說善言的是皋陶，誠信發自內心的還是皋陶。君

45

王，您要考慮到他的偉大功績啊。」

舜帝說：「皋陶，這些臣民，沒有人違犯我的政令。那是因為你作為士官，能通曉五刑來輔助施行五教。施行五教，是為了合於我的統治。施用五刑，是為了不用五刑。這樣，百姓都服從正道，這是你的功勞，值得勉勵啊！」皋陶說：「君王您的德行是沒有過失的，對待大臣很簡約，管理百姓很寬容。懲罰不牽連子孫，獎賞延續到後代。對於過失犯罪，無論多大，都寬恕他，對於是故意犯罪，無論多小，都懲罰他。判罪時有輕重無法定奪的，都從輕處理，獎賞時有輕重無法定奪的，都從重賞賜。與其誤殺沒有罪的人，寧可放過不守常法的人。您這份愛惜生命的仁德，深得民心。因此，百姓不會觸犯刑法。」舜帝說：「使我能如願地治理國家，百姓都回應，這是你的美德。」

⊃ 原文

帝曰：「來，禹！降水儆予①。成允成功②，惟汝賢。克勤於邦，克儉於家，不自滿假③，惟汝賢。汝惟不矜④，天下莫與汝爭能。汝惟不伐，天下莫與汝爭功。予懋乃德⑤，嘉乃丕績⑥，天之歷數在汝躬⑦，汝終陟元後⑧。人心惟危，道心惟微⑨，惟精惟一⑩，允執厥中⑪。無稽之言勿聽，弗詢之謀勿庸。可愛非君⑫？可畏非民？眾非元後，何戴⑬？後非眾，罔與守邦。欽哉！慎乃有位，敬修其可願⑭，四海困窮，天祿永終。惟口出好興戎⑮，朕言不再。」

禹曰：「枚卜功臣⑯，惟吉之從。」

帝曰：「禹！官占惟先蔽志⑰，昆命於元龜⑱。朕志先定，詢謀僉同⑲，鬼神其依，龜筮協從⑳。卜不習吉㉑。」

禹拜稽首，固辭。帝曰：「毋！惟汝諧㉒。」正月朔旦㉓，受命於神宗㉔。率百官，若帝之初。

注釋

① 降水：洪水。
② 成允：指信守諾言。
③ 假：誇大。

④ 矜：自誇。下文「伐」同義。
⑤ 懋：大，此指讚美。
⑥ 丕：大，指顯耀。
⑦ 歷數：原指節氣的先後，此指帝王繼位的次序。　躬：身。
⑧ 陟：登。　元後：天子，此指帝位。
⑨ 道心：義理。
⑩ 精：誠。　一：專一。
⑪ 允：能。執：掌握。　厥：其。　中：正道。
⑫ 愛：愛戴。
⑬ 何戴：即「戴何」，擁戴誰。
⑭ 可願：所希望的事。
⑮ 興戎：興起戰爭。
⑯ 枚卜：一一占卜。古代以占卜法選官。
⑰ 官占：掌占卜的官。　蔽：斷定。　志：志向。
⑱ 昆：後。　命：卜。　元：大。
⑲ 僉：都。
⑳ 龜筮：指龜甲和蓍草，此指占卜和算卦兩種卜問方法。
㉑ 習：重複。
㉒ 諧：適合。
㉓ 朔：初一。　旦：早晨。
㉔ 神宗：堯廟。

譯文

舜帝說：「過來吧，禹，洪水向我們示警。你能信守諾言，取得治水的成功，這是你的賢能。能勤勉地處理國事，勤儉地操持家務，不自滿不誇大，這也是你的賢能。你不誇耀自己的才能，因此，天下沒有誰和你爭能，你不誇耀自己的功績，因此，天下沒有誰和你爭功。我讚美你的德行，嘉獎你顯耀的功績，繼承帝位的次序應在你身上，你最終會登上帝位。人心自私危險，道心幽微難見，只有精誠專一，才能掌握其中的正道。沒有經過考察的言論不要聽信，不是向眾人諮詢來的謀略不要採用。人們愛戴

的難道不是君王嗎？君王畏懼的難道不是百姓嗎？百姓沒有君王，又愛戴誰呢？君王沒有百姓，就沒有人和他一起守衛國家。要恭敬啊！謹慎地對待你的帝位，恭敬地實行你所希望的事，如果天下的百姓都困苦貧窮，那麼上天賜予的福祿就永遠終結了。口能說出好話，也能（說出壞話）引起戰爭，我就不再說了。」

禹說：「還是請君王您一一占卜功臣，聽從占卜的吉兆吧。」

舜帝說：「禹！官占是要先斷定志向，然後再卜問大龜。我的志向已先定了，詢問眾人的意見時，大家都和我相同，鬼神也依從，占卜和算卦的結果也都一致。況且，占卜是不需要重複出現吉兆的。」

禹叩頭跪拜，一再推辭。舜帝說：「不要推辭了！只有你合適。」正月初一的早晨，禹在堯廟接受了舜帝的禪位，像舜帝當初受命時一樣，率領百官舉行禪位大禮。

⊃ 原文

帝曰：「諮，禹！惟時有苗弗率①，汝徂征②。」禹乃會群後③，誓於師曰④：「濟濟有眾，咸聽朕命。蠢茲有苗⑤，昏迷不恭⑥，侮慢自賢⑦，反道敗德，君子在野，小人在位，民棄不保⑧。天降之咎⑨。肆予以爾眾士⑩，奉辭伐罪。爾尚，一乃心力⑪，其克有勳。」

三旬苗民逆命。益贊於禹曰⑫：「惟德動天，無遠弗屆⑬。滿招損，謙受益，時乃天道。帝初於歷山⑭，往於田，日號泣於旻天⑮。於父母，負罪引慝⑯。祗載見瞽瞍⑰，夔夔齋栗⑱，瞽亦允若⑲。至誠感神⑳，矧茲有苗㉑。」禹拜昌言曰：「俞！」班師振旅㉒。帝乃誕敷文德㉓，舞干羽於兩階㉔，七旬有苗格㉕。

<table>
<tr><td>注釋</td></tr>
</table>

① 有苗：三苗，古代南方民族。　率：遵從。
② 徂：往。
③ 群後：四方的部落首領。
④ 師：眾人。

⑤ 蠢：指無知妄動。

⑥ 昏迷：迷惑。

⑦ 侮慢：輕忽傲慢。　自賢：自負。

⑧ 保：安寧。

⑨ 咎：災禍。

⑩ 肆：於是。

⑪ 尚：希望。　一：同。

⑫ 贊：輔佐。

⑬ 屆：到達。

⑭ 歷山：在今山西永濟一帶。

⑮ 旻（ㄇㄧㄣˊ）天：上天。

⑯ 負罪：承擔罪名。　引：招來。　慝（ㄊㄜˋ）：邪惡。

⑰ 祗（ㄓ）：敬。　載：事，侍奉。　見：拜見。　瞽（ㄍㄨˇ）瞍：舜父。

⑱ 夔夔（ㄎㄨㄟˊ）：莊敬戰慄的樣子。　齋：莊敬。　栗：戰慄。

⑲ 瞽：舜父。　允：確實。　若：順。

⑳ 諴（ㄒㄧㄢˊ）：和，誠。

㉑ 矧（ㄕㄣˇ）：何況。

㉒ 班：還。　振：整頓。

㉓ 誕：大。

㉔ 干：盾牌。古人手持盾牌、羽毛跳舞。

㉕ 格：至，指歸降。

譯文

　　舜帝說：「禹啊，只有三苗還不服從政令，就命你去征討吧。」於是，禹會合四方部落首領，號令眾人說：「各位諸侯將士，都聽我的命令。三苗無知妄為，迷惑不恭，傲慢自負，違背道義，敗壞德行，遺棄賢能的君子，重用奸佞的小人。民眾被拋棄、不得安寧。上天降下災禍。於是我率領你們眾位將士，奉舜帝的命令征討有罪的三苗。希望你們都能同心協力，那麼一定能夠取得

功績。」

　　過了三十天，苗民還是違抗舜帝的命令。益輔佐禹，說：「只有善德才能感動上天，無論多遠都能傳達到。自滿招來虧損，謙遜得到益處，這是自然規律。當初，舜帝在曆山耕種時，來往於田野間，每天對著天空呼號哭泣。對於父母，他寧願自己承擔罪過招來惡名。他恭敬地侍奉父親瞽瞍，拜見父親時，莊敬戰慄，瞽瞍也真的變得和順起來。至誠的心會感動神明，何況這三苗呢？」禹拜謝益的美言，說：「是！」於是整頓軍隊，班師回朝。舜帝廣泛地施行文教德政，人們手持盾牌和羽毛在宮廷前的台階上跳舞。（撤兵）七十天後，三苗來歸降。

❀ 皋陶謨

題解

　　◆ 皋陶，據《舜典》記載，是掌管刑獄的士官。謨，謀略。本篇記載了皋陶的政治謀略。他提出「知人安民」的主張，同時勸諫君王要加強自身的道德修養，以此將德政推廣到全天下。今文《尚書》，古文《尚書》都有。

➲ 原文

　　曰若稽古 ① 。皋陶曰：「允迪厥德 ② ，謨明弼諧 ③ 。」禹曰：「俞，如何？」皋陶曰：「都！慎厥身修 ④ ，思永 ⑤ 。惇敘九族 ⑥ ，庶明勵翼 ⑦ ，邇可遠 ⑧ ，在茲 ⑨ 。」禹拜昌言曰：「俞！」皋陶曰：「都！在知人，在安民。」禹曰：「籲！咸若時 ⑩ ，惟帝其難之 ⑪ 。知人則哲 ⑫ ，能官人 ⑬ ；安民則惠，黎民懷之 ⑭ 。能哲而惠，何憂乎歡兜 ⑮ ？何遷乎有苗 ⑯ ？何畏乎巧言令色孔壬 ⑰ ？」

注釋

① 曰若：引起下文，無義。　稽：考察。

② 允：信。　迪：蹈，實行。　厥：其。

③ 明：成。　弼：輔助，指大臣。

④ 身修：自身的修養。

⑤ 永：長，引申為「深刻」。

⑥ 惇（ㄉㄨㄣ）：敦厚。 敘：順從。 九族：從高祖到玄孫九代親人。

⑦ 庶：眾。 明：賢明的人。 勵：勉。 翼：助。

⑧ 邇：近。

⑨ 茲：此。

⑩ 咸：都。 時：是。

⑪ 惟：即使。 帝：堯。

⑫ 哲：智。

⑬ 官：任命。

⑭ 懷：歸順。

⑮ 歡兜：臣名，與鯀、共工、三苗並稱「四罪」。

⑯ 有苗：三苗，古代南方民族。

⑰ 巧言：好話，此指偽善的話。 令色：好貌，此指獻媚的神情。
孔：很。 壬：佞，奸佞。

譯文

　　考察古代的歷史。皋陶說：「國君誠信地實行他的德政，那麼謀略就會取得成功，大臣也會和諧相處。」大禹說：「是呀，那該怎麼做呢？」皋陶說：「啊！要謹慎自身的修養，思考問題要深刻。要使九族親人都寬厚順從，使賢人都勉力輔佐。由近及遠，（治理天下）就從這裡做起。」大禹聽後，拜謝說：「是啊！」皋陶說：「啊！要會識別人才，要會安撫民眾。」禹說：「呀！都像這樣，即使堯帝也很難辦到。君王會識別人才就明智，能合理地任用人；會安撫民眾就仁慈，百姓都會歸順他。既明智又仁慈，那麼何必擔心歡兜呢？何必流放三苗呢？何必害怕巧言令色的奸佞小人呢？」

⊃ 原文

　　皋陶曰：「都！亦行有九德①。亦言其人有德，乃言曰載采采

51

②。」禹曰：「何？」皋陶曰：「寬而栗③，柔而立，願而恭④，亂而敬⑤，擾而毅⑥，直而溫，簡而廉⑦，剛而塞⑧，強而義。彰厥有常⑨，吉哉！

「日宣三德⑩，夙夜浚明⑪，有家⑫；日嚴祗敬六德⑬，亮采⑭，有邦。翕受敷施⑮，九德咸事⑯，俊乂在官⑰。百僚師師⑱，百工惟時⑲，撫於五辰⑳，庶績其凝㉑。無教逸欲，有邦兢兢業業，一日二日萬幾㉒。無曠庶官，天工㉓，人其代之。

「天敘有典㉔，敕我五典五惇哉㉕！天秩有禮㉖，自我五禮有庸哉㉗！同寅協恭㉘，和衷哉㉙！天命有德，五服五章哉㉚！天討有罪，五刑五用哉㉛！政事懋哉㉜！懋哉！天聰明，自我民聰明；天明畏㉝，自我民明威。達於上下，敬哉有土㉞！」

皋陶曰：「朕言惠可底行㉟？」禹曰：「俞！乃言底可績。」皋陶曰：「予未有知，思曰贊贊襄哉㊱！」

注釋

① 亦：助詞，無義。　九德：九種品德（詳見下文）。

② 載：為，做。　采采：許多事。采，事。

③ 栗：戰慄，此指嚴肅認真。

④ 願：忠厚。

⑤ 亂：治，此指有治世的才能。

⑥ 擾：馴服，此指聽取別人的意見。

⑦ 簡：大。　廉：細小。

⑧ 塞：充實。

⑨ 彰：彰顯。

⑩ 宣：表現。

⑪ 夙夜：早晚。　浚：恭敬。　明：努力。

⑫ 家：卿大夫的封地。

⑬ 祗（ㄓ）：敬。

⑭ 亮：輔助。

⑮ 翕（ㄒㄧˋ）：合。　敷：布，廣泛。

⑯ 九德：指含有九德的人。　事：從事。

⑰ 俊乂（ㄧˋ）：指德才兼備的人。

⑱ 師師：互相效法。

⑲ 百工：百官。　時：善。

⑳ 撫：順。　五辰：君王。辰，長。

㉑ 庶：眾。　凝：成功。

㉒ 幾：事。

㉓ 工：通「功」，事功。

㉔ 敘：秩序，指規定人們之間的倫理秩序。　典：指「五典」，即父義、母慈、兄友、弟恭、子孝五種人倫關係。

㉕ 敕：告誡。　惇（ㄉㄨㄣ）：敦厚。

㉖ 秩：秩序，指規定人的尊卑等級。　禮：指「五禮」，分別適用於天子、諸侯、卿大夫、士、庶民的五種禮節。

㉗ 庸：用。

㉘ 寅：敬。　協：同。

㉙ 衷：善。

㉚ 五服：天子、諸侯、卿、大夫、士的五等禮服。　章：表彰。

㉛ 五刑：五種刑罰，墨、劓、剕、宮、大辟。

㉜ 懋（ㄇㄠˋ）：勉。

㉝ 明畏：獎賞與懲罰。明，表彰好人。畏，懲罰惡人。下文「明威」同。

㉞ 有土：有國土的君王。

㉟ 惠：通「會」，引申為「當」。　底（ㄓˇ）：致，得到。

㊱ 曰：作「日」，每天。　贊贊：輔助的樣子。　襄：輔助。

譯文

皋陶說：「啊！行為要符合九種美德。說一個人有德，就要說出他做了哪些事。」

禹說：「什麼叫九德？」皋陶說：「寬宏大量又嚴肅認真，性格溫和又個性獨立，忠厚老實又恭敬有禮，才華橫溢又謙虛謹慎，虛心納諫又剛毅果斷，為人耿直又態度溫和，志向遠大又注

重小節，剛正不阿又充實全面，堅強勇敢又重情重義。彰顯這九種美德，並能經常這樣做，那就好了。

「每天能表現出九德中的三德，早晚恭敬努力地實行它們，卿大夫就可以保有自己的封地；每天嚴肅恭敬地實行九德中的六德，輔助天子處理政事，諸侯就可以保有自己的國家。如果能把九德綜合起來廣泛地實行，讓具有九德的人都做官，那麼在位的官員都是德才兼備的人。官員們互相效法，做好本職工作，都順從君王，那麼所有的事都可以辦成功。不要貪圖安逸和私欲，治理國家的人要兢兢業業地做事，因為每天都會發生很多事情。不要荒廢了各種官職，因為上天的功績，是要人來代替他完成的。

「上天規定了人與人之間的倫理秩序，有父義、母慈、兄友、弟恭、子孝五種，告誡我們要使這五種關係深厚起來！上天規定了人與人之間的尊卑秩序，有天子、諸侯、卿大夫、士、庶人五種禮節，要我們來推行這五種禮節！君臣百姓都恭敬有禮，那麼就關係和睦了！上天任命有德的人，制定了五等禮服來表彰他們！上天懲罰有罪的人，制定了五種刑法來處治他們！處理政事要勤勉啊！要勤勉！上天的聽覺和視覺是來自百姓的聽覺和視覺，上天賞罰是來自百姓的賞罰。天意與民意是相通的，有國土的君王們要謹慎啊！」

皋陶說：「我的話一定可以實行嗎？」禹說：「當然！你的言論是可以成就功績的。」皋陶說：「我沒有什麼大智慧，只是每天都在想著盡力地輔助您！」

❀ 益 稷

題解

◆ 益稷，指伯益和后稷。伯益是掌管山川的虞官。后稷，名棄，是掌管農事的稷官。本篇記載了大禹和舜帝之間的對話。禹陳述自己治水的功績，勸舜治理國家要謹慎，要重用賢臣。舜勉勵大臣要盡職盡責，不要荒廢懈怠。文章內容與益、稷並無多大關係。因開篇大禹向舜帝提起伯益和后稷的功績，於是後世便取

益稷

名《益稷》。今文《尚書》中與《皋陶謨》為一篇，今據古文《尚書》分作兩篇。

○ 原文

帝曰：「來，禹！汝亦昌言。」禹拜曰：「都！帝，予何言？予思日孜孜。」皋陶曰：「籲！如何？」禹曰：「洪水滔天，浩浩懷山襄陵①，下民昏墊②。予乘四載③，隨山刊木④，暨益奏庶鮮食⑤。予決九川距四海⑥，浚畎澮距川⑦。暨稷播，奏庶艱食鮮食⑧。懋遷有無化居⑨。烝民乃粒⑩，萬邦作乂⑪。」皋陶曰：「俞！師汝昌言⑫。」

注釋

① 襄：上。

② 昏：通「泯」，淹沒。　墊：陷。

③ 四載：四種交通工具，指車、船、橇、檋（ㄐㄩˊ，登山的轎）。

④ 刊：砍樹作路標。

⑤ 暨：及。　奏：進。　庶：民眾。　鮮食：新殺的鳥獸。

⑥ 決：疏通，下文「浚」同義。　九川：九州的川澤。　距：至。

⑦ 畎（ㄑㄩㄢˇ）澮（ㄎㄨㄞˋ）：田間的溝渠。

⑧ 艱食：指百穀。艱，作「根」。

⑨ 懋（ㄇㄠˋ）：勉，鼓勵。　化居：交易居積的貨物等。化，交易。

⑩ 烝：眾。　粒：同「立」，定。

⑪ 乂（ㄧˋ）：治理。

⑫ 師：同「斯」，此。

譯文

舜帝說：「禹，來，也說說你的高見。」禹拜謝說：「啊！帝王，我有什麼好說的？我只想每天努力地做事而已。」皋陶就說：「哦！那你做得怎麼樣呢？」禹說：「洪水漫天，浩浩蕩蕩地包圍了山丘，

55

湧上了山陵，民間的百姓都沉溺在水中。我乘坐四種交通工具，沿著山路，砍伐樹木做上路標，同意一起把新殺的鳥獸送給百姓。我疏通九州的大小河道，使它們流入大海；疏通田間的大小溝渠，使它們流入河流。與后稷一起播種穀物，把糧食和新鮮的鳥獸肉送給百姓。又鼓勵百姓互通有無，交易居積的貨物。於是，百姓就都安定了，各國也得到了治理。」皋陶說：「是啊！這就是你的高見。」

⊃ 原文

禹曰：「都！帝，慎乃在位①。」帝曰：「俞！」

禹曰：「安汝止②，惟幾惟康③。其弼直④，惟動丕應⑤。徯志以昭受上帝⑥，天其申命用休。」

帝曰：「吁！臣哉鄰哉⑦，鄰哉臣哉。」禹曰：「俞！」帝曰：「臣作朕股肱耳目⑧。予欲左右有民⑨，汝翼。予欲宣力四方⑩，汝為。予欲觀古人之象⑪，日、月、星辰、山、龍、華蟲⑫，作會⑬；宗彝、藻、火、粉米、黼、黻⑭，絺繡⑮；以五采彰施於五色⑯，作服，汝明⑰。予欲聞六律、五聲、八音⑱，在治忽⑲，以出納五言⑳，汝聽。予違，汝弼，汝無面從，退後有言。欽四鄰。庶頑讒說㉑，若不在時㉒，侯以明之㉓。撻以記之㉔，書用識哉㉕，欲並生哉㉖。工以納言，時而颺之㉗。格則承之庸之㉘，否則威之㉙。」

禹曰：「俞哉！帝，光天之下㉚，至於海隅蒼生㉛，萬邦黎獻㉜，共惟帝臣，惟帝時舉。敷納以言㉝，明庶以功㉞，車服以庸，誰敢不讓，敢不敬應？帝不時敷㉟，同日奏，罔功。」

注釋

① 乃：你。　在位：指大臣。

② 安汝止：指安於職責，不任意妄為。止，位。

③ 惟：思。　幾：危。　康：安。

④ 弼：輔佐。　直：即「德」之意。

⑤ 丕：大。

⑥ 徯（ㄒㄧ）：待。　昭：明。

⑦ 鄰：近。

⑧ 股：腿。　肱（ㄍㄨㄥ）：手臂。

⑨ 左右：幫助。　有民：民。有，名詞詞頭，無義。

⑩ 宣力：治理。宣，用。

⑪ 觀：顯示。　象：指繪在衣裳上的圖飾。

⑫ 華蟲：雉，野雞。

⑬ 會：即「繪」，此指圖案。古代繪日月等形象修飾上衣，顯示不同的身份地位。

⑭ 宗彝（ㄧˊ）：原指鐘鼎等祭祀禮器，此指禮器上的虎形象。　藻：水草。　粉米：白色米形繡文。　黼（ㄈㄨˇ）：白黑相間的斧形花紋。黻（ㄈㄨˊ）：黑青相間的「亞」形花紋。

⑮ 絺（ㄔ）繡：縫製；夏季服裝用的細布。

⑯ 采：顏料。　彰：明。　施：用。　五色：青、黃、白、赤、黑。

⑰ 明：成。

⑱ 六律：指六種高低不同的標準音。　五聲：宮、商、角、徵、羽五種不同的音階。　八音：指絲、竹、土、石、金、木、匏、革八種不同材質的樂器音。

⑲ 在：察，考察。　治忽：指政治得失。忽，荒怠。

⑳ 五言：指各方的意見。

㉑ 頑：愚蠢的人。　讒說：喜歡說讒言的人。

㉒ 在：明白。　時：是，指做人臣的本分。

㉓ 侯：箭靶。古時不賢明的人不能參加射侯，人們用這樣的方式區分善惡。

㉔ 撻（ㄊㄚˋ）：打。　記：警戒。

㉕ 識（ㄓˋ）：記。

㉖ 生：上進。

㉗ 颺（ㄧㄤˊ）：揚，舉。

㉘ 格：正。　承：進。　庸：用。

㊴ 威：懲罰。

㉚ 光：廣。

㉛ 隅：邊遠的地方。

㉜ 黎：眾。　獻：賢。

㉝ 敷：通「溥」，普遍。

㉞ 明：明察。

㉟ 時：是。　敷：分別。

譯文

禹說：「啊！天子，要謹慎地對待您的大臣。」舜帝說：「是！」

禹說：「您要盡職盡責，並要考慮國家的安危。任用有德的人來輔佐，那麼一有政令天下就會回應。等待上天的旨意，再明白地接受它，上天會不斷地降下美好的命令。」

舜帝說：「啊！大臣是最親近的人，最親近的人就是大臣。」禹說：「是！」舜帝說：「大臣就如同我的腿和手臂，我的耳朵和眼睛。我要幫助百姓，你們要輔佐我。我要治理四方，你們要協助我。我想顯示古人衣服上的圖案，把日、月、星辰、山、龍、野雞六種圖案繪在上衣上；把虎、水草、火焰、白米、黑白的斧形紋、黑青的『亞』形紋六種圖案繡在下裳上；再用五種顏料調配出五種色彩來做衣服，這些你們要去完成。我要聽六種音律、五種聲調、八種樂音，透過音樂來考察政治得失，聽取各方的意見，這些你們要聽清楚。如果我有過失，你們要幫助我改正，不要當面順從，背後又來議論。我恭敬地對待身邊的大臣。至於那些愚蠢又愛說讒言的人，如果不明白自己做臣子的本分，那就用射侯的禮節來教育他們。鞭打警戒他們，把罪行記錄下來，這樣做是想讓他們有上進心啊。官員要採納民間的意見，要時常舉薦一些賢人。知錯能改的人，就推薦他，任用他；不知悔改的人就懲罰他。」

禹說：「是啊！天子，全天下的百姓和各國的賢人都是您的臣子，您要善於任用他們。廣泛地採納他們的意見，明確地考察他們的功績，賜給他們車馬衣服來享用。這樣，誰敢不謙讓呢？誰敢不恭敬地回應您呢？您若不加分別，好人壞人一起任用，那麼就徒勞無功了。」

益稷

⊃ 原文

「無若丹朱傲①，惟慢遊是好②，傲虐是作③。罔晝夜頟頟④，罔水行舟。朋淫於家⑤，用殄厥世⑥，予創若時⑦。」

「娶於塗山⑧，辛壬癸甲⑨。啟呱呱而泣⑩，予弗子⑪，惟荒度土功⑫。弼成五服⑬，至於五千，州十有二師，外薄四海⑭，咸建五長⑮。各迪有功⑯。苗頑弗即工⑰。帝其念哉⑱。」

帝曰：「迪朕德，時乃功惟敘⑲。皋陶方祗厥敘⑳，方施象刑惟明㉑。」

注釋

① 丹朱：人名，堯的兒子。

② 慢：通「漫」，放縱。　好（ㄏㄠˋ）：愛好。

③ 傲：玩樂。　虐：同「謔」，戲謔。　作：為。

④ 頟（ㄜˊ）：不休息的樣子。

⑤ 朋：群。　淫：淫亂。

⑥ 殄：絕。　世：父子相繼，指繼承帝位。

⑦ 創：懲。　若：順。　時：天意。

⑧ 塗山：指塗山氏，居住在塗山一帶的氏族部落。塗山，在今安徽省懷遠市。

⑨ 辛壬癸（ㄍㄨㄟˇ）甲：指辛、壬、癸、甲四天。據說大禹是辛日娶妻，甲日便離家去治水，無暇顧及家庭妻兒。

⑩ 啟：大禹的兒子，後來建立了夏朝，稱為「夏啟」。

⑪ 子：愛撫。

⑫ 荒：通「忙」。　度（ㄉㄨㄛˋ）：謀。　土功：平治水土。

⑬ 五服：古代天子領地之外，以五百里為單位，由近及遠分為侯服、甸服、綏服、要服、荒服，合稱五服。服，服事天子。

⑭ 薄：至。

⑮ 咸：都。

⑯ 迪：導。

⑰ 苗：三苗，古代南方民族。　弗即工：指不服從命令。即，就。工，官。

⑱ 念：顧慮。

⑲ 時：是。　敘：順。

⑳ 皋陶：人名，掌管刑法。　方：正。　祗（ㄓ）：敬。

㉑ 象刑：刑法名，指在衣服鞋帽上畫圖像作為象徵性的懲罰。

譯文

（帝舜說：）「不要像丹朱那樣傲慢，只喜歡放縱遊玩，戲謔取樂。不論白天晚上都不停止。洪水已經退去了，還坐在船上讓人推著玩。他成群結隊地在家裡淫亂，因而不能繼承帝位。我懲罰他是順應了上天的旨意。」

（禹說：）「我娶塗山氏的女兒為妻，與她相處了四天，就去治水了。後來，啟出生，呱呱地啼哭，我都顧不上愛撫他，只忙著籌畫治理水土的事。終於輔助您建立了五服制度，服役區域遠到五千里的地方。又在十二個州分別設立一位長官，從十二州到四海邊界，每五個諸侯國也都設立一個長官。他們都領導自己的臣民建立了功業。只有三苗頑劣不服從命令，君王您要顧念到這件事啊！」

舜帝說：「還是用我的德教去開導他們，如果三苗順從，這是你的功勞。現在皋陶正恭敬地履行他的職責，施加象刑使眾人明白犯罪的後果。」

⊃ 原文

夔曰①：「戛擊鳴球②、搏拊琴、瑟③，以詠。」祖考來格④，虞賓在位⑤，群后德讓⑥。下管鼗鼓⑦，合止柷敔⑧。笙鏞以間⑨，鳥獸蹌蹌⑩；《簫韶》九成⑪，鳳凰來儀⑫。夔曰：「於！予擊石拊石，百獸率舞，庶尹允諧⑬。」

帝庸作歌，曰：「敕天之命⑭，惟時惟幾⑮。」乃歌曰：「股肱喜哉！元首起哉⑯！百工熙哉⑰！」皋陶拜手稽首⑱，颺言曰⑲：「念哉！率作興事，慎乃憲⑳，欽哉！屢省乃成，欽哉！」乃庚載歌曰：「元首明哉，股肱良哉，庶事康哉！」又歌曰㉑：「元首叢脞哉㉒，股肱惰哉，萬事墮哉㉓！」帝拜曰：「俞，往，欽哉！」

注釋

① 夔（ㄎㄨㄟˊ）：人名，樂官。

② 戛（ㄐㄧㄚˊ）擊：敲擊。　鳴球：玉磬。

③ 搏：重擊。　拊（ㄈㄨˇ）：輕擊。

④ 祖考：祖父。　格：至。

⑤ 虞賓：指丹朱。　在位：在助祭的位置。

⑥ 群後：眾諸侯。　德：升。　讓：揖讓。

⑦ 下：堂下。　管：簫類的竹製樂器。　鞀（ㄊㄠˊ）鼓：小鼓。

⑧ 合：始。　柷（ㄓㄨˋ）：古樂器，奏樂開始時擊打。　敔（ㄩˇ）：古樂器，奏樂停止時擊打。

⑨ 笙：管型樂器。　鏞（ㄩㄥ）：大鐘。　間：交替。

⑩ 蹌蹌（ㄑㄧㄤㄑㄧㄤ）：舞動。

⑪ 簫韶：指舜創作的樂曲。　成：奏。

⑫ 儀：指成雙成對地到來。

⑬ 尹（ㄧㄣˇ）：正，官長。　允：信，確實。　諧：「偕」，同。

⑭ 敕：敬慎。

⑮ 幾：微小的事。

⑯ 起：奮發。

⑰ 百工：百官。　熙：明。

⑱ 拜手稽首：下跪後兩手相拱，俯頭至手與心齊平，再叩頭至地。

⑲ 颺：指高聲。

⑳ 乃：你，你的。　憲：法。

㉑ 庚：續。　載：作。

㉒ 叢脞（ㄘㄨㄛˇ）：小，細碎。

㉓ 墮：廢。

譯文

夔說：「敲起玉磬，彈起琴瑟，唱起歌來。」祖父的靈魂降

61

臨了，舜帝的賓客就位了，各位諸侯都登上了廟堂互相揖讓。堂下吹起簫，搖起小鼓，開始奏樂時敲擊柷，奏樂結束時敲擊敔。笙和大鐘交替演奏，鳥獸就在音樂聲中舞動起來；《韶》樂演奏九遍後，鳳凰也成雙成對地飛來。夔說：「啊！我敲擊著石磬，各種獸類都跳起舞來，所有官員也跟著跳起來。」

舜帝於是作歌，說：「要謹慎上天的命令，時時事事都要謹慎。」於是唱起來：「大臣樂意工作啊！君王振作奮發啊！百官都有顯著的功績啊！」皋陶跪拜叩頭，大聲地說：「要時時顧念啊！天子統率大臣治理國家，謹慎地履行常法，要恭敬啊！多次考察自省才會成功，要恭敬啊！」於是繼續作歌，唱道：「君王通明啊，大臣賢良啊，所有的事都安寧啊！」又唱道：「君王若是煩碎無大志啊，大臣就會懈怠啊，所有的事就會荒廢啊！」舜帝拜謝說：「是，去吧，都謹慎地做事吧！」v

◎夏　書

❀ 禹　貢

題解

◆ 禹，大禹。貢，指賦稅和進貢的財物。本篇以大禹治理水土，劃分九州疆界為線索，系統地、全面地記載了我國古代的地理分佈，是我國最早的地理學著作，為後世瞭解當時的政治制度、山川分佈、風土人情等提供了寶貴的資料。關於本篇的成書年代，歷來爭論頗多，有夏朝說、西周說、春秋說、戰國說等。我們認為本篇應是西周史官根據傳下來的材料所作，在後世的流傳過程中，內容有所增益。今文《尚書》、古文《尚書》都有此篇。

ᴐ 原文
禹別九州，隨山浚川①，任土作貢②。

注釋
① 隨山：指沿著山路，砍伐樹木做標記。　浚：疏通。
② 任：憑依，依據。

譯文
禹分別九州的疆界，沿著山路砍伐樹木做路標，疏通各州河道，又根據各處土地的情況制定貢賦的級別。（以上是序）

ᴐ 原文
禹敷土①，隨山刊木②，奠高山大川③。
　　冀州④。既載壺口⑤，治梁及岐⑥。既修太原⑦，至於岳陽⑧。覃懷底績⑨，至於衡漳⑩。厥土惟白壤，厥賦惟上上⑪，錯⑫，厥田惟中中。恒、衛既從⑬，大陸既作⑭。島夷皮服⑮，夾右碣石入於河⑯。

① 敷：分。

② 刊：砍。

③ 奠：定。

④ 冀州：九州之一，相傳是堯時的政治中心。地理範圍約為今山西全省，河北西、北部，河南北部，遼寧西部。

⑤ 載：事，指施工。　壺口：山名，在今山西吉縣西南。

⑥ 梁：山名。在今陝西韓城北。　岐：山名，在今山西永濟北。

⑦ 太原：即大原，在今山西省聞喜一帶。

⑧ 嶽：霍山，在今山西省霍州東。　陽：指山的南面。

⑨ 覃（ㄊㄢˊ）懷：地名，在今河南武陟縣。　底（ㄓˇ）：致，獲得，定也。　績：功。

⑩ 衡：同「橫」。　漳：漳水，出山西省西南向東橫流，入黃河。

⑪ 厥：其。　賦：田稅。　上上：第一等。《禹貢》中田地和賦稅的級別有九等：上上、上中、上下為一、二、三等；中上、中中、中下為四、五、六等；下上、下中、下下為七、八、九等。

⑫ 錯：雜，指雜有第二等。

⑬ 恒：水名，源出恒山。　衛：水名，源出今河北靈壽縣。　從：順。

⑭ 大陸：澤名。在今河北鉅鹿縣北。　作：耕作。

⑮ 島夷：當作「鳥夷」，指生活在冀州的少數民族。

⑯ 碣石：海島名，在今河北樂亭縣南。　河：黃河。

譯文

禹劃分九州的疆界，沿著山路砍伐樹木做路標，確定了名山大川。

冀州。治理壺口的工程結束後，就治理梁山和岐山。太原一帶修治完成後，就轉到太嶽山南面。覃懷一帶的治理取得成效後，就開始治理橫流的漳水。該州的土壤是白色又柔軟的，它的賦稅是第一等，雜有第二等，田地是第五等。恒水、衛水的河道已經

疏通，大陸澤也已經可以耕種了。冀州的烏夷民族進貢皮毛衣服，先透過右邊的碣石山，再經黃河而來。

⊃ 原文

濟、河惟兗州 ①。九河既道 ②，雷夏既澤 ③，灉、沮會同 ④。桑土既蠶 ⑤，是降丘宅土 ⑥。厥土黑墳 ⑦，厥草惟繇 ⑧，厥木惟條 ⑨。厥田惟中下，厥賦貞 ⑩，作十有三載，乃同。厥貢漆絲，厥篚織文 ⑪。浮於濟、漯 ⑫，達於河 ⑬。

注釋

① 濟：通「泲」，泲水。出今河南濟源王屋山。　兗（一ㄢˇ）州：九州之一。兗，一作「沇」。地理範圍約為今山東省西部，河北省東南部，河南省東北部。

② 九河：黃河下游的九道河，此泛指兗州境內黃河下游的眾多河流。　道：同「導」，疏導。

③ 雷夏：澤名。在今山東省菏澤東北。　澤：形成湖澤。

④ 灉（ㄩㄥ）：水名，黃河的支流。　沮（ㄐㄩ）：水名，濟水的支流。

⑤ 桑土：適宜種桑的土地。　蠶：養蠶。

⑥ 土：平地。

⑦ 墳：肥沃。

⑧ 繇（一ㄠˊ）：茂。

⑨ 條：長。

⑩ 貞：當作「下下」，指第九等。

⑪ 篚（ㄈㄟˇ）：盛物的竹器。　織文：有花紋圖案的絲織品。

⑫ 浮：船行水上。　漯（ㄊㄚˋ）：水名，為古黃河的支流，出河南浚縣。

⑬ 達：從一條水道轉入另一條水道。

譯文

濟水和黃河之間這一帶是兗州。黃河下游的眾多河流都已疏

通，雷夏澤也已經形成，灉水、沮水在這裡會合。適宜種桑樹的地帶，已經養起蠶來，於是人們從山丘上搬下來，居住在平地。該州的土壤是肥沃的黑土，這裡青草茂盛，樹木修長。這裡的田地是第六等，賦稅是第九等，經營了十三年後，這裡的賦稅才和其他州相同。這裡進貢漆和絲，還有裝在竹筐裡、有花紋圖案的絲織品。進貢的船隻由濟水、漯水轉入黃河。

⊃ **原文**

海、岱惟青州①。嵎夷既略②，濰、淄其道③。厥土白墳，海濱廣斥④。厥田惟上下，厥賦中上。厥貢鹽絺⑤、海物惟錯⑥。岱畎絲、枲、鉛、松、怪石⑦。萊夷作牧⑧。厥篚絲⑨。浮於汶⑩，達於濟。

注釋

① 海：指今山東半島臨近的黃海和半島北面的渤海。 岱：泰山。 青州：九州之一。地域相當於今山東省中部和東部、東北遠達遼寧東、朝鮮西、南至泰山。

② 嵎夷：地名，今山東半島、遼東半島一帶。 略：治。

③ 濰（ㄨㄟˊ）：水名。出山東莒縣北濰山，至昌邑入海。 淄：水名，出山東萊蕪東北。

④ 斥：鹽鹵地，用於煮鹽。

⑤ 絺（ㄔ）：細葛布。

⑥ 海物：海產。 錯：錯雜。

⑦ 畎（ㄑㄩㄢˇ）：山谷。 枲（ㄒㄧˇ）：大麻的雄株，纖維可織麻布，此泛指麻。

⑧ 萊夷：東夷之一，是活動在今山東黃縣一帶的少數民族。作：從事。

⑨ （ㄧㄢˇ）：山桑，絲成褐色，可作琴瑟的弦。

⑩ 汶：水名。出今山東萊蕪東北，西南流，入濟水。

譯文

海和泰山之間這一帶是青州。嵎夷地帶已經得到治理，濰水、淄水也已疏通了。這裡的土壤是肥沃的白土，海邊有廣大的鹽鹵地。這裡的田地是第三等，賦稅是第四等。這裡進貢鹽和細葛布，及豐富的海產。泰山山谷地區出產絲、麻、鉛、松和奇特的石頭。萊夷所處的地帶能夠放牧。這裡把山桑的絲裝在竹筐裡。進貢的船隻由汶水轉入濟水。

○ 原文

海、岱及淮惟徐州①。淮、沂其乂②，蒙、羽其藝③。大野既瀦④，東原底平⑤。厥土赤埴墳⑥，草木漸包⑦。厥田惟上中，厥賦中中。厥貢惟土五色⑧、羽畎夏翟⑨、嶧陽孤桐⑩、泗濱浮磬⑪、淮夷Ｘ珠暨魚⑫。厥篚玄纖縞⑬。浮於淮、泗，達於河⑭。

注釋

① 淮：淮河。出河南桐柏縣，東南流向，入黃海。　徐州：九州之一。北以泰山為界與青州相鄰，南至淮水與揚州為界，約為今山東南部，江蘇、安徽北部。

② 沂（一ˊ）：水名，出山東沂水縣。　乂（一ˋ）：治理。

③ 蒙：蒙山，在今山東費縣北，蒙陰縣南。　羽：羽山，在今江蘇贛榆縣西南。　藝：耕種。

④ 大野：澤名，即巨野澤，在今山東巨野縣。　瀦：作「潴」，指水停聚處。

⑤ 東原：地名，今山東泰安到東平一帶。　平：定。

⑥ 埴：黏土。

⑦ 包：當作「苞」，叢生。

⑧ 五色：指青、紅、白、黑、黃五種顏色。

⑨ 夏翟：長有五色羽毛的野雞。夏，五色。翟，野雞。

⑩ 嶧陽：山名。在今江蘇省邳州西。　孤桐：指絕好又難得的桐樹，是製作琴瑟的上等材料。

⑪ 泗：水名，出山東泗水縣。今泗水僅是古泗水的上游。　浮磬：一種可以作為磬的石頭。

⑫ 淮夷：東夷之一，是活動在淮水流域的少數民族。珠：指蚌生成的珍珠。　，蚌。　暨：及。

⑬ 玄：黑色絲織品。　纖：細。　縞（ㄍㄠˇ）：白色絲織品。

⑭ 河：當作「菏」，水名。出山東定陶西南。

譯文

黃海、泰山和淮河之間這一帶是徐州。淮河、沂水得到治理，蒙山、羽山也可以耕種了。水停聚在大野形成湖澤，東原一帶也平定了。該州的土壤是肥沃的紅色黏土，草木不斷生長，十分茂盛。這裡的田地是第二等，賦稅是第五等。這裡進貢五色土、羽山山谷的五色野雞、嶧陽山的上等桐木、泗水邊的磬石、淮夷一帶的珍珠及各種魚類，還有用竹筐裝著的黑色細綢、白色絹。進貢的船隻由淮河、泗水轉入菏水。

⊃ 原文

淮、海惟揚州。彭蠡既豬①，陽鳥攸居②。三江既入③，震澤底定④。篠、簜既敷⑤。厥草惟夭⑥，厥木惟喬⑦。厥土惟塗泥⑧。厥田惟下下，厥賦下上、上錯。厥貢惟金三品⑨，瑤、琨、、、齒、革、羽、毛惟木⑩。島夷卉服⑪。厥篚織貝⑫，厥包橘柚，錫貢⑬。沿於江、海，達於淮、泗。

注釋

① 彭蠡（ㄌㄧˇ）：澤名。在今湖北東部、安徽西部一帶的長江北岸。　揚州：九州之一。地域包括今漸江、江西、福建全境，及江蘇、安徽、河南南部，湖北東，廣東北。

② 陽鳥：雁。　攸：所。

③ 三江：指彭蠡澤以東長江及其各支流水。三指多數。

④ 震澤：澤名，即今太湖。

⑤ 篠（ㄒㄧㄠˇ）：箭竹。　簜（ㄅㄤˋ）：大竹。　敷：布。

⑥ 夭：幼嫩而美好。

⑦ 喬：高大。

⑧ 塗泥：水濕泥淖地的泥土。

⑨ 金三品：古時以銅為金，此指青、白、赤三色銅。

⑩ 瑤：美玉。　琨：美石。　齒：象牙。　革：犀牛皮。　毛：當作「旄」，指旄牛尾。　惟：與。

⑪ 島夷：指生活在東南海島的少數民族。　卉服：用草做的衣服鞋帽。卉，草。

⑫ 織貝：用線串連貝，做成飾物。

⑬ 錫貢：進貢。古時錫、貢意義相近。

譯文

　　淮河和東海之間這一帶是揚州。水停聚在彭蠡形成了大湖澤，冬天，大雁便棲息在這裡。彭蠡以東的江水都流入海中，震澤也平定了。揚州各處都生長著大大小小的竹子。這裡的草長得很茂盛，樹木長得很高大。這裡的土壤是潮濕的泥土。這裡的田地是第九等，賦稅是第七等，也雜有第六等。這裡進貢青、白、赤三色銅，還有美玉、美石、小竹、大竹、象牙、犀牛皮、羽毛、旄牛尾和木材。東南沿海的夷人都穿著用草做的衣服。這裡把用貝殼做的飾物放在竹筐裡，把橘子、柚子都包裝起來，用於進貢。進貢的船隻沿著長江、黃海，轉入淮河、泗水。

● 原文

　　荊及衡陽惟荊州①。江、漢朝宗於海②，九江孔殷③，沱、潛既道④，雲土夢作乂⑤。厥土惟塗泥，厥田惟下中，厥賦上下。厥貢羽、毛、齒、革、惟金三品，杶、榦、栝、柏，礪、砥、砮、丹⑨，惟箘、簬、楛⑦；三邦底貢厥名⑧。包匭菁茅⑨，厥篚玄纁璣組⑩。九江納錫大龜。浮於江、沱、潛、漢，逾於洛，至於南河。

注釋

　　① 荊：山名。在今湖北省南漳縣西。　衡陽：指衡山南面，在今湖南衡山縣。　荊州：九州之一。地域包括今湖北中南部、湖南中北部、四川和貴州一部分。

② 江：長江。　漢：漢水，出今陝西甯強縣嶓塚山，東南流向，至武漢入長江。　朝宗：原指諸侯朝見天子，此處比喻江、漢匯入大海。

③ 九江：指湖北黃岡一帶的大江。　孔殷：指眾多河流匯入，水流盛大。孔，甚。殷，眾。

④ 沱：水名，長江支流。　潛：水名，漢水支流。

⑤ 雲土夢：即雲夢澤，指今湖北境內江漢平原到湖南北部一帶的湖沼群。

⑥ 杶（ㄔㄨㄣ）：椿樹。　榦（ㄍㄢˋ）：柘木。　栝（ㄍㄨㄚ）：檜樹。　礪：粗磨石。　砥：細磨石。　砮（ㄋㄨˇ）：石名，可做箭頭。丹：朱砂，用作顏料、藥物。

⑦ 箘（ㄐㄩㄣˋ）、簬（ㄌㄨˋ）：美竹名。　楛（ㄏㄨˋ）：荊類植物，莖可做箭杆。

⑧ 三邦：指靠近雲夢澤的邦國。

⑨ 甌（ㄍㄨㄟˇ）：纏結。　菁茅：有毛刺的茅草，用於縮酒。

⑩ 玄：黑色。　纁（ㄒㄩㄣ）：黃赤色。　璣組：指串著小珠的佩玉絲帶。璣，小珠。

⑪ 錫：供。

⑫ 逾：越過。　洛：洛水，出陝西洛南縣，在河南鞏縣匯入黃河。

⑬ 南河：黃河的一段，是山西與河南的分界。

譯文

　　荊山到衡山南面這一帶是荊州。長江和漢水在這裡奔流入海，到九江區域水勢更為浩大，兩水的支流沱江和潛水已經疏通，雲夢澤也治理好了。這裡的土壤是潮濕的泥土，這裡的田地是第八等，賦稅是第三等。這裡進貢羽毛、旄牛尾、象牙、犀牛皮和青、白、赤三色銅，還有椿樹、柘木、檜樹、粗細磨石、砮石、朱砂及上等竹子、楛樹。臨近澤邊的邦國都進貢他們的名產。（進貢時）把菁茅包裹起來並纏結好，把黑色、黃紅色的串有小珠的佩玉絲帶都放在竹筐裡。九江一帶還進貢祭祀用的大龜。進貢的船隻經過長江、沱江、潛水、漢水，再越過洛水，到達南河。

⊃ 原文

荊、河惟豫州①。伊、洛、瀍、澗既入於河②，滎波既豬③。導菏澤④，被孟豬⑤。厥土惟壤，下土墳壚⑥。厥田惟中下，厥賦錯上中。厥貢漆、枲、、紵⑦，厥篚纖纊⑧，錫貢磬錯⑨。浮於洛，達於河。

注釋

① 豫州：九州的中心。相當於今河南省黃河以南，湖北省北部，山東省西南部及安徽西北部。

② 伊：水名，出河南省盧氏縣悶頓嶺，至偃師縣入於洛水。瀍（彳ㄢˊ）：水名，出河南省孟津縣西北穀城北，東南過洛陽，入洛水。澗：水名，出河南省澠池縣白石山。

③ 滎（ㄒㄧㄥˊ）波：澤名，已消失，原在今河南滎陽縣。

④ 菏澤：澤名，屬兗州，已消失，原在今山東定陶縣。

⑤ 被：淹沒，溢漫。孟豬：澤名，已消失，原在河南商丘東北。

⑥ 壚（ㄌㄨˊ）：黑色的硬土。

⑦ 紵（ㄓㄨˋ）：麻的一種。

⑧ 纖纊（ㄎㄨㄤˋ）：細綢；棉絮。

⑨ 錯：磨石。

譯文

荊山與黃河之間這一帶是豫州。伊水、洛水、瀍水、澗水都流入黃河中，河水在滎波停聚形成了大澤。疏導菏澤，水盛時可以漫溢進入孟豬澤。該州的土壤是柔土，低窪地帶的土壤是肥沃的黑色硬土。這裡的田地是第四等，賦稅是第二等，也雜有第一等。這裡進貢漆、麻、細葛布、紵麻，還有用筐裝著的細綢，及磨製磬的磨石。進貢的船隻由洛水轉入黃河。

⊃ 原文

華陽、黑水惟梁州①。岷、嶓既藝②，沱、潛既道，蔡、蒙旅平③，和夷底績④。厥土青黎⑤，厥田惟下上，厥賦下中三錯。厥

貢璆、鐵、銀、鏤、砮、磬、熊、羆、狐、狸、織皮⑥。西傾因桓是來⑦。浮於潛，逾於沔⑧，入於渭⑨，亂於河⑩。

注釋

① 華陽：華山南面。華山在陝西省東部，為西嶽。　黑水：即金沙江。　梁州：九州之一。相當於今四川東部和陝西、甘肅南部。

② 岷：岷山，在今四川松潘縣。　嶓：嶓塚山，在今陝西甯強縣。

③ 蔡：山名，一說為四川雅安境內的蔡家山，一說為峨眉山。蒙：山名，地處四川省雅安、名山、蘆山之間。　旅：道。　平：平治。

④ 和夷：指生活大渡河一帶的少數民族。

⑤ 黎：黑。

⑥ 璆（ㄑ一ㄡˊ）：作「鏐」，上等的黃金。　鏤：質地堅硬的鐵。　羆（ㄆ一ˊ）：熊的一種。俗稱人熊或馬熊。　狸：狸貓，形狀似貓，常盜食家禽。　織：指用動物毛織成的子一類的東西。　皮：做裘衣的獸皮。

⑦ 西傾：山名，在今青海省同德縣北。　桓：桓水，即嘉陵江上游的白龍江。

⑧ 沔（ㄇ一ㄢˇ）：水名，出陝西略陽，東南流到沔縣入漢水。

⑨ 渭：水名，出甘肅渭源縣鳥鼠山，東流經陝西匯入黃河。

⑩ 亂：橫渡。

譯文

華山南面與黑水之間這一帶是梁州。岷山、嶓塚山已經可以種植莊稼了，沱江、潛江已經疏通，蔡山、蒙山的山路已經修平整，和夷居住地區的工程也已經取得成功。這裡的土壤是青黑色的，這裡的田地是第七等，賦稅是第八等，夾雜著第七等和第九等。這裡進貢黃金、鐵、銀、鋼鐵、砮石、磬、熊、羆、狐、狸，還有子和獸皮。西傾山一帶的貢品沿著桓水運來。進貢的船隻由潛水進入沔水，再轉入渭水，最後橫渡黃河。

⇒ 原文

黑水、西河惟雍州 ①。弱水既西 ②，涇屬渭汭 ③，漆、沮既從 ④，灃水攸同 ⑤。荊、岐既旅 ⑥，終南惇物 ⑦，至於鳥鼠 ⑧。原隰 底績 ⑨，至於豬野 ⑩。三危既宅 ⑪，三苗丕敘 ⑫。厥土惟黃壤，厥 田惟上上，厥賦中下。厥貢惟球、琳、琅玕 ⑬。浮於積石 ⑭，至於 龍門西河 ⑮，會於渭汭 ⑯。織皮崑崙、析支、渠搜 ⑰。西戎即敘 ⑱ 。

注釋

① 黑水：雍州最西端的一條水流，多認為是今甘肅黨河。　西 河：指山西與陝西分界處的一段黃河。　雍州：九州之一。相當於 今陝西中、北部和甘肅大部。

② 弱水：出甘肅山丹縣，向西北流經張掖、高台、鼎新等地。

③ 涇：水名，出寧夏涇源縣，東南流向，至陝西高陵入渭水。　 屬：入。　渭汭（ㄖㄨㄟˋ）：指涇水匯入渭水的地方。

④ 漆：水名。出陝西銅川東北，西南流至耀縣合沮水。　沮： 水名。出耀縣北，東南流合漆水，稱為漆沮水，後流到富平入渭。

⑤ 灃水：出陝西戶縣，北流入渭。

⑥ 荊：荊山，在陝西大荔縣東。　岐：岐山，在陝西岐山縣東北。

⑦ 終南：山名，指從陝西藍田到眉縣一帶，長約八百里的秦嶺 山脈。　惇物：山名，在今眉縣東南。它的北部是太白山，南部是 武功山，統稱為「惇物山」。

⑧ 鳥鼠：山名，全稱「鳥鼠同穴山」，又稱「青雀山」。在今 甘肅渭源縣西南，是渭水的發源地。

⑨ 原隰（ㄒㄧˊ）：地名，在今陝西旬邑、彬縣一帶。

⑩ 豬野：澤名，可能是今甘肅民勤縣的白亭海。

⑪ 三危：山名，在敦煌縣內。

⑫ 三苗：古代南方民族。　丕：大。　敘：順。

⑬ 球：美玉。　琳：美石。　琅玕：似珠玉的美石。

⑭ 積石：大積石山，在青海境內。

⑮ 龍門：山名，在今陝西韓城縣。

尚書新解

⑯ 渭汭：此指潼關北渭水入黃河處。

⑰ 崑崙：國名。在青海境內。　析支：國名，在青海北部。渠搜：國名，在祁連山南，青海境內。

⑱ 西戎：西方的少數民族。

譯文

黑水和西河之間這一帶是雍州。弱水向西流去，涇水匯入渭水，漆水、沮水會合後也匯入渭水，灃水也北流進入渭水。荊山、岐山的山路已經修好，終南山、惇物山，直到鳥鼠山，山路也都修好了。原隰的治理工程已經取得成功，一直到豬野澤都得到了治理。三危山治理後已經可以居住了，三苗在此安定下來，變得很順從。這裡的土壤是黃土，這裡的田地是第一等，賦稅是第六等。這裡進貢美玉、美石和類似珠玉的石頭。進貢的船隻從積石山附近的黃河，轉入龍門一帶的黃河，與從渭水入河的船相會。崑崙、析支、渠搜進貢毛和獸皮。西方的少數民族都順從了。

➲ 原文

導汧及岐①，至於荊山②。逾於河，壺口、雷首③，至於太嶽。底柱、析城④，至於王屋⑤。太行、恒山⑥，至於碣石，入於海。西傾、朱圉、鳥鼠⑦，至於太華⑧。熊耳、外方、桐柏⑨，至於陪尾⑩。

導嶓塚至於荊山⑪，內方至於大別⑫，岷山之陽至於衡山⑬。過九江至於敷淺原⑭。

注釋

① 汧（ㄑㄧㄢ）：山名，即陝西隴縣西南的吳山。　岐：雍州的岐山。

② 荊山：雍州的荊山。

③ 雷首：山名，在山西永濟縣。

④ 底（ㄓㄥ）柱：山名，在今山西平陸縣東的黃河中。　析城：山名，在今山西陽城縣西南。

74

⑤ 王屋：山名，在山西垣曲縣，形狀似三重房屋，因此得名。

⑥ 太行：山名，南起河南濟源，北至河北北。　恒山：在今河北曲陽縣西北。

⑦ 朱圉（ㄩˇ）：山名，在今甘肅省甘谷縣西南。

⑧ 太華：即華山，在陝西華陰縣。

⑨ 熊耳：山名，在今河南盧氏縣西南。　外方：即河南嵩山。　桐柏：山名，在今河南桐柏縣西。

⑩ 陪尾：山名，即今湖北安陸市的橫山。

⑪ 荊山：荊州的荊山。

⑫ 內方：山名，在今湖北鐘祥縣西南。　大別：山名，在今湖北漢水流域。

⑬ 衡山：山名，在今湖南衡山縣。

⑭ 敷淺原：山名，即江西廬山。

譯文

　　疏通了汧山和岐山的道路，到達荊山。越過黃河，疏通了壺口山、雷首山的道路，到達太嶽山。向南疏通了厎柱山、析城山的道路，到達王屋山。又向東北方，疏通了太行山、恒山的道路，到達碣石山，山勢入於渤海中。沿著渭水南岸，疏通了西傾山、朱圉山、烏鼠山的道路，到達華山。沿著黃河南岸，疏通了熊耳山、外方山、桐柏山的道路，到達陪尾山。

　　再沿漢水，疏通了嶓塚山到荊山的道路，內方山到大別山的道路；沿江水，疏通岷山南面到衡山的道路。接著渡過九江，直到敷淺原。

○ 原文

　　導弱水至於合黎①，餘波入於流沙②。

　　導黑水至於三危③，入於南海④。

　　導河積石至於龍門，南至於華陰⑤，東至於厎柱，又東至於孟津⑥；東過洛汭⑦，至於大伾⑧；北過降水⑨，至於大陸；又北，播為九河⑩，同為逆河⑪，入於海。

嶓塚導漾 ⑫，東流為漢，又東為滄浪之水 ⑬；過三澨 ⑭，至於大別；南入於江；東匯澤為彭蠡，東為北江 ⑮，入於海。

注釋

① 合黎：山名，在今甘肅境內。

② 餘波：河的下游。　流沙：即沙漠，指今甘肅境內的阿拉善沙漠。

③ 黑水：雍州的黑水。

④ 南海：一說是三危山以南的某海子，一說是今羅布泊。

⑤ 華陰：華山以北，今陝西華陰縣一帶。

⑥ 孟津：黃河渡口名，在今河南孟縣。

⑦ 洛汭：洛水入黃河處，在今河南鞏縣。

⑧ 大伾（ㄆㄧ）：山名，在今河南浚縣。

⑨ 降水：出山西屯留發鳩谷，後與濁漳水合流，至河北肥鄉、曲周間入河。

⑩ 播：分散。

⑪ 逆河：漲潮時，海水倒灌入河而形成。

⑫ 漾：漾水，出嶓塚山。是漢水的上源。

⑬ 滄浪：漢水的一段，在今湖北均縣境內。

⑭ 三澨（ㄕㄟ）：一說為水名，即湖北天門的三參水；一說為地名，在今襄陽一帶。

⑮ 北江：指長江在彭蠡以東的一段。

譯文

疏導弱水，流到合黎山，下游流入沙漠中。

疏導黑水，流到三危山，再流入南海。

疏導黃河，河水由積石山流向龍門山，再向南流到華山以北，向東流到底柱山；又向東流到孟津，再向東經過洛水入河口，流到大伾山；向北越過降水，流到大陸澤；又向北流，分成九條河道，各河道下游受海水倒灌而成為逆河，最後都匯入大海。

從嶓塚山開始疏導漾水，向東流成為漢水，又向東成為滄浪

之水；向前南流經過三澨水，直到大別山；再向南進入長江；又向東流，滙聚成為彭蠡澤，彭蠡以東的長江被稱為北江，最後流入海中。

➲ 原文

岷山導江①，東別為沱②；又東至於澧③，過九江，至於東陵④，東北會於匯⑤；東為中江⑥，入於海。

導沇水⑦，東流為濟，入於河，溢為滎⑧，東出於陶丘北⑨，又東至於菏⑩，又東北會於汶，又北東入於海。

導淮自桐柏，東會於泗、沂，東入於海。

導渭自鳥鼠同穴⑪，東會於灃，又東會於涇，又東過漆、沮，入於河。

導洛自熊耳⑫，東北會於澗、瀍，又東會於伊，又東北入於河。

注釋

① 江：長江。

② 別：另有。

③ 澧（ㄌㄧˇ）：水名，在今湖南桑植縣。

④ 東陵：地名，在今安徽安慶、樅陽，彭蠡以西地區。

⑤ 迤（ㄧˊ）：同「迤」，斜行。　匯：指彭蠡澤。

⑥ 中江：參見「三江」注，指長江下游分道入海的支流。

⑦ 沇（ㄧㄢˇ）水：出山西垣曲縣王屋山，東南流向，至河南武陟縣入河。

⑧ 滎（ㄒㄧㄥˊ）：即滎波澤，見「豫州」章。

⑨ 陶丘：丘名，在今山東定陶縣。

⑩ 菏：水名，出山東定陶西南，由菏澤向東南流。

⑪ 鳥鼠同穴：即鳥鼠山。

⑫ 熊耳：山名。洛水發源於此。

譯文

從岷山開始疏導長江，向東分出的支流叫沱江；江水又向東

流到澧水，經過九江區域，到達東陵，再向東偏北斜行，彙聚於彭蠡澤；再向東流成為中江，最後匯入大海。

疏導沈水，向東流成為濟水，流入黃河，又越過黃河向南漫溢，形成滎波澤；向東流過陶丘的北面，又向東到達菏水，又向東北流與汶水會合，最後向北流，再轉向東流，進入大海。

從桐柏山開始疏導淮河，向東流與泗水、沂水相會，再向東流進入大海。

從鳥鼠同穴山開始疏導渭水，向東流與澧水相會，又向東流與涇水相會，再向東流過漆水、沮水，進入黃河。

從熊耳山開始疏導洛水，向東北流與澗水、瀍水相會，又向東流與伊水相會，再向東北流入黃河。

⊃ 原文

九州攸同①，四隩既宅②。九山刊旅③，九川滌源④，九澤既陂⑤，四海會同。六府孔修⑥，庶土交正⑦，厎慎財賦，咸則三壤成賦中邦⑧。錫土姓⑨，祗台德先⑩，不距朕行⑪。

五百里甸服⑫：百里賦納總⑬，二百里納銍⑭，三百里納秸服⑮，四百里粟，五百里米。

五百里侯服⑯：百里采⑰，二百里男邦，三百里諸侯。

五百里綏服⑱：三百里揆文教⑲，二百里奮武衛。

五百里要服⑳：三百里夷，二百里蔡㉑。

五百里荒服㉒：三百里蠻，二百里流。

東漸於海㉓，西被於流沙㉔，朔南暨聲教訖於四海㉕。禹錫玄圭㉖，告厥成功。

注釋

① 九州：即上文的冀、兗、青、徐、揚、荊、豫、梁、雍九個州。

② 四隩（ㄩ ㄟ）：四方。

③ 九山：九州的山，下文九川、九澤，即九州的川、澤。

④ 滌：通暢。

⑤ 陂（ㄆㄛ）：堤岸。

⑥ 六府：古時掌管稅收的司土、司木、司水、司革、司器、司貨。

　修：治。

⑦ 庶：眾。　交：都。　正：指勘定土地的等級。

⑧ 咸：都。　則：準則。　三壤：土壤分上中下三等。　中邦：指九州。

⑨ 錫：同「賜」。

⑩ 祗（ㄓ）：敬。　台（ㄧˊ）：我。

⑪ 距：違抗。　朕：我。

⑫ 五百里：指王城之外，四方各距王城五百里。　甸服：指在天子的領地上服役，主要是耕種田地，繳納穀物。甸，王田。

⑬ 總：指連根莖一起捆紮成束的莊稼。

⑭ 銍（ㄓˋ）：短鐮刀，此指割下的稻穗。

⑮ 秸（ㄐㄧㄝ）：指去掉了麥芒的麥穗。

⑯ 侯服：在甸服之外五百里，是分給諸侯等的封地。

⑰ 采：卿大夫的封地。下文「男邦」即男爵的封地，「諸侯」即諸侯的封地。

⑱ 綏服：在侯服之外五百里。綏，安。

⑲ 揆：度。

⑳ 要服：在綏服之外五百里。要，約束。

㉑ 蔡：此指流放罪人的地方。蔡，放。下文「流」同義。

㉒ 荒服：在要服之外五百里，距離王城最遠，是五服第五等。荒，遠。

㉓ 漸：入。

㉔ 被：及。

㉕ 朔：北方。　暨：及。　聲：政令。　教：教化。　訖：到。

㉖ 圭：瑞玉。

譯文

　九州都治理好了，天下四方都能讓人居住了。九州的山路都用樹木做好了標記，九州的大河都疏通了水源，九州的湖澤也都修好了堤防，四海之內，交通已經暢通無阻。掌管賦稅的六府都

治理好了，土地的等級也都勘定完了，要謹慎財貨稅收，都要按照土壤上中下的級別來規定九州的賦稅。然後分封土地，賜給姓氏，建立諸侯國。諸侯們首先要恭敬地宣導我的德政，不要違背我的德行。

王城以外五百里稱作甸服。距離王城一百里以內的地區，要繳納連著根莖的整捆的莊稼；二百里以內的，要繳納割下來的稻穗；三百里以內的，要繳納去掉了麥芒的麥穗；四百里以內的，要繳納穀子；五百里以內的，要繳納精米。

甸服以外五百里稱作侯服。距離甸服一百里以內的，是卿大夫的封地；二百里以內的，是男爵的封地；其餘的三百里是諸侯的封地。

侯服以外五百里稱作綏服。距離侯服三百里以內的，要考慮人民的情況來施行文化教育；其餘的二百里，要振興武力和保衛的力量。

綏服以外五百里稱作要服。距離綏服三百里以內的，是夷人的居住地；其餘的二百里，是流放罪人的地方。

要服以外五百里稱作荒服。距離要服三百里以內的，是蠻人的居住地；其餘的二百里，也是流放罪人的地方。

我們的土地，向東直到大海，向西直到沙漠。從北方到南方，四海之內都廣布著天子的政令和教化。於是舜帝賜給禹玄色的瑞玉，以此來宣告他的成功。

❀ 甘 誓

题解

◆ 甘，古地名，在今河南省洛陽市西南。誓，是作戰前鼓舞士氣、申明紀律的言辭。本篇是夏王啟征伐有扈氏前，在甘地郊外發表的誓師辭。今文《尚書》、古文《尚書》都有此篇。

⊃ 原文

啟與有扈戰於甘之野 ①，作《甘誓》。

注釋

① 啟：禹的兒子。　有扈（ㄏㄨˋ）：國名，故城在今陝西戶縣。

譯文

啟和有扈國在甘地的郊外作戰，（史官記下啟誓師的言論，）創作了《甘誓》。

（以上是序）

➲ 原文

大戰於甘，乃召六卿 ①。王曰：「嗟！六事之人。予誓告汝：有扈氏威侮五行 ②，怠棄三正 ③，天用剿絕其命 ④。今予惟恭行天之罰。左不攻於左 ⑤，汝不恭命；右不攻於右，汝不恭命；御非其馬之正 ⑥，汝不恭命。用命，賞於祖 ⑦；不用命，戮於社 ⑧，予則孥戮汝 ⑨。」

注釋

① 六卿：天子六軍的將領。下文「六事之人」同。

② 威：輕蔑。　五行：金、木、水、火、土。

③ 三正：天、地、人之政。正，通「政」。

④ 用：因此。

⑤ 左不攻於左：第一個「左」指戰車左邊的士兵，第二個「左」指左方的敵人。

⑥ 御：駕車。　正：通「政」，指馬的進退旋轉。

⑦ 祖：祖廟。

⑧ 社：神社。

⑨ 孥（ㄋㄨˊ）：奴。

譯文

將要在甘地進行一場大規模的戰爭，夏王啟召集了六軍將領。

他說：「啊！各位將領，我告誡你們：有扈氏蔑視五行，荒廢三政，因此，上天要斷絕他的國運。現在我是奉上天的命令來懲罰他。在戰車左邊的士兵如果不攻擊左方的敵人，那你們就是不遵從我的命令；在戰車右邊的士兵如果不攻擊右方的敵人，那你們也是不遵從我的命令；駕車的士兵如果不能使戰馬進退旋轉適度，那你們同樣是不遵從我的命令。聽從命令的，就在祖廟給予賞賜；不聽從命令的，就在神社裡懲罰，或者把你們降為奴隸，或者殺掉你們。」

❀ 五子之歌

題解

◆ 五子，指太康的五個弟弟。夏啟的兒子太康沉醉在遊樂狩獵中，不問國政。五個弟弟鑒於太康如此荒淫遊樂，敗壞了宗廟祭祀，於是追述先祖大禹的訓誡，作成歌謠來諷諫太康，這便是《五子之歌》。古文《尚書》有，今文《尚書》無。

➲ 原文
太康失邦①，昆弟五人須於洛汭②，作《五子之歌》。

注釋

① 太康：夏啟的兒子。
② 洛汭（ㄖㄨㄟˋ）：古地區名，指洛水流入黃河處，在今河南鞏縣境內。

譯文

太康失去了國家，他的五個弟弟在洛汭等他，創作了《五子之歌》。（以上是序）

➲ 原文
太康尸位①，以逸豫滅厥德②，黎民咸貳。乃盤遊無度③。畋

於有洛之表④，十旬弗反。有窮後羿⑤，因民弗忍，距於河⑥。厥弟五人御其母以從⑦，徯於洛之汭⑧。五子咸怨，述大禹之戒以作歌。

其一曰：「皇祖有訓⑨，民可近，不可下⑩，民惟邦本，本固邦寧。予視天下，愚夫愚婦，一能勝予。一人三失⑪，怨豈在明？不見是圖⑫。予臨兆民，懍乎若朽索之馭六馬⑬，為人上者，奈何不敬？」

其二曰：「訓有之：內作色荒⑭，外作禽荒；甘酒嗜音⑮，峻宇雕牆。有一於此，未或不亡。」

其三曰：「惟彼陶唐⑯，有此冀方⑰。今失厥道，亂其紀綱。乃底滅亡⑱。」

其四曰：「明明我祖，萬邦之君。有典有則⑲，貽厥子孫。關石和鈞⑳，王府則有。荒墜厥緒㉑，覆宗絕祀！」

其五曰：「嗚呼！曷歸㉒？予懷之悲。萬姓仇予，予將疇依㉓？鬱陶乎予心㉔，顏厚有忸怩㉕。弗慎厥德，雖悔可追？」

注釋

① 屍位：居位而無所作為。屍，主。

② 豫：樂。 厥：其。

③ 盤：享樂。

④ 畋（ㄊㄧㄢˊ）：狩獵。 有洛之表：洛之表，指洛水南面。

⑤ 有窮：有窮國，在東方。 後羿：有窮國的首領，善射。

⑥ 距：通「拒」，阻止。 河：黃河。

⑦ 御：侍奉。

⑧ 徯（ㄒㄧ）：等待。

⑨ 皇祖：大禹。

⑩ 下：卑賤，引申為「疏遠」。

⑪ 三失：很多過失。三，虛數，意為「多」。

⑫ 見：「現」，明顯。 圖：謀，考慮。

⑬ 懍（ㄌㄧㄣˇ）：害怕。

⑭ 作：被。 色：美色。 荒：迷惑。

⑮ 甘：同「嗜」，酷愛。

⑯ 陶唐：即堯帝。

⑰ 冀方：冀州，今山西南部。

⑱ 底（ㄉㄧˇ）：致。

⑲ 典：典章。　則：法度。

⑳ 關石（ㄉㄢˋ）和鈞：指賦稅均等。關，同。和，平。石、鈞，計量單位，一百二十斤為一石，三十斤為一鈞。

㉑ 墜：失落。　緒：前人留下的功業。

㉒ 曷：何。

㉓ 疇：誰。

㉔ 郁陶：憂愁。

㉕ 顏厚：慚愧的表情。　忸怩：慚愧的心。

譯文

　　太康身居帝位，不理朝政，貪圖安逸享樂而喪失了品德，百姓都懷有二心。而他仍然享樂遊玩沒有節制。在洛水南面狩獵，長達一百天都不返回。有窮國的君王羿乘著百姓不堪忍受太康所作所為的機會，在黃河北岸阻止太康回國。太康的五個弟弟侍奉著母親一起去追隨太康，就在洛水流入黃河的地方等待他。五個弟弟都埋怨太康，便追述起大禹的訓誡，唱起歌來。

　　第一首說：「先祖大禹有訓誡，對待百姓，只可以親近，不可以疏遠，民眾是國家的根本，根本牢固了國家才會安寧。我認為天下愚笨的男子婦女都能勝過我。一個人會有很多的過失，難道非要等別人的怨恨都很明顯了，才去考慮嗎？應該在不明顯的時候就加以考慮。我面臨著億萬民眾，心中的畏懼就像用腐朽的繩索來駕馭六匹大馬一樣，做君王的人，怎麼能不謹慎呢？」

　　第二首說：「訓誡還說：在內被美色迷惑，在外放縱地遊獵；愛好喝酒、又喜好歌舞，住高大的宮殿，還把牆壁裝飾很精美。有一項這樣的作法，就沒有不亡國的。」

　　第三首說：「是那堯帝，開始佔有這冀州。現在太康喪失了堯帝的君王之道，打亂了堯帝的法則。於是導致了滅亡。」

胤征

第四首說：「我們聖明的先祖啊，是萬國的君王。他把治國的典章法則留給了後世子孫。如果賦稅均等，君王的府庫就充實。如今太康荒廢喪失了祖先留下的事業，覆滅了宗廟，斷絕了祭祀！」

第五首說：「啊！回到哪裡去呢？我一想到這些就感到悲傷。現在天下的百姓都怨恨我們，我們又依靠誰呢？我們心中充滿了憂愁和內疚，臉上都是羞愧的表情。不謹慎自己的德行，雖然後悔，難道還能挽救嗎？」

✿ 胤 征

題解

◆ 胤（一ㄣˋ），是夏朝的諸侯國。征，征討。本篇是胤侯討伐羲、和前的誓詞。篇中，胤侯指出羲、和嗜好美酒，不務正業，擾亂曆法等罪行，號召眾位將士同心協力，奉行上天對羲、和的懲罰。古文《尚書》有，今文《尚書》無。

⊃ 原文
羲和湎淫①，廢時亂日，胤往征之，作《胤征》。

注釋

① 羲、和：羲氏、和氏，相傳是掌管曆法的官員。　湎：沉湎。淫：過度。

譯文

羲氏、和氏過分地沉浸在美酒中，不務正業，擾亂了時日，胤侯前去征討他們，（史官據此）創作了《胤征》。（以上是序）

⊃ 原文
惟仲康肇位四海①，胤侯命掌六師。羲和廢厥職，酒荒於厥邑②。胤後承王命徂征③。告於眾曰：「嗟！予有眾，聖有謨訓④，

明征定保⑤。先王克謹天戒，臣人克有常憲，百官修輔⑥，厥後惟明明⑦。每歲孟春，遒人以木鐸徇於路⑧；官師相規⑨；工執藝事以諫⑩。其或不恭，邦有常刑。

「惟時羲和⑪，顛覆厥德，沉亂於酒，畔官離次⑫，俶擾天紀⑬，遐棄厥司⑭。乃季秋月朔⑮，辰弗集於房⑯。瞽奏鼓⑰，嗇夫馳⑱，庶人走。羲和尸厥官⑲，罔聞知，昏迷於天象，以干先王之誅⑳。政典曰：『先時者殺無赦，不及時者殺無赦。』

「今予以爾有眾，奉將天罰。爾眾士同力王室，尚弼予欽承天子威命㉑。火炎崑岡㉒，玉石俱焚。天吏逸德㉓，烈於猛火。殲厥渠魁㉔，脅從罔治，舊染汙俗，咸與惟新㉕。嗚呼！威克厥愛㉖，允濟㉗；愛克厥威，允罔功。其爾眾士，懋戒哉㉘！」

注釋

① 仲康：太康的弟弟。　肇（ㄓㄠˋ）：開始。　位：通「蒞」，視察。

② 酒荒：指飲酒作樂。　厥：其。

③ 徂：往。

④ 謨：謀略。　訓：訓誡。

⑤ 征：應驗。　保：安定。

⑥ 修：指忠於職守。　輔：輔佐。

⑦ 後：君王。

⑧ 遒（ㄑㄧㄡˊ）人：瞭解民情的使臣。　木鐸（ㄉㄨㄛˊ）：大鈴。　徇：巡行。

⑨ 師：眾。　規：規勸。

⑩ 工：百工，指各類工匠藝人。　藝事：指包含在工藝技術中的道理。

⑪ 時：是。

⑫ 畔官：不忠於職守。畔，叛。　次：職位。

⑬ 俶（ㄔㄨˋ）：開始。　擾：亂。　天紀：曆法。

⑭ 遐：遠。　司：職責。

⑮ 季秋：農曆九月。　朔：初一。

胤征

⑯ 辰：日月相會。　房：日月相會之處。
⑰ 瞽（ㄍㄨˇ）：樂官。
⑱ 嗇夫：掌管錢幣的官員。　馳：奔走。
⑲ 屍：居位而無所作為。
⑳ 干：犯。　誅：誅殺，此指刑律。
㉑ 尚：希望。　弼：輔助。
㉒ 炎：焚燒。　崑：昆山，以產玉聞名。　岡：山脊。
㉓ 天吏：掌管天文的官吏。　逸：放縱。
㉔ 渠：大。　魁：首領。
㉕ 咸：都。
㉖ 克：戰勝。　愛：姑息，指無原則的寬容。
㉗ 允：信，一定。　濟：成功。
㉘ 懋（ㄇㄠˋ）：勉力。

譯文

　　仲康開始治理天下，任命胤國的國君為掌管六軍的大司馬。羲、和荒廢了他們的職守，在他們居住的都城飲酒作樂。胤侯便奉仲康的命令去征討他們。胤侯向眾人宣告：「啊！我的眾位將士，聖人有謀略和訓誡，這些謀略和訓誡明白地證明可以安定國家。先王能謹慎地對待上天的告誡，大臣和百姓能遵守常法，各位官員都能盡忠職守，輔助好君王，那麼君王就會賢明。每年孟春三月，道人搖著鈴在路上巡行；官員們互相規勸對方的過失；工匠們用技藝中的道理來勸諫君王。如果有不恭敬從事的人，國家將對他施行常用的刑罰。

　　「羲、和敗壞了自己的品德，沉溺於美酒，違背職守、離棄職位，開始擾亂曆法，拋棄了他們的職責。於是九月初一那天，日月不相會在房宿，發生了異常。樂官奏起大鼓，嗇夫和眾人都急忙奔走，希望有所幫助。而羲、和作為掌管曆法和星象的官，竟不知道這件事，糊塗到對上天顯現的跡象一無所知，因而觸犯了先王的誅殺律令。先王的政典說：『制定曆法早於天時的人要

87

殺掉，不能寬赦，制定曆法晚於天時的人也要殺掉，不能寬赦。』

「現在我憑藉你們眾人，奉行上天的懲罰。希望你們眾位將士為王室同心協力，輔助我恭敬地奉行天子的威嚴命令。大火燃燒昆山，那麼美玉和石頭都被燒壞了。掌管天文的官員如果放縱自己的德行，那麼危害比烈火還要劇烈。我們只殺掉他們的首領羲和，不要懲治那些被迫跟從的人，對以前染上污穢習俗的人，都要給他們改過自新的機會。啊！如果是威嚴戰勝了姑息，那麼一定能成功；如果是姑息戰勝了威嚴，那麼肯定不能成功。你們眾位將士，要勤勉啊，要警戒啊！」

◎商　書

❀湯　誓

題解

◆　湯，商湯，是商先祖契的第十四代孫，征討夏桀，建立了商王朝。誓，是作戰前鼓舞士氣、申明紀律的言辭。夏王桀荒淫殘暴，諸侯昆吾氏作亂，商湯便率領其他諸侯討伐昆吾，誅殺夏桀。本篇是商湯征伐夏桀前的誓詞，重在闡發夏王的罪行，說服民眾。今文《尚書》、古文《尚書》都有此篇。

➲原文

伊尹相湯伐桀①，升自陑②，遂與桀戰於鳴條之野③，作《湯誓》。

注釋

① 伊尹：人名，相傳生於伊水，後來輔助湯建立了商朝。　桀：夏朝的最後一位君王。

② 陑（ㄦˊ）：地名，今山西省永濟縣南。

③ 鳴條：地名，今河南開封一帶。

譯文

伊尹輔助商湯討伐夏桀，從陑地北上，與夏桀在鳴條的郊外作戰，（史官記下這些情況，）創作了《湯誓》。

➲原文

王曰：「格爾眾庶①，悉聽朕言。非台小子②，敢行稱亂③。有夏多罪④，天命殛之⑤。今爾有眾，汝曰：『我後不恤我眾⑥，舍我穡事⑦，而割正夏⑧？』予惟聞汝眾言，夏氏有罪，予畏上帝，不敢不正。今汝其曰：『夏罪其如台⑨？』夏王率遏眾力⑩，率割夏邑⑪。有眾率怠弗協⑫，曰：『時日曷喪⑬？予及汝皆亡。』夏德若茲⑭，今朕必往。爾尚輔予一人，致天之罰。予其大賚汝⑮

！爾無不信，朕不食言⑯。爾不從誓言，予則孥戮汝⑰，罔有攸赦⑱。」

注釋

① 格：來。　眾庶：大家。

② 台（ㄧˊ）：我。　小子：對自己的謙稱。

③ 稱：發動。

④ 有夏：夏。有，名詞詞頭，無義。下文「有眾」即「眾」。

⑤ 殛（ㄐㄧˊ）：誅。

⑥ 後：國君。

⑦ 舍：廢。　穡事：泛指農事。穡，收穫。

⑧ 割：通「害」，何。　正：通「征」，征伐。

⑨ 如台：如何。

⑩ 率：語助詞，無義。　遏：同「竭」，竭盡。

⑪ 割：通「害」，危害。

⑫ 協：擁護。

⑬ 時：是。　日：指夏桀。　曷（ㄏㄜˊ）：何時。

⑭ 茲：此。

⑮ 賚（ㄌㄞˋ）：賞賜。

⑯ 食言：不實踐諾言。

⑰ 孥（ㄋㄨˊ）：奴。　戮：殺。

⑱ 攸：所。

譯文

商湯說：「你們大家都來，都聽我說。不是我敢發動戰亂。是夏朝罪惡太多，上天降下指命要誅滅他。現在你們大家說：『我們的君王不體恤我們眾人，為什麼荒廢我們的農事，而去征伐夏朝？』我已經聽到了你們的話，但是夏朝有罪，我害怕上天，不敢不征伐啊。現在你們又會說：『那麼夏朝的罪究竟如何呢？』夏王竭盡了民眾的力量，給夏朝的都城造成了危害。民眾都困乏疲憊而不擁護他，說：『這太陽是什麼時候才消亡呢？我們和你

一起滅亡吧。』夏王的德行壞到這樣，現在我一定要去討伐他。
希望你們都輔助我，履行上天的懲罰。我將會大大地獎賞你們！
你們都誠信，我就絕不食言。你們如果不遵從誓言，我將把你們
貶為奴隸，或者殺掉你們，不會有所寬赦。」

❀ 仲虺之誥

題解

◆ 仲虺（ㄏㄨㄟˇ），人名，商湯的大臣。誥，告誡勉勵。
商湯在討伐夏桀後，對自己使用武力的作法感到很慚愧，大臣仲
虺就對商湯進行了一番開導，就是這篇《仲虺之誥》。仲虺先論
夏桀的罪行，指出上天有意要樹立新的君王；再論商湯的德行，
認為天下百姓早已歸順商湯；最後勸導商湯施行德政，永久地保
有上天的大命。透過這三次有序的勸告，表達了仲虺的忠愛之心。
古文《尚書》有，今文《尚書》無。

⊃ 原文

湯歸自夏，至於大坰①，仲虺作誥。

注釋

①大坰（ㄐㄩㄥ）：地名。

譯文

湯從夏回來，到了大坰，仲虺作了一篇誥文。（以上是序）

⊃ 原文

成湯放桀於南巢①，惟有慚德。曰：「予恐來世以台為口實②。」
仲虺乃作誥，曰：「嗚呼！惟天生民有欲，無主乃亂，惟天生聰明
時乂③。有夏昏德，民墜塗炭④，天乃錫王勇智⑤，表正萬邦⑥，
纘禹舊服⑦，茲率厥典⑧，奉若天命。
　　「夏王有罪，矯誣上天⑨，以布命於下。帝用不臧⑩，式商受

命⑪，用爽厥師⑫。簡賢附勢⑬，實繁有徒⑬。肇我邦於有夏⑮，若苗之有莠⑯，若粟之有秕⑰。小大戰戰，罔不懼於非辜。矧予之德⑱，言足聽聞⑲。

「惟王不邇聲色⑳，不殖貨利㉑。德懋懋官㉒，功懋懋賞。用人惟己，改過不吝。克寬克仁，彰信兆民。乃葛伯仇餉㉓，初征自葛。東征西夷怨，南征北狄怨，曰：『奚獨後予㉔？』攸徂之民㉕，室家相慶。曰：『徯予後㉖，後來其蘇㉗。』民之戴商，厥惟舊哉㉘！

「佑賢輔德，顯忠遂良；兼弱攻昧，取亂侮亡。推亡固存，邦乃其昌。德日新，萬邦惟懷㉙；志自滿，九族乃離。王懋昭大德，建中於民㉚，以義制事，以禮制心，垂裕後昆㉛。予聞曰：『能自得師者王㉜，謂人莫己若者亡㉝。好問則裕，自用則小。』嗚呼！慎厥終，惟其始。殖有禮㉞，覆昏暴。欽崇天道㉟，永保天命。」

注釋

① 桀：指夏桀。　南巢：地名，約在今安徽巢縣東北。

② 台（ㄧ ˊ）：我。　口實：藉口。

③ 時：是。　乂（yì）：治。

④ 墜：陷。　塗：泥。

⑤ 錫：通「賜」。

⑥ 表正：表率。

⑦ 纘（ㄗㄨㄢ ˇ）：繼承。　舊服：功業。服，事。

⑧ 茲：此。　率：循。　厥：其。

⑨ 矯：假託。　誣：欺騙。

⑩ 用：因為。　臧：善。

⑪ 式：用。

⑫ 爽：喪失。　師：眾。

⑬ 簡：略，引申為輕視。

⑭ 徒：眾。

⑮ 肇（ㄓㄠ ˋ）：始。

⑯ 莠（ㄧㄡ ˇ）：田間雜草，俗名狗尾草，與禾苗相似。

⑰ 秕（ㄅㄧ˅）：中空或不飽滿的穀粒。

⑱ 矧（ㄕㄣˇ）：況且。

⑲ 足：能夠。

⑳ 邇（ㄦˇ）：近。

㉑ 殖：聚斂。

㉒ 德懋（ㄇㄠˋ）懋官：第一個「懋」，盛。第二個「懋」，勉。

㉓ 葛伯：葛國的國君。 仇：仇視。 餉：給田間勞動的人送飯。

㉔ 奚：何。 獨：唯獨。

㉕ 攸：所。 徂：往。

㉖ 傒（ㄒㄧ）：等待。 後：君王。

㉗ 蘇：復蘇。

㉘ 舊：久。

㉙ 懷：念，引申為歸順。

㉚ 中：正道。

㉛ 垂：傳。 裕：寬裕。 後昆：後代。

㉜ 王：稱王。

㉝ 莫己若：即「莫若己」，比不上自己。

㉞ 殖：扶植。

㉟ 欽：恭敬。 崇：尊奉。

譯文

　　成湯把夏桀流放到南巢後，心中很慚愧。說：「我害怕後世拿我做藉口。」仲虺於是作誥文，說：「啊！上天生下人就讓他們有各種欲望，如果沒有君王統治就會天下大亂，所以上天又生下一個特別聰明的人來治理。夏王昏亂德行，使民眾身陷泥濘炭火中，上天於是賜予大王您勇敢和智慧，讓您成為天下各國的表率，繼承大禹的事業。您這樣做是遵循了大禹的法典，敬奉了上天的指命。

　　「夏桀有罪，他假託上天的旨意，頒布命令欺騙百姓。天帝因夏桀不是好君王，所以讓商人接受大命，因此，夏桀喪失他的大臣和百姓。輕視賢才、趨炎附勢，這樣的人很多。從我們在夏

朝立國開始，就被看作是禾苗中雜生的狗尾草，穀粟中雜有的空殼。我們上上下下的人都很害怕，都擔心沒有罪而受到懲罰。況且我們的德行，說出來足以打動聽者。

「只有大王您不親近歌舞女色，不聚斂貨物財利；德盛的人，您用官職勉勵他；功高的人，您用賞賜勉勵他；任用他人，就像任用自己一樣放心；改正自己的過錯一點也不吝惜。您既寬容又仁愛，向天下百姓顯示了自己的誠信。葛伯仇視給他耕種送飯的人，您的征伐就是從葛伯開始。征伐東方，西方的夷族就會抱怨；征伐南方，北方的狄人就會抱怨，說：『為什麼偏偏後征伐我們呢？』所到之處的百姓，家家戶戶都歡慶相迎。說：『等待我們的君王，君王來了我們就復蘇了。』百姓擁戴商，已經很久了吧！

「幫助賢能的人，輔助有德的人；顯揚忠直的人，舉薦善良的人；兼併弱小的國家，攻打昏庸的諸侯；奪取混亂的國家，輕慢亡國的諸侯。推翻該滅亡的，穩固可以常存的，這樣國家才會昌盛。德行每天更新，天下萬國都會來歸順；驕傲自滿，九族親人也會離開。大王您勉力地顯明您的仁德，在百姓中建立正道，用理裁奪事務，用禮節制內心，以此傳給後代，後代就會寬裕有餘。我聽說：『能夠自己找到老師的人，就能稱王，認為別人都比不上自己的人，就會滅亡。謙虛好問的人，收穫到的就多，剛愎自用的人，收穫到的就少。』啊！只有從一開始就小心謹慎，才會取得好結果。扶植有禮儀的諸侯，覆滅昏亂暴戾的諸侯。敬奉上天的大道，才能永遠地保有上天賜予的大命。」

❀ 湯　誥

題解

◆ 湯，商湯，是商王朝第一位君王。誥，告誡勉勵。本篇是商湯討伐夏桀後，在亳邑告誡四方諸侯的一篇誥文。文中，商湯論及夏桀的罪行，民眾的疾苦；申述自己是承受天命，要廢掉舊朝，建立新的國家；希望各諸侯國能遵守常法、互相信任。古文《尚書》有，今文《尚書》無。

⊃ 原文

湯既黜夏命①，復歸於亳②，作《湯誥》。

注釋

① 黜（ㄔㄨˋ）：廢除。　夏：夏朝。
② 亳（ㄅㄛˋ）：商湯的都城。

譯文

商湯已經滅了夏朝，就返回亳地，（史官記下他告誡眾人的言論，）作了《湯誥》。（以上是序）

⊃ 原文

王歸自克夏，至於亳，誕告萬方①。王曰：「嗟！爾萬方有眾②，明聽予一人誥。惟皇上帝，降衷於下民③。若有恆性④，克綏厥猷惟後⑤。夏王滅德作威⑥，以敷虐於爾萬方百姓⑦。爾萬方百姓，罹其凶害⑧，弗忍荼毒⑨，並告無辜於上下神祇。天道福善禍淫⑩，降災於夏，以彰厥罪⑪。

「肆台小子⑫，將天命明威⑬，不敢赦。敢用玄牡⑭，敢昭告於上天神後⑮，請罪有夏。聿求元聖⑯，與之戮力⑰，以與爾有眾請命。上天孚佑下民⑱，罪人黜伏⑲。天命弗僭⑳，賁若草木㉑，兆民允殖㉒。俾予一人輯寧爾邦家㉓。茲朕未知獲戾於上下㉔，慄慄危懼㉕，若將隕於深淵。

「凡我造邦，無從匪彝㉖，無即慆淫㉗，各守爾典，以承天休㉘。爾有善，朕弗敢蔽；罪當朕躬，弗敢自赦，惟簡在上帝之心㉙。其爾萬方有罪，在予一人；予一人有罪，無以爾萬方。嗚呼！尚可時忱㉚，乃亦有終。」

注釋

① 誕：大。
② 有：名詞詞頭，無義。
③ 衷：善。

④ 若：順。　恒性：自然常性。恒，常。

⑤ 綏（ㄙㄨㄟ）：安。　厥：其。　猷（一ㄡˊ）：道，辦法。
後：君王。

⑥ 作威：利用威權濫施刑罰。

⑦ 敷：布。　虐：暴政。

⑧ 罹（ㄌㄧˊ）：遭遇。

⑨ 茶（ㄊㄨˊ）毒：殘害。

⑩ 福：降福。　善：有善德的人。　禍：降災。　淫：奸邪淫
亂的人。

⑪ 彰：表明。

⑫ 肆：故。　台（一ˊ）：我。

⑬ 將：奉行。　明威：公開地懲罰。威，懲罰。

⑭ 玄牡：黑色的公牛。玄，黑色。

⑮ 神後：地祇土神。

⑯ 聿（ㄩˋ）：於是。　元聖：大聖人，指伊尹。

⑰ 戮力：勉力，並力。

⑱ 孚：信。

⑲ 黜伏：逃跑屈服。

⑳ 僭（ㄐㄧㄢˋ）：差錯。

㉑ 賁（ㄅㄧˋ）：盛。

㉒ 允：確實。　殖：生。

㉓ 俾：使。　輯：和睦。

㉔ 戾：罪。　上下：天地。

㉕ 慄慄：即栗栗，畏懼的樣子。

㉖ 匪：非。　彝：法。

㉗ 即：就。　慆（ㄊㄠ）淫：逸樂。

㉘ 休：美。

㉙ 簡：閱，考察。

㉚ 尚：表示希望。　時：是。　忱：誠信。

譯文

96

商湯滅夏後，回到亳邑，大告四方百姓。他說：「啊！你們各方的百姓，聽清楚我的告誡。偉大的上帝降下善福給我們民眾。君王是要順從人的自然天性，找到安定他們的辦法。而夏桀滅絕道德，濫用刑罰，對你們四方百姓施加暴政。你們深受夏朝殘害，已不堪忍受這份痛苦，都向天地神靈訴說自己無罪。上天的道理是降福給有善德的人，降災給奸邪淫亂的人，所以，上天降災給夏桀，用來表明他的罪過。

「因此我奉上天的命令公開懲罰夏桀，不敢赦免。我斗膽用黑色的公牛作祭品，明確地告訴天地神靈，請他們給夏桀降罪。於是，求得大聖人（伊尹），與他同心協力，為你們向神靈請命。上天確實是保佑民眾的，罪人夏桀已經逃跑屈服了。上天的命令沒有差錯，（懲罰夏桀後，）億萬百姓像繁茂的花草樹木一樣，真的有了生機。上帝使我一個人來和諧安定你們的國家和家庭。這次討伐夏桀，我不知道會不會得罪天地神靈，內心很恐懼，就像將要掉入深淵一樣。

「凡是我建立的諸侯國，你們不能沒有法度，不能放縱逸樂，要各自遵守你們的法典，來接受上天美好的命令。你們有善行，我不敢隱瞞掩蓋；我自身犯了罪，不敢私自赦免，因為上帝都考察得很清楚。如果你們四方諸侯有罪，這都是我的罪；如果我一個人有罪，就不連累你們。啊！希望彼此都能誠實守信，那麼就會取得最後的成功。」

❀ 伊 訓

題解

◆ 伊，伊尹，是商朝有名的賢臣，他輔佐商湯討伐夏桀，建立商朝。訓，訓教。本篇是伊尹對太甲的訓教。太甲，商湯的嫡長孫，商朝的第五代君王。伊尹用商湯的盛德來規勸太甲施行德政，警戒「三風十愆」，永保上天賜予的大命。《書序》言：「伊尹作《伊訓》、《肆命》、《徂後》。」後兩篇已亡佚，現僅存《伊訓》。古文《尚書》有，今文《尚書》無。

● 原文

成湯既沒①，太甲元年，伊尹作《伊訓》、《肆命》、《徂後》。

注釋

① 沒：通「歿」，死亡。

譯文

　　成湯已經去世了，太甲繼位的第一年，伊尹創作了《伊訓》、《肆命》、《徂後》。（以上是序）

● 原文

　　惟元祀十有二月乙丑①，伊尹祠於先王②。奉嗣王祗見厥祖③，侯甸群後咸在④，百官總已以聽塚宰⑤。伊尹乃明言烈祖之成德，以訓於王。曰：「嗚呼！古有夏先後方懋厥德⑥，罔有天災。山川鬼神，亦莫不寧，暨鳥獸魚鱉咸若⑦。於其子孫弗率⑧，皇天降災，假手於我，有命，造攻自鳴條⑨，朕哉自亳⑩。惟我商王，布昭聖武⑪，代虐以寬，兆民允懷⑫。今王嗣厥德⑬，罔不在初⑭！立愛惟親，立敬惟長。始於家邦，終於四海。嗚呼！先王肇修人紀⑮，從諫弗咈⑯？，先民時若⑰。居上克明，為下克忠；與人不求備⑱，檢身若不及⑲。以至於有萬邦，茲惟艱哉！

　　「敷求哲人⑳，俾輔於爾後嗣㉑。制官刑，儆於有位㉒，曰：『敢有恆舞於宮，酣歌於室，時謂巫風㉓。敢有殉於貨色㉔，恒於游畋，時謂淫風㉕。敢有侮聖言，逆忠直，遠耆德㉖，比頑童㉗，時謂亂風。惟茲三風十愆㉘，卿士有一於身，家必喪；邦君有一於身，國必亡。臣下不匡，其刑墨㉙。具訓於蒙士㉚。』

　　「嗚呼！嗣王祗厥身，念哉㉛！聖謨洋洋㉜，嘉言孔彰㉝。惟上帝不常㉞，作善降之百祥，作不善降之百殃。爾惟德罔小，萬邦惟慶；爾惟不德罔大，墜厥宗㉟。」

注釋

① 元祀：元年。　有：又。

② 祠：祭祀。　先王：商湯。

③ 奉：侍奉。　嗣王：指太甲。　祗（ㄓ）：敬。　厥：其。

④ 侯：侯服，離王城一千里的地方。　甸：甸服，離王城五百里的地方。　後：諸侯。　咸：都。

⑤ 總己：統領自己的屬官。　塚宰：百官之長，指伊尹。塚，長。

⑥ 夏先後：夏禹。　方：正。　懋（ㄇㄠˋ）：勉。

⑦ 暨：及。　若：順。

⑧ 率：循。

⑨ 造：始。　鳴條：地名，今河南開封一帶。

⑩ 哉：始。　亳（ㄅㄛˋ）：地名，商人稱都城為「亳」。

⑪ 昭：明。　武：武德。

⑫ 允：誠。　懷：歸順。

⑬ 嗣：繼承。

⑭ 在：察。　初：即位之初。

⑮ 肇（ㄓㄠˋ）：始。　人紀：人的倫理綱常。

⑯ 咈（ㄈㄨˊ）：違背。

⑰ 時：是。

⑱ 與：結交。

⑲ 檢：約束。

⑳ 敷：布，引申為「廣」。

㉑ 俾：使。

㉒ 儆：警告。

㉓ 巫風：指男女巫師祈求神靈時載歌載舞的風俗。

㉔ 殉：追求，營謀。

㉕ 淫：過度。

㉖ 耉（ㄑㄧˊ）：古稱六十歲為耉。此泛指老人。

㉗ 比：親昵。

㉘ 愆：罪過。

㉙ 墨：墨刑。在罪犯面額上刺字，後塗黑。

㉚ 蒙士：幼稚愚昧又剛開始學習的人。

㉛ 念：顧念。

㉜ 洋洋：美善。
㉝ 孔：很。　彰：明。
㉞ 不常：不定。
㉟ 墜：喪失。　宗：宗廟，此指國家。

譯文

　　太甲元年十二月乙丑，伊尹祭祀先王成湯。他侍奉太甲恭敬地拜見列位祖先，遠近四方的諸侯都參加了祭祀，百官都總領自己的屬官，聽從伊尹的號令。於是，伊尹闡明先祖成湯的大德，用來教導太甲。說：「啊！從前夏王禹正是努力地施行德政，才沒有發生過天災。山川鬼神都安寧，連鳥獸魚鱉都順從。到他的子孫不遵循他的德政時，上天便降下災害，又假借我們商人的手來懲罰他，命令我們從鳴條開始進攻，從亳地開始施行德政。只有我們商王，顯示了神聖的武德，用寬容的統治代替了暴政，億萬百姓都誠心地歸順他。現在大王您繼承先祖的德行，從即位之初就要開始自我反省。要樹立關愛他人的榜樣，就從關愛親人做起，要樹立尊敬他人的榜樣，就從尊敬長輩做起。從家庭和邦國開始，最終推廣到全天下。啊！先王開始建立倫理綱常，聽從人們的進諫，順從前代賢人的見解；他身為國君能通明，身為臣子能盡忠；與人交往不求全責備，約束自身唯恐比不上他人。這樣，以至於擁有天下各國，這是很難做到的啊！

　　「廣求德才兼備的人，使他們輔佐你的後代。制定管理官員的刑法，警告在位的百官，說：『敢有常常在宮殿起舞、唱歌，沉湎美酒的，被稱為巫風；敢有貪求財貨美色，常常遊玩田獵的，被稱為淫風；敢有侮慢聖人的言論，違背忠直的進諫，疏遠年老德高的人，親昵愚蠢幼稚的人的，被稱為亂風。這三種風氣十項罪過，卿士大夫如果身犯一項，家庭必然喪失；國君如果身犯一項，國家必然滅亡。如果大臣不匡正君王的過失，就用墨刑懲罰他。要詳細地訓誡那些幼稚愚昧，才剛開始學習的人。』

　　「啊！繼位的君王要謹慎自身的德行，要時時顧念啊！聖人的謀略是完善的，他們的言論也很明白。上帝賜予福禍是不定的，

對於行善的人，則降下各種吉祥；對於作惡的人，則降下各種災難。你的德行無論多麼微小，天下各國都會感到高興；你的惡行即使不大，也會導致國家的滅亡。」

❀ 太甲（上）

題解

◆ 太甲，商湯的孫子，是商朝的第五代君王。《太甲》三篇，首篇交代了太甲被放逐到桐宮的過程；次篇《太甲（中）》講太甲三年後返回亳地，悔過自責；三篇《太甲（下）》記述伊尹對太甲的再次告誡。三篇文字集中了伊尹對太甲的三次勸諫，都從先王商湯的德行談起，希望太甲能重祖訓、重基業、重天命，並反覆強調了「德」與「慎」對修身治國的重要性。

◆ 《史記‧殷本紀》曾談到太甲歸亳後，修養善德、勤勞政事，伊尹為了褒美太甲，於是作《太甲訓》三篇。《太甲訓》早佚，古文《尚書》有此《太甲》三篇，今文《尚書》無。

⊃ 原文

太甲既立，不明，伊尹放諸桐①。三年復歸於亳②，思庸③，伊尹作《太甲》三篇。

注釋

① 伊尹：人名，輔佐商湯建立商朝。　放：流放。　桐：桐宮，商湯的葬地。

② 亳（ㄅㄛˋ）：商朝都城。

③ 庸：常道。

譯文

太甲繼位後，昏庸無能，伊尹把他放逐到桐宮。三年後，太甲又返回到亳地，思考各種道理，伊尹便創作了《太甲》三篇。（以上是序）

⊃ 原文

惟嗣王不惠於阿衡①。伊尹作書曰：「先王顧諟天之明命②，以承上下神祇③。社稷宗廟，罔不祇肅④。天監厥德，用集大命⑤，撫綏萬方⑥。惟尹躬克左右厥辟宅師⑦，肆嗣王丕承基緒⑧。惟尹躬先見於西邑夏⑨，自周有終⑩，相亦惟終⑪；其後嗣王，罔克有終，相亦罔終。嗣王戒哉！祇爾厥辟，辟不辟⑫，忝厥祖⑬。」

王惟庸罔念聞⑭。伊尹乃言曰：「先王昧爽丕顯⑮，坐以待旦。旁求俊彥，啟迪後人，無越厥命以自覆。慎乃儉德，惟懷永圖⑯。若虞機張⑰，往省括於度則釋⑱。欽厥止⑲，率乃祖攸行⑳，惟朕以懌㉑，萬世有辭。」

王未克變。伊尹曰：「茲乃不義，習與性成。予弗狎於弗順㉒，營於桐宮，密邇先王其訓㉓，無俾世迷㉔。」王徂桐宮居憂㉕，克終允德㉖。

注釋

① 嗣：繼位。　惠：順從。　阿衡：商朝官名，一說為伊尹。
② 先王：商湯。　顧：顧念。　諟（ㄕˋ）：古「是」字。
③ 承：奉。　神祇（ㄓ）：神靈。
④ 祇：敬。
⑤ 集：降下。
⑥ 綏：安。
⑦ 躬：自身。　左右：輔助。　辟：君。　宅：居。　師：眾。
⑧ 丕：大。　基緒：基業。
⑨ 西邑夏：指夏朝。夏朝都邑在商湯都城的西面，故稱「西邑夏」。
⑩ 周：忠信。
⑪ 相：輔助的大臣。
⑫ 辟不辟：第一個「辟」指君王，第二個「辟」指王道。
⑬ 忝：辱。
⑭ 庸：常。　念：顧念。　聞：聽聞。
⑮ 昧爽：黎明。　丕：大。　顯：通「憲」，思考。

⑯ 懷：思考。　永：長。

⑰ 虞：虞人，掌管山林的官員。　機：弓箭鉤弦的部件，代指弓箭。

⑱ 省：省察。　括：通「栝」，箭的末端。　度：法。

⑲ 欽：敬。　止：位。

⑳ 率：循。　攸：所。

㉑ 懌（ㄧˋ）：喜悅。

㉒ 狎（ㄒㄧㄚˊ）：近。　弗順：不順義理的人。

㉓ 密邇：親近。

㉔ 俾：使。　世：終身。

㉕ 徂：往。

㉖ 允：信。

譯文

繼位的商王太甲不順從伊尹。伊尹作書說：「先王成湯顧念上天的指命，遵奉天地神靈的旨意。祭祀社稷神靈、宗廟祖先，沒有不恭敬嚴肅的。上天觀察他的德行，降下大命，要他安撫四方。我伊尹能輔助我的君王使民眾安居樂業，因此繼位的君王您才繼承了這份大的基業。我伊尹親自目睹了西邑的夏王，他自身忠信而能善終，他的大臣們也能善終；在他以後繼位的君王，沒有能善終的，大臣也就沒有能善終的。繼位的君王要警戒啊！恭敬地對待您的君位，做君王而不行王道，這樣會羞辱您的祖先。」

太甲一如往常，不顧念聽聞的勸諫。伊尹於是說：「先王成湯黎明時分就起來思考，一直坐著思考到天亮。他廣求俊美的人才，開導後世的子孫，避免違背自己的大命而自取滅亡。您要謹慎地以勤儉為美德，要懷有長遠的謀略。就像虞人射箭，弓箭已經張開，就要去省察箭矢末端是否符合法度，如果符合，然後才放箭。恭敬地對待您的君位，依循您先祖的所作所為，這樣我會感到很高興，世世代代也會有讚美您的言辭。」

太甲不能改變舊習。伊尹說：「這是您的不義，壞的習慣已經養成本性。我不能讓您親近那些不順義理的人，在桐地造了宮

103

室,（您去居住），親近您的先王,顧念他的訓誡,不要使自己終身迷惑不悟。」太甲去到桐宮,居憂服喪,希望最終能養成誠信的美德。

❀ 太甲（中）

⊃ 原文

惟三祀十有二月朔①,伊尹以冕服奉嗣王歸於亳②,作書曰:「民非後,罔克胥匡以生③;後非民,罔以辟四方。皇天眷佑有商,俾嗣王克終厥德④,實萬世無疆之休⑤。」王拜手稽首⑥,曰:「予小子不明於德⑦,自底不類⑧。欲敗度⑨,縱敗禮,以速戾於厥躬⑩。天作孽,猶可違⑪;自作孽,不可逭⑫。既往背師保之訓⑬,弗克於厥初,尚賴匡救之德,圖惟厥終。」

伊尹拜手稽首,曰:「修厥身,允德協於下⑭,惟明後⑮。先王子惠困窮⑯,民服厥命,罔有不悅。並其有邦厥鄰,乃曰:『徯我後⑰,後來無罰。』王懋乃德⑱,視乃烈祖,無時豫怠⑲。奉先思孝⑳,接下思恭㉑。視遠惟明,聽德惟聰。朕承王之休無斁㉒。」

注釋

① 三祀:三年。　朔:初一。

② 冕服:君王的禮帽與禮服。冕,禮帽。　嗣王:指太甲。亳（ㄅㄛˋ）:商朝都城。

③ 胥:相。　匡:救助。

④ 俾:使。　厥:其。

⑤ 休:美。

⑥ 拜手稽首:下跪後兩手相拱,俯頭至手與心齊平,再叩頭至地。

⑦ 予小子:太甲自謙之辭。

⑧ 底（ㄅㄧˇ）:導致。　不類:不肖,不善。

⑨ 度:法度。

⑩ 速:招致。　戾:罪。　躬:自身。

⑪ 違：避免。

⑫ 逭（ㄏㄨㄢˋ）：逃避。

⑬ 師保：指伊尹。

⑭ 允：誠，信。　協：和諧。

⑮ 後：明君。

⑯ 子：像對待兒子一樣。　惠：慈愛。

⑰ 徯（ㄒㄧ）：等待。

⑱ 懋（ㄇㄠˋ）：勉勵。

⑲ 豫：安樂，此指過度享樂。

⑳ 奉先：尊奉祖先。

㉑ 接：接見，接待。　下：群臣。

㉒ 斁（ㄧˋ）：厭煩。

譯文

　　太甲三年十二月初一，伊尹手捧著君王的禮帽禮服，迎接太甲返回亳邑，作書說：「百姓沒有君王，不能相互救助而生存下去；君王沒有百姓，不能開闢四方的疆土。皇天顧念保佑我們商朝，使繼位的後王能成就他的美德，真是萬世無疆的美事。」商王太甲跪拜叩頭，說：「我一個小孩子不懂君王的大德，自己導致不善。貪欲敗壞了法度，放蕩敗壞了禮節，因此給自己招來了罪過。上天降下的災禍，尚且還能避免，自己招來的災禍，就無法逃脫。以往我違背您的訓誡，不能在最開始的時候就醒悟，還希望依賴您匡正救助的大德，謀求有個好的結局。」

　　伊尹跪拜叩頭，說：「修養自身，用誠信的美德與群臣相處和諧，這就是明君。先王商湯慈愛困苦貧窮的人就像慈愛自己的子女一樣，民眾都服從他的命令，沒有不高興的。至於那些鄰近的諸侯國，就說：『等待我們的君王，君王來我們就不用遭罪了。』大王您要勉勵您的德行，看看您那些有偉大功績的祖先們，不要有一刻的過度享樂和懈怠。尊奉先祖要考慮到孝順，接待臣下要考慮到謙恭。能看到遠方，才算視力好；能聽從好話，才算聽力好。我將尊奉您的美德，永不厭煩。」

❀ 太甲（下）

➲ 原文

伊尹申誥於王曰①：「嗚呼！惟天無親，克敬惟親。民罔常懷②，懷於有仁。鬼神無常享③，享於克誠。天位艱哉！德惟治，否德亂。與治同道，罔不興；與亂同事，罔不亡。終始慎厥與，惟明明後④。先王惟時懋敬厥德⑤，克配上帝⑥。今王嗣有令緒⑦，尚監茲哉⑧。若升高，必自下；若陟遐⑨，必自邇⑩。無輕民事，惟難⑪；無安厥位，惟危。慎終於始。有言逆於汝心，必求諸道；有言遜於汝志⑫，必求諸非道。嗚呼！弗慮胡獲⑬？弗為胡成？一人元良⑭，萬邦以貞⑮。君罔以辯言亂舊政⑯，臣罔以寵利居成功⑱，邦其永孚於休。」

注釋

①　申：又。

②　懷：歸順。

③　享：享受祭祀，引申為保佑的意思。

④　明明：非常英明。　後：君。

⑤　時：是。　懋（ㄇㄠˋ）：勉。

⑥　配：合，符合。

⑦　嗣：繼承。　令：善。　緒：事業。

⑧　監：視。　茲：此，指「懋敬厥德」一事。

⑨　陟：登。　遐：遠。

⑩　邇（ㄦˇ）：近。

⑪　惟：思。

⑫　遜：順。

⑬　胡：何。

⑭　一人：指君王。　元：大。良：善。

⑮　貞：正。

⑯　辯言：巧辯的言論。

⑰　寵：恩寵。　利：利祿。

⑱ 孚：保。

譯文

　　伊尹又告誡太甲說：「啊！上天沒有固定的親近對象，他只親近對他恭敬的人。民眾並不會永遠歸順某個君王，他們只歸順有仁德的君王。鬼神也不會永遠保佑某一個人，他們只保佑能誠心供奉的人。上天賜予的帝位是很難坐的啊！只有施行德政，才能治理好天下，否則，就會天下大亂。採取與治理天下一樣的辦法，沒有不興盛的；採取與禍亂天下一樣的辦法，沒有不滅亡的。自始至終都要謹慎地處理這些問題，這才是十分英明的君王。先王商湯是勉力地、恭敬地修養自己的品德，因此能符合上帝的旨意。如今大王您繼承了這美好的事業，希望您能認真對待修養品德這件事啊。比如登高，就必須從山下開始；比如要去遙遠的地方，就必須從近處出發。不要輕慢民眾的各種事務，要考慮到他們的艱難；不要安享您的君位，要考慮到會出現的危難。要自始至終都謹慎。有的話違背了您的心願，就一定要用符合道義的標準來考求，有的話順從了您的志意，就一定要用不符合道義的標準來考求。啊！不思考哪有什麼收穫？不做事哪有什麼成功？君王您一人很好，天下各國就會純正。君王不要用巧辯的言論擾亂先王的舊政，臣下不要憑恩寵厚祿自居成功，那麼國家將永遠保有休美的天命。」

❀ 咸有一德

題解

　　◆ 本篇緊承《伊訓》、《太甲》，也是伊尹對太甲的訓誡。太甲從桐地返亳都，伊尹歸還政權，又擔心太甲再次敗德縱性，於是在告老還鄉之際，申述夏桀無德失國，成湯有德得天下的事蹟告誡太甲要有純一的品德，要任用賢才、以善為師，來永久地保有上天賜予的大命。古文《尚書》有，今文《尚書》無。

⊃ **原文**

伊尹作《咸有一德》①。

注釋

① 咸：都。　一：純一。

譯文

伊尹作《咸有一德》。（以上是序）

⊃ **原文**

伊尹既復政厥辟①，將告歸，乃陳戒於德。曰：「嗚呼！天難諶②，命靡常③。常厥德，保厥位；厥德匪常，九有以亡④。夏王弗克庸德⑤，慢神虐民⑥。皇天弗保，監於萬方，啟迪有命⑦，眷求一德⑧，俾作神主⑨。惟尹躬暨湯⑩，咸有一德，克享天心⑪，受天明命，以有九有之師⑫，爰革夏正⑬。非天私我有商⑭，惟天佑於一德；非商求於下民，惟民歸於一德。德惟一，動罔不吉；德二三⑮，動罔不凶。惟吉凶不僭⑯，在人；惟天降災祥，在德。今嗣王新服厥命⑰，惟新厥德。終始惟一，時乃日新⑱。任官惟賢才，左右惟其人⑲。臣為上為德，為下為民。其難其慎，惟和惟一。德無常師⑳，主善為師；善無常主，協於克一㉑。俾萬姓咸曰：『大哉！王言。』又曰：『一哉！王心。』克綏先王之祿㉒，永底烝民之生㉓。嗚呼！七世之廟㉔，可以觀德。萬夫之長㉕，可以觀政。後非民罔使㉖，民非後罔事㉗。無自廣以狹人，匹夫匹婦，不獲自盡㉘，民主罔與成厥功㉙。」

注釋

① 復：歸還。　厥：其。　辟：君。
② 諶（彳ㄣˊ）：相信。
③ 靡：不。
④ 九有：九州。
⑤ 夏王：夏桀。　克：能。　庸：常。

⑥ 慢：輕慢。

⑦ 啟迪：開導。　有命：有天命的人。

⑧ 眷求：殷切地尋求。　一德：有純一德行的人。

⑨ 俾：使。　神主：主持祭祀的人，指君王。

⑩ 躬：自身。　暨：及。

⑪ 享：當，意為「切合」。

⑫ 師：眾。

⑬ 爰：於是。　革：革新。　正：通「政」。

⑭ 有商：商。有，名詞詞頭，無義。

⑮ 二三：不一，不純。

⑯ 僭（ㄐㄧㄢˋ）：差錯。

⑰ 服：擔任。

⑱ 時：是。

⑲ 左右：輔弼大臣。

⑳ 主：正，以……準則。

㉑ 協：合。

㉒ 綏：安。　祿：福祿，天命。

㉓ 底（ㄉㄧˇ）：達到。

㉔ 七世：七代先祖。

㉕ 萬夫之長：指天子。

㉖ 使：役使。

㉗ 事：從事力役。

㉘ 不獲：不得。　自盡：盡自己全力。

㉙ 民主：指君王。

譯文

　　伊尹已經把政權歸還給他的君王太甲，將要告老還鄉，於是陳述純一的品德以示告誡。說：「啊！上天很難讓人相信，因為天命無常。德行長久的人，就保有他的君位；德行不長久的人，九州也會因此而滅亡。夏王桀不能長久地行德，輕慢天神、虐待民眾。浩大的上天不再保護他，就察看天下四方，開導有天命的

人，尋求有純一品德的人，使那個人主持祭祀。只有我伊尹和先王成湯，都具有純一的德，能切合上天的心意，承受上天的指命，因此擁有天下九州的民眾，於是革新夏朝的舊政。不是上天對我商朝有私心，只是上天保佑有純一品德的人；不是我商朝懇求民間百姓，只是百姓歸順於有純一品德的人。只要品德純一，行為舉動就沒有不吉祥的；品德不純一，行為舉動就沒有不凶險的。吉凶應驗不會有差錯，都在於人自身；上天降災難還是降吉祥，也在於人的品德。現在大王您剛擔負起天子的大命，就要更新自己的品德。要始終如一，堅持不懈，這樣您的品德才能每天得到更新。任用官員只選那有賢德的人，左右輔弼的大臣只選那能勝任的人。大臣要輔助君王施行德政，治理民間。這樣的人很難選擇，需要謹慎考察，一定要選那同心同德又始終如一的人。德沒有固定不變的榜樣，以善為法則的可以作為榜樣；善也沒有一定的準則，能符合純一的就可以作為準則。這就使得人人都說：『宏大啊！君王的宣言。』又說：『純一啊！君王的心。』君王如果能享有人們這樣的稱讚，就能保有上天賜給先王的福氣，永遠達到使百姓的生活安樂。啊！保有七世先祖的廟堂，可以觀察到功德；從天子身上，可以觀察到國家的政治。君王沒有民眾就沒有人可以役使，民眾沒有君王就沒有機會從事力役。不要自高自大，把別人看得卑微狹小。普通的民眾，如果不竭盡他們的全力，君王您就沒有人一同成就您的功業。」

❀ 盤庚（上）

題解

◆盤庚，是商朝的第二十位君王。《盤庚》三篇是殷商史冊上最長、最輝煌的一頁，記錄了商王盤庚帶領民眾遷徙的整個過程，從最初的動員、勸導到遷殷後的安撫、治理，透過盤庚對臣民的三次講話刻畫得細緻生動，反映了盤庚敬天保民的政治主張。關於本篇的創作時間，歷來爭論不斷，現多主張作於殷周之際。今文《尚書》中《盤庚》為一篇，古文《尚書》分此三篇。清人

俞樾認為古文三篇有錯亂，中下兩篇應該是上中，上篇應該是下篇。今據古文《尚書》，篇序不變。

○ 原文
盤庚五遷，將治亳殷①，民諮胥怨②。作《盤庚》三篇。

注釋

① 亳（ㄅㄛ丶）：商朝稱都城為亳。 殷：地名，在今河南安陽。
② 諮：嗟歎。 胥：相。

譯文

盤庚第五次遷徙，將把都城定在殷地，民眾都埋怨盤庚。（史官記錄下這些情況）創作了《盤庚》三篇。（以上是序）

○ 原文
盤庚遷於殷，民不適有居①，率籲眾慼出矢言②，曰：「我王來，既爰宅於茲③，重我民，無盡劉④。不能胥匡以生⑤，卜稽曰其如台⑥？先王有服⑦，恪謹天命⑧。茲猶不常寧，不常厥邑⑨，於今五邦⑩！今不承於古⑪，罔知天之斷命⑫，矧曰其克從先王之烈⑬？若顛木之有由櫱⑭，天其永我命於茲新邑⑮，紹復先王之大業⑯，底綏四方⑰。」盤庚教於民⑱，由乃在位⑲，以常舊服⑳，正法度。曰：「無或敢伏小人之攸箴㉑！」王命眾悉至於庭㉒。

注釋

① 適：悅。 有居：居。有，名詞詞頭，無義。
② 率：於是。 籲：呼。 慼：同「戚」，指近臣。 矢：誓。
③ 爰：助詞，無義。 宅：居。 茲：此。
④ 劉：殺，引申為「死」。
⑤ 匡：救助。
⑥ 卜稽：卜問。 如台（一丶）：如何。
⑦ 服：事。

⑧ 恪（ㄎㄜˋ）：恭敬。

⑨ 厥：其。 邑：都城。

⑩ 五邦：指五次遷都。

⑪ 承於古：繼承祖先，指遷都一事。

⑫ 罔知：難保。 斷命：斷絕國運。

⑬ 矧（ㄕㄣˇ）：況。 烈：功業。

⑭ 由：指樹木新生枝條。 蘗（ㄋㄜˋ）：伐木後新生的嫩芽。

⑮ 永：長。

⑯ 紹：繼。

⑰ 底（ㄉㄧˇ）綏（ㄙㄨㄟ）：安定。底，定。綏，安。

⑱ 學（ㄒㄩㄝˊ）：教導。

⑲ 由：通「迪」，導。 乃：其。 在位：官員。

⑳ 常：遵守。 舊服：舊制。

㉑ 伏：隱藏。 小人：民。 攸：所。 箴：規諫。

㉒ 悉：都。

譯文

　　盤庚遷到殷地，民眾都不喜歡住在這裡，（盤庚）於是號召眾位親近的大臣，（要他們）出來誓告眾人，說：「我們君王遷來，住在這裡，這是重視我們的民眾，使民眾不至於都在舊都城的災害中死去。你們不能相互救助以求生存，那麼卜問你們這種行為的結果會是如何呢？（從前）先王有大事，都恭敬謹慎地順從上天的指命。這樣不能長久安寧，不能長久居住在一個地方，到現在已經遷都五次了！現在不繼承祖先遷都避難的作法，難保上天會斷絕我們的國運，更何況說能繼承先王的功業呢？就如同伐倒的樹木會生長出新的枝條，上天將使我們的國運在這新的都城永久地延續下去，繼續復興先王的偉大事業，安定天下四方。」盤庚教導民眾，勸導官員，要他們遵守舊制，正視法紀。說：「不要有人敢隱藏民眾對政府的規諫。」於是，盤庚命令眾人都到朝廷上來。

➲ 原文

王若曰 ①：「格汝眾 ②，予告汝訓，汝猷黜乃心 ③，無傲從康
④。古我先王，亦惟圖任舊人共政 ⑤。王播告之，修不匿厥指 ⑥，
王用丕欽 ⑦。罔有逸言 ⑧，民用丕變。今汝聒聒 ⑨，起信險膚 ⑩，
予弗知乃所訟 ⑪。

　　「非予自荒茲德，惟汝含德 ⑫，不惕予一人 ⑬。予若觀火，予
亦拙謀 ⑭，作乃逸 ⑮。若網在綱 ⑯，有條而不紊；若農服田力穡 ⑰
，乃亦有秋。汝克黜乃心，施實德於民，至於婚友 ⑱，丕乃敢大言
⑲，汝有積德。乃不畏戎毒於遠邇 ⑳，惰農自安，不昏作勞 ㉑，不
服田畝，越其罔有黍稷 ㉒。

　　「汝不和吉言於百姓 ㉓，惟汝自生毒，乃敗禍奸宄 ㉔，以自災
於厥身。乃既先惡於民 ㉕，乃奉其恫 ㉖。汝悔身何及？相時憸民 ㉗
，猶胥顧於箴言，其發有逸口 ㉘，矧予制乃短長之命 ㉙？汝曷弗告
朕 ㉚，而胥動以浮言 ㉛，恐沈於眾 ㉜？若火之燎於原，不可向邇
㉝，其猶可撲滅。則惟汝眾自作弗靖 ㉞，非予有咎。

注釋

① 若曰：這樣說。多用於史官記錄某人的言論，及官員傳達天
子的命令。

② 格：來。

③ 猷（一ㄡˊ）：語助詞，無義。　黜：去除。　乃：你。

④ 從：通「縱」，放縱。　康：安逸。

⑤ 圖：謀。　舊人：長期在位的人。

⑥ 修：讀為「攸」，語助詞，無義。　指：通「旨」，旨意。

⑦ 用：因此。　丕：大。　欽：善。

⑧ 逸：過錯。

⑨ 聒（ㄍㄨㄚ）聒：喧擾的樣子，引申為拒善自用。

⑩ 起：興造。　信：古「申」字，申說。　險：邪惡。　膚：
傳。

⑪ 訟：爭論。

⑫ 含：一作「舍」，拋棄

⑬ 惕：讀為「施」，給予。

⑭ 謀：謀略。

⑮ 作：作成。　　逸：放縱。

⑯ 綱：系網的大繩。

⑰ 服：從事。　　穡：收穫，此泛指農事。

⑱ 婚友：世代結為婚姻的奴隸主貴族。

⑲ 丕乃：於是。

⑳ 戎：大。　　毒：害。　　遠邇（ㄦˇ）：指遠近的民眾。邇，近。

㉑ 昏：勉。

㉒ 越：於是。　　其：將。

㉓ 敗：危敗。

㉔ 奸：亂在內。　　宄（ㄍㄨㄟˇ）：亂在外。

㉕ 先：導。　　惡：作惡。

㉖ 奉：受。　　恫（ㄅㄨㄥˋ）：痛。

㉗ 時：是。　　憸（ㄒㄧㄢ）民：散民，小民。

㉘ 逸口：即上文「逸言」。

㉙ 制：管制，掌控。　　短長之命：或短或長的壽命，指生殺的權力。

㉚ 曷：何。

㉛ 胥：相。　　動：鼓動。　　浮言：沒有根據的話。

㉜ 恐：恐嚇。　　沈：通「扰」，《説文》：「告言不正曰扰」。

㉝ 向邇：靠近。

㉞ 靖：善。

譯文

　　君王這樣說：「來，你們各位，我要告訴你們先王的訓誡，你們要去掉各自的私心，不要傲慢無禮、放縱安逸。從前我的祖先，也想著任用長期在位的人共同處理政事。君王發布政令，大臣沒有隱藏君王的旨意，君王因此對他們很滿意。大臣從來不說惑亂民眾的錯誤言論，因此，民眾有了很大的變化。現在你們愚

陋又剛愎自用，造出些邪惡的言論還傳布它，我不知道你們究竟在爭論什麼。

「不是我自己荒廢了任用舊臣這樣的美德，而是你們捨棄了這美德，不給予我這樣的機會。我就像看火一樣，（對你們的行為看得很清楚，）也是我謀略拙劣，才造成了你們如此放縱。就像網要依附於大繩，才會有條理而不紊亂；就像農夫要從事耕田，勉力地幹農活，才會有好的收成。你們能降低你們心中的欲望，對民眾施行實在的恩惠，那麼對於世代的婚姻朋友，就敢大方地說你有累積的德行。如果你們不怕遠近的民眾因為你們而受大災害，貪圖自身的安樂，不去耕種田地，不努力勞動，當然就不會收穫到黍稷了。

「你們不對百姓宣布我的好話，是你們自己造成的禍害，以致危敗、災害，內憂外患都產生了，真是自己害了自己。你們已經引導民眾作惡，就自己承受這應有的苦痛。你們後悔了又怎麼來得及？看看這些小民，還都顧念著政府的勸誡，唯恐說出有過失的話，何況我還掌握著你們的生殺大權？你們為什麼不告訴我，卻用謠言互相鼓動，用不正確的言論恐嚇民眾呢？（你們的作法）就如同大火燒起了草原，讓人不可靠近，但尚且可以撲滅它。這是你們大眾自己所做的不善，不是我有什麼過錯。

⊃ 原文

「遲任有言曰①：『人惟求舊，器非求舊，惟新。』古我先王，暨乃祖乃父②，胥及逸勤③，予敢動用非罰④？世選爾勞⑤，予不掩爾善。茲予大享於先王⑥，爾祖其從與享之。作福作災，予亦不敢動用非德⑦。予告汝於難⑧，若射之有志⑨。汝無侮老成人⑩，無弱孤有幼⑪，各長於厥居，勉出乃力，聽予一人之作猷⑫。無有遠邇，用罪伐厥死⑬，用德彰厥善⑭。邦之臧⑮，惟汝眾；邦之不臧，惟予一人有佚罰⑯。凡爾眾，其惟致告⑰：自今至於後日，各恭爾事，齊乃位⑱，度乃口⑲。罰及爾身，弗可悔。」

注釋

① 遲任：人名，殷商時的賢者。

② 暨：及。

③ 逸：安樂。

④ 非罰：不當的懲罰。

⑤ 選：計算。

⑥ 享：祭獻。

⑦ 非德：不當的恩惠。

⑧ 於：以。

⑨ 志：設定的目標。

⑩ 侮：欺侮。　老成人：老年人。

⑪ 弱：輕視。　孤：指幼小無父的人。　有幼：幼，指幼小的人。

⑫ 猷：謀劃。

⑬ 罪：刑罰。　死：惡，作惡。

⑭ 德：賞賜。　彰：表明。

⑮ 臧：善。

⑯ 佚：通「逸」，過錯。　罰：罪。

⑰ 致告：傳送相告。

⑱ 齊：正。

⑲ 度：閉。

譯文

「賢人遲任有一句話說：『選人還是選擇長期在位的舊人，器物就不要選擇舊的，要選擇新的。』從前我的先王和你們的祖先父輩，共同勞動、共用安樂，我哪敢對你們施用不當的懲罰？世世代代都計算著你們的功勞，我不會掩藏你們的好處的。現在我隆重地祭獻先王，你們的祖先也跟從先王一同享有祭祀。上天是降福命還是降災難，（全憑上天的旨意，）我都不敢對你們施用不當的恩惠。我告訴你們為政的艱難，如同射箭就要先擬定一個目標然後才能放箭。你們不要欺侮老年人，不要輕視幼小孤苦

的人，各自長久地居住在你們的居處，奮勉地使出你們的力量，聽從我一個人的謀劃。不管將來還是現在，我要用刑罰懲治那些作惡的，用賞賜表彰那些行善的。國家治理得好，是你們大眾的功勞；國家治理得不好，是我一個人的罪過。凡是你們眾人，都應該把我的話傳送相告：從今往後，各自恭敬地做好你們的工作，正確對待你們的職位，閉上你們的嘴不要胡說。不然，懲罰降臨到你們身上，後悔也來不及。」

❀ 盤庚（中）

◯ 原文

盤庚作[1]，惟涉河以民遷[2]。乃話民之弗率[3]，誕告用亶[4]。其有眾咸造[5]，勿褻在王庭[6]。

盤庚乃登進厥民[7]。曰：「明聽朕言，無荒失朕命！嗚呼！古我前後[8]，罔不惟民之承保[9]，後胥慼[10]，鮮以不浮於天時[11]。殷降大虐[12]，先王不懷[13]。厥攸作[14]，視民利用遷[15]。汝曷弗念我古後之聞[16]？承汝俾汝[17]，惟喜康共[18]，非汝有咎，比於罰[19]。予若籲懷茲新邑[20]，亦惟汝故，以丕從厥志[21]。

注釋

① 作：興起。
② 惟：謀。　　涉河：渡過黃河。
③ 話：會合。　　率：從。
④ 誕：大。　　亶：誠。
⑤ 咸：都。　　造：到。
⑥ 勿褻：不安。
⑦ 登進：使走到近前。　　厥：其。
⑧ 前後：先王。
⑨ 惟：思。　　承保：保護。
⑩ 胥：都。　　慼：親。
⑪ 鮮：少。　　浮：通「孚」，符合。

⑫ 殷：盛，大。　　虐：災害。

⑬ 懷：安。

⑭ 攸：所。

⑮ 視：看重。　　用：以。

⑯ 曷：何。　　聞：勤勉。

⑰ 承汝俾汝：承、俾即上文「承保」。

⑱ 共：固，長久。

⑲ 比：同。

⑳ 予：我。　　若：如此。　　籲：呼籲。　　茲：此。

㉑ 丕：大。

譯文

　　盤庚興起遷都的事，謀劃著渡過黃河帶著民眾遷徙。於是會合那些不順從的民眾，誠懇地勸告他們。他們眾人都來了，在大庭上不安地等待著。

　　盤庚於是使那些民眾走到近前來，說：「你們聽明白我的話，不要荒廢了我的命令！啊！從前我的先王，都想著保護臣民，先王們都親愛民眾，因此很少有不符合天時的（作法）。上天降下大災害，先王心中不安。於是他們行動起來，看重民眾的利益而決定遷徙。你們為什麼不顧念我先王的勤勉功勞呢？（遷徙是為了）保護你們長久地享受喜樂安康，並不是你們有什麼罪過而用這種方式來施行懲罰。我如此呼籲你們來這新的城市，也是為了你們的緣故，以此順從你們的心願。

➲ 原文

　　「今予將試以汝遷，安定厥邦。汝不憂朕心之攸困①，乃咸大不宣乃心②，欽念以忱③，動予一人。爾惟自鞠自苦④，若乘舟，汝弗濟⑤，臭厥載⑥。爾忱不屬⑦，惟胥以沈⑧。不其或稽⑨，自怒曷瘳⑩？汝不謀長，以思乃災，汝誕勸憂⑪。今其有今罔後，汝何生在上？今予命汝一⑫，無起穢以自臭⑬，恐人倚乃身⑭，迂乃心⑮。予迓續乃命於天⑯，予豈汝威⑰，用奉畜汝眾⑱。

注釋

① 攸：所。　　困：困苦。

② 乃：你。　　宣：和。

③ 欽：興起。　　忱：動搖。

④ 鞠：困窮。

⑤ 濟：渡河。

⑥ 臭：朽敗。　　載：交通工具，指上文的「舟」。

⑦ 忱：當作「沉」，沉溺。　　屬：獨。

⑧ 胥：相，互相。

⑨ 稽：考察。

⑩ 怒：當作「怨」。　　曷：何。　　瘳（彳ㄡ）：病癒，此指益處。

⑪ 勸：助長。

⑫ 一：同心。

⑬ 起：作。　　穢：污濁。

⑭ 倚：偏斜。

⑮ 迂：邪。

⑯ 迓（一ㄚˋ）：迎接。

⑰ 威：畏，嚇唬。

⑱ 奉：助。　　畜：養。

譯文

　　「現在我打算把你們遷徙過去，安定我們的國家。你們不體諒我心中的困苦，你們的心還都不和順，想用你們的私念來動搖我的主張。你們這是自取窮困、自尋苦惱，就如同供人乘坐的船，你們不用它來渡河，那麼船最終會朽敗。不單是你要沉入水中，船也會跟著沉入水中。你們一點也不考察這其中的原因，自我抱怨又有什麼益處呢？你們不考慮長遠，也不想想你們的災害，這樣只是大大地助長了憂慮。現在只考慮眼前而不顧以後，上天怎麼會讓你們繼續生存呢？現在我命令你們與我同心協力，不要做

出骯髒的事弄臭自己，恐怕別人會使你們身體偏斜，使你們心思邪僻。我迎接並延續上天賜予你們的命運，我哪裡是在嚇唬你們，這是為了幫助並供養你們。

⊃ 原文

「予念我先神後之勞爾先①，予丕克羞爾②，用懷爾然③。失於政，陳於茲④，高後丕乃崇降罪疾⑤，曰：『曷虐朕民？』汝萬民乃不生生⑥，暨予一人猷同心⑦，先後丕降與汝罪疾，曰：『曷不暨朕幼孫有比⑧？』故有爽德⑨，自上其罰汝，汝罔能迪⑩。古我先後，既勞乃祖乃父，汝共作我畜民⑪。汝有戕⑫，則在乃心，我先後綏乃祖乃父⑬，乃祖乃父乃斷棄汝，不救乃死。茲予有亂政同位⑭，具乃貝玉⑮。乃祖乃父，丕乃告我高後曰：『作丕刑於朕孫！』迪高後⑯，丕乃崇降弗祥。

注釋

① 先神後：先祖成湯。　　先：祖先。
② 克：能。　　羞：養。
③ 懷：安。
④ 陳：久。
⑤ 高後：先王。　　丕乃：於是。　　崇：大。
⑥ 生生：營生。
⑦ 暨：及。　　猷：謀。
⑧ 比：同。
⑨ 爽：差。
⑩ 迪：逃脫。
⑪ 畜：養。
⑫ 戕（ㄑㄧㄤˊ）：殘害。
⑬ 綏（ㄙㄨㄟ）：告，安撫，制止。
⑭ 亂政：指擾亂政治的大臣。
⑮ 具：聚集。
⑯ 迪：句首助詞，無義。

盤庚（中）

譯文

「我顧念到我的先祖成湯使你們的祖先很辛勞，我會盡最大的能力來養護你們，來安定你們。（如果是）政治上的失利，又長久地困在這裡，先王就會大降懲罰和災害在我身上，說：『為什麼要虐待我的民眾？』（如果是）你們億萬民眾不自己營生，就我一個人想著要同心協力，那麼先王就會給你們降下懲罰和災害，說：『為什麼不和我那幼小的孫子同心協力？』所以德行上一有差失，上天就會懲罰你們，你們將不能逃脫。從前我的先王已經使你的祖先父輩很辛勞，你們都是我要養護的民眾。你們心中要是有作惡的念頭，我的先王就會告訴你們的祖輩，你們的祖輩就會斷絕與你們的關係，拋棄你們，不會救你們的死罪。現在我有亂臣同在官位，聚集起無數財寶。你們的祖先父輩，就會告訴我的先王說：『給我的子孫降下大刑！』先王於是重重地降下災禍來。

➲ 原文

「嗚呼！今予告汝不易，永敬大恤①，無胥絕遠②！汝分猷念以相從③，各設中於乃心④。乃有不吉不迪⑤，顛越不恭⑥，暫遇奸宄⑦，我乃劓殄滅之⑧，無遺育⑨，無俾易種於茲新邑⑩。往哉生生！今予將試以汝遷，永建乃家。」

注釋

① 恤：憂。
② 胥：相。　　絕：隔絕。　　遠：疏遠。
③ 分：作「比」，親近。　　猷（一ㄡˊ）：語助詞，無義。
念：考慮。　　從：順從。
④ 設中：和衷。設，作「翕」，合。
⑤ 吉：善。　　迪：順。
⑥ 顛：隕，墜落。　　越：違法。
⑦ 暫：讀為「漸」，詐欺。　　遇：讀為「隅」，奸邪。　　奸：

121

亂在內。　宄（《ㄨㄟ∨）：亂在外。

⑧ 劓（一丶）：割鼻子的刑法；斷。　殄：絕。

⑨ 育：讀為「胄（ㄓㄡˋ）」，指後代。

⑩ 俾：使。　易：移。

譯文

「啊！現在我告訴你們這些難處，你們要永遠謹慎地對待大的憂患，不要互相疏遠！你們要互相親近，要考慮著互相順從，各人內心都要有和衷共濟的觀念。如果有不善良、不和順的人，有違法不恭的人，有欺詐奸邪、擾亂國家內外的人，我就要斷絕他們的命運而消滅他們，不留他們的後代，不讓他們的種族轉移到這新的城市。去吧！到新的城市去營生！現在我將要帶著你們遷徙，永遠地構建你們的家園。」

❀ 盤庚（下）

⊃ 原文

盤庚既遷，奠厥攸居①，乃正厥位，綏爰有眾②。曰：「無戲怠，懋建大命③！今予其敷心腹腎腸④，歷告爾百姓於朕志⑤。罔罪爾眾⑥，爾無共怒，協比讒言予一人。

「古我先王，將多於前功⑦，適於山⑧。用降我凶⑨，德嘉績於朕邦⑩。今我民用蕩析離居⑪，罔有定極⑫，爾謂朕：『曷震動萬民以遷？』肆上帝將複我高祖之德，亂越我家⑬。朕及篤敬⑭，恭承民命⑮，用永地於新邑⑯。肆予沖人⑰，非廢厥謀，吊由靈⑱。各非敢違卜⑲，用宏茲⑳。

注釋

① 奠：定。　厥：其。　攸：所。

② 綏（ㄙㄨㄟ）：告訴。　爰（ㄩㄢˊ）：於。

③ 懋（ㄇㄠˋ）：努力。

④ 敷：布。

⑤ 歷：明。　　志：心意。

⑥ 罪：歸罪。

⑦ 將：欲。　　前功：前人的功績。

⑧ 適於山：指商湯繼先祖契後又居住在亳地，亳依山。適，往。

⑨ 降：下，意為「消除」。　　凶：災難。

⑩ 德：升。　　績：業。

⑪ 蕩：流動。　　析：分散。

⑫ 定極：安定的居處。

⑬ 亂：治。　　越：於。

⑭ 及：猶「汲汲」，急切的樣子。　　篤：厚。

⑮ 承：保。

⑯ 永地：永遠地居住。

⑰ 沖人：年少無知的人。盤庚自謙。

⑱ 吊：至。　　由：用。　　靈：善，好。

⑲ 各：固。

⑳ 宏：大。　　茲：此。　　賁（ㄅㄧˋ）：美飾。

譯文

　　盤庚已經遷都，在他們居住的地方安定下來，於是決定宗廟朝廷的位置，然後告訴民眾。（他）說：「不要戲謔怠慢，要努力地構建國家的大命！現在我誠心誠意地、明白地把我的心意告訴你們百官。不是要歸罪你們眾人，你們不要如此憤怒，和同起來謗諉我一個人。

　　「從前我的先王，想要發揚光大前人的功績，就遷往山地，因而消除了我們的災難，在國家建立了好的功績。現在我們民眾流動分散，離開了以前的居所，而沒有一處安身之地。你們還對我說：『為什麼驚動億萬百姓來大肆遷移？』（我之所以要遷徙）是因為上帝將要恢復我祖先的德行，治理我們的國家。我急切地、敦厚恭敬地保護著民眾的生命，因為我們將永久地居住在新的城市。我一個年少無知的人，不是廢棄大眾的謀略不顧，而是謀略到來時要選用最好的。我固然不敢違背占卜的旨意，因此要宏大

123

這美好的命令。

⊃ 原文

「嗚呼！邦伯、師長、百執事之人①，尚皆隱哉②！予其懋簡相爾③，念敬我眾④。朕不肩好貨⑤，敢恭生生⑥。鞠人、謀人之保居⑦，敘欽⑧。今我既羞告爾於朕志⑨，若否⑩，罔有弗欽⑪！無總於貨寶⑫，生生自庸⑬！式敷民德⑭，永肩一心！」

注釋

① 邦伯：諸侯。　　師長：眾位長官。　　百執事：在朝的百官。
② 尚：希望。　　隱：考慮。
③ 懋（ㄇㄠˋ）：勉。　　簡相：考察。
④ 念：顧念。　　敬：讀為「矜」，憐憫。
⑤ 肩：任。　　好貨：喜好貨利的人。
⑥ 敢：能。　　生生：營生。
⑦ 鞠人：養育民眾。　　謀人：替民眾謀福。　　保：安。
⑧ 敘：官爵的次第。　　欽：敬。
⑨ 羞：進。
⑩ 若：順，表示同意。
⑪ 欽：順從。
⑫ 總：聚。
⑬ 庸：用。
⑭ 式：敬。　　敷：布。

譯文

「啊！各位諸侯、長官、在朝的官員們，希望你們都考慮考慮啊！我將努力地考察你們，看你們顧慮民眾、憐憫民眾的情況。我不會任用貪好貨利的人，而要任用能為民眾謀生的人。那些養育民眾、替民眾謀福，並使民眾安居樂業的人，都將加官進爵，受到我的禮敬。現在我已經把我的意見告訴你們，不管你們同意或不同意，不要有人不順從！不要聚集貨物財寶，要好好地謀生

而自給自足！要恭敬地施與民眾恩惠，要永遠與民眾同心。」

❀ 說命（上）

題解

◆ 說，人名，傅說。命，任命。商王武丁繼位，他三年不說話，國事都交給大臣處理。一天，武丁夢見一位聖人，名叫「說」。醒來後便讓人畫出聖人的形象，要群臣百官按圖像在全國尋找。終於在傅岩找到了這樣的人，後世便把他稱為「傅說」。武丁任命傅說為宰相，從此商朝又興盛起來。本篇是武丁任命傅說的命辭，上篇記錄武丁求得傅說的經過和任命傅說的辭令，中篇記錄傅說對武丁的進諫，下篇記錄傅說勸武丁以史為鑒、任賢為官的言論。古文《尚書》有，今文《尚書》無。

⊃ 原文
高宗夢得說①，使百工營求諸野，得諸傅岩②，作《說命》三篇。

注釋
① 高宗：武丁，商朝的第二十三位君王。
② 傅岩：地名。在今山西省平陸縣與河南陝縣之間。

譯文

高宗做夢夢見了說，醒後便叫百官在全國上下尋找這個人，最後在傅岩找到了他。（史官根據這些情況，）創作了《說命》三篇。（以上是序）

⊃ 原文
王宅憂①，亮陰三祀②。既免喪，其惟弗言，群臣咸諫於王曰③：「嗚呼！知之曰明哲，明哲實作則。天子惟君萬邦④，百官承式⑤，王言惟作命，不言臣下罔攸稟令⑥。」王庸作書以誥曰⑦：

「以台正於四方⑧，台恐德弗類⑨，茲故弗言⑩。恭默思道，夢帝賚予良弼⑪，其代予言。」乃審厥象⑫，俾以形旁求於天下⑬。說築傅岩之野，惟肖⑭。爰立作相，王置諸其左右。

命之曰：「朝夕納誨，以輔台德。若金⑮，用汝作礪⑯；若濟巨川⑰，用汝作舟楫；若歲大旱，用汝作霖雨⑱。啟乃心，沃朕心。若藥弗瞑眩⑲，厥疾弗瘳⑳；若跣弗視地㉑，厥足用傷。惟暨乃僚㉒，罔不同心，以匡乃辟㉓。俾率先王，迪我高後㉔，以康兆民。嗚呼！欽予時命㉕，其惟有終。」

說復於王曰：「惟木從繩則正，後從諫則聖。後克聖，臣不命其承，疇敢不祗若王之休命㉖？」

注釋

① 宅：居。

② 亮陰：指天子居廬守喪。　　三祀：三年。

③ 咸：都。

④ 君：統治。

⑤ 承：尊奉。　　式：法令。

⑥ 攸：所。　　稟（ㄅ一ㄥˇ）：受。

⑦ 庸：用。

⑧ 台（一ˊ）：我。　　正：表正，作為表率。

⑨ 類：善。

⑩ 茲：此。

⑪ 賚（ㄌㄞˋ）：賜予。　　弼：輔助。

⑫ 審：詳細。　　厥：其。　　象：形象。

⑬ 俾：使。　　旁求：廣求。

⑭ 肖：像。

⑮ 金：鍛造金屬。

⑯ 礪：磨刀石。

⑰ 濟：渡過。

⑱ 霖雨：及時的大雨。

⑲ 瞑（ㄇ一ㄢˊ）眩：頭暈目眩。

⑳ 瘳（彳ㄡ）：病癒。

㉑ 跣（ㄒㄧㄢˇ）：赤腳。

㉒ 暨：及。乃：你的。　　僚：下屬官員。

㉓ 辟：君王。

㉔ 迪：蹈。　　高後：指成湯。

㉕ 時：是。

㉖ 疇：誰。　　祗（ㄓ）：敬。

譯文

　　大王武丁內心憂傷，為父親守喪三年，不理朝政。已經服喪期滿，他還是沒有發布任何政令，群臣都向他進諫說：「啊！通曉事理的人是明智的，明智的人可以做天下人的榜樣。天子統治天下各國，百官遵奉法令。君王您的話就是命令，您不說話，那麼大臣們就無法領受命令了。」殷王武丁因此作書告訴眾臣說：「用我做天下四方的表率，我擔心我的德行還不夠好，因此不說話。我恭敬地、默默地思考著治理國家的方法，夢見天帝賜予我一位賢良的輔臣，他可以代替我發布政令。」於是，武丁詳細地描述那個賢人的形象，使眾臣根據這形象在天下廣泛地尋找。說在傅岩之野修築城牆，十分像武丁描述的那個人。於是武丁立他為宰相，把他安置在自己的身邊。

　　命令他說：「早晚進言教誨，輔助我施行德政。就像鍛造金屬，用你做磨刀石；就像渡過洶湧的河流，用你做船槳；就像逢上乾旱之年，用你做及時的好雨。敞開你的心扉，用好的進諫來灌溉我的心。如果吃了藥不感到頭暈目眩，這病可能就不會痊癒；如果赤著腳走路卻不看路，那麼腳就可能會受傷。與你的下屬官員同心協力，來匡正你們的君王。使我遵循先王的訓誡，沿著成湯的道路，來安定億萬民眾。啊！恭敬地對待我所下的命令，希望能善始善終。」

　　傅說回答殷王武丁說：「木料用墨線拉過就端正了，君王您採納諫言就會變得聖明。君王能聖明，臣下不用君王下命令就會自動奉上好意見，誰敢不恭敬地順從君王美好的命令呢？」

❀ 說命（中）

◔ 原文

惟說命總百官①，乃進於王曰：「嗚呼！明王奉若天道②，建邦設都，樹後王君公③，承以大夫師長④，不惟逸豫⑤，惟以亂民⑥。惟天聰明，惟聖時憲⑦，惟臣欽若⑧，惟民從乂⑨。惟口起羞⑩，惟甲胄起戎⑪，惟衣裳在笥⑫，惟干戈省厥躬⑬。王惟戒茲⑭，允茲克明⑮，乃罔不休。

「惟治亂在庶官。官不及私昵⑯，惟其能⑰；爵罔及惡德，惟其賢。慮善以動，動惟厥時。有其善，喪厥善；矜其能⑱，喪厥功。惟事事乃其有備，有備無患。無啟寵納侮⑲，無恥過作非⑳。惟厥攸居㉑，政事惟醇㉒。黷於祭祀㉓，時謂弗欽。禮煩則亂，事神則難。」

王曰：「旨哉㉔！說，乃言惟服㉕。乃不良於言㉖，予罔聞於行。」說拜稽首曰：「非知之艱，行之惟艱。王忱不艱㉗，允協於先王成德，惟說不言有厥咎。」

注釋

① 命：受命。　　總：總領。
② 若：順。
③ 後王：天子。　　君公：諸侯。
④ 承：佐。
⑤ 逸豫：安逸享樂。
⑥ 亂：治。
⑦ 聖：君王。　　時：是。　　憲：效法。
⑧ 欽：敬。
⑨ 乂（一ˋ）：治理。
⑩ 起：興。
⑪ 甲胄（ㄓㄡˋ）：鎧甲頭盔。　　戎：戰爭。
⑫ 衣裳：指官服。　　笥（ㄙˋ）：裝衣物的方形竹器。「衣裳在笥」，指不輕授官服。

⑬ 干戈：兵器的總稱。　　　省：省察。　　　躬：自身。

⑭ 茲：此。

⑮ 允：信。

⑯ 昵：親近。

⑰ 惟：思。

⑱ 矜：自誇。

⑲ 啟：開。　　　納：受。

⑳ 恥過：以有過錯為恥辱。

㉑ 居：行為舉止。

㉒ 醇：通「純」，純粹、完美。

㉓ 黷：輕慢。

㉔ 旨：美。

㉕ 乃：你。

㉖ 良：善。

㉗ 忱：誠心。

譯文

　　傅說受命總領百官，於是對商王進言說：「啊！聖明的君王順從天道，建立國家、設立都城，立天子、封諸侯，又用大夫師長來輔佐，不貪圖安逸享樂，只想著治理民眾。上天能聽清一切、看清一切，君王要效法上天，大臣要敬順上天，民眾要服從治理。不要輕易發出號令，因為言語不當會招來羞辱；不要輕易動武，因為盔甲兵器會引起戰爭；官服要謹慎地存放在竹箱裡，不要輕易授人，否則會有人不稱職；干戈是討伐有罪的兵器，用的時候自己一定要反覆省察。君王您要警戒這四個方面啊，真正做到這樣的話就能聖明，就沒有什麼不好的了。

　　「國家的太平與混亂全在於眾位官員。官職不能授予自己偏愛和親近的人，要考慮他們的才能；爵位不能授予德行醜惡的人，要考慮他們是否賢明。考慮完善了再採取行動，行動時要抓住時機。自認為有善德而不被他人認同，那麼善德就喪失了；自我誇耀有才能而不被他人認可，那麼功績也就喪失了。所有的事情都

應該有準備，有準備就沒有什麼好擔心的。不要寵倖小人而招來侮辱，不要認為有過錯是恥辱而文過飾非。如果行為舉止都像上面說的那樣，國家大事就能處理得很完美了。輕慢祭祀，是叫不敬。禮儀繁瑣就會混亂，如此，侍奉神靈就困難了。」

殷王武丁說：「說得太好了！說，你的言論真令人信服。你如果不善於進言，我就無法聽到好的意見並付諸行動了。」傅說跪拜叩頭，說：「知道這些道理並不難，施行起來就困難了。大王誠心就不難，確實是符合先王的盛德。如果我傅說不進言就是我的過失了。」

☸ 說命（下）

➲ 原文

王曰：「來！汝說。台小子舊學於甘盤①，既乃遁於荒野②，入宅於河③，自河徂亳④，暨厥終罔顯⑤。爾惟訓於朕志⑥，若作酒醴⑦，爾惟麴糵⑧；若作和羹⑨，爾惟鹽梅⑩。爾交修予⑪，罔予棄，予惟克邁乃訓⑫。」

說曰：「王，人求多聞，時惟建事，學於古訓乃有獲。事不師古，以克永世，匪說攸聞。惟學遜志，務時敏⑬，厥修乃來。允懷於茲⑭，道積於厥躬。惟斅學半⑮，念終始典於學⑯，厥德修罔覺⑰。監於先王成憲，其永無愆。惟說式克欽承⑱，旁招俊乂⑲，列於庶位。」

王曰：「嗚呼！說，四海之內，咸仰朕德⑳，時乃風㉑。股肱惟人㉒，良臣惟聖。昔先正保衡作我先王㉓，乃曰：『予弗克俾厥後惟堯舜㉔，其心愧恥，若撻於市㉕。』一夫不獲㉖，則曰『時予之辜。』佑我烈祖，格於皇天㉗。爾尚明保予㉘，罔俾阿衡，專美有商㉙。惟後非賢不乂㉚，惟賢非後不食。其爾克紹乃辟於先王㉛，永綏民㉜。」說拜稽首，曰：「敢對揚天子之休命㉝！」

注釋

①台（ㄧˋ）小子：武丁自謙之辭。　甘盤：臣名，武丁

時的賢臣。

① 遁：遷移。

② 宅：居。　　河：黃河。

③ 徂：往。　　亳（ㄅㄛˋ）：地名，商人稱都城為「亳」。

④ 暨：及。　　厥：其。　　顯：明顯。

⑤ 訓：教。

⑥ 酒醴：泛指各種酒。醴，指甜酒。

⑧ 麴（ㄑㄩˊ）蘗（ㄅㄛˋ）：酒麴。

⑨ 和：調和。　　羹：用肉類或菜蔬等製成的湯。

⑩ 梅：梅酸，古人用梅取酸味。

⑪ 交：多方面。　　修：教導。　　予：我。

⑫ 克：能。　　邁：行。

⑬ 務：追求。　　敏：努力。

⑭ 懷：念，想。

⑮ 惟教學半：教學是學習的一半。

⑯ 典：常。

⑰ 修：美，善。　　覺：察覺。

⑱ 式：因此。　　欽：敬。

⑲ 旁：普遍。　　俊乂：德才兼備的人。

⑳ 咸：都。

㉑ 乃：你。　　風：教。

㉒ 股：大腿。　　肱（ㄍㄨㄥ）：上臂。

㉓ 先正：先王的百官之長。正，長。　　保衡：即伊尹，也叫「阿衡」。　　作：興。

㉔ 俾：使。　　後：君。

㉕ 撻（ㄊㄚˋ）：鞭打。

㉖ 獲：安置。

㉗ 格：致。

㉘ 明：努力。　　保：輔助。

㉙ 專：獨佔。　　有：名詞詞頭，無義。

㉚ 乂（ㄧˋ）：治理。

㉛ 紹：繼。　　辟：君王。
㉜ 綏（ㄙㄨㄟ）：安撫。
㉝ 休：美。

譯文

殷王武丁說：「來，說。我以前曾跟著甘盤學習，不久就在荒郊野外不斷遷徙，居住在黃河邊，又從黃河遷到亳地，到最終學習都沒有明顯的進步。你要教導我立下志願，就像製作酒水，你就是酒麴；就像調製湯羹，你就是鹽和梅。你要多方面地教導我，不要拋棄我，我一定能夠履行你的教導。」

傅說：「君王，人追求廣博的見聞，這是想要成就事業。學習古人的遺訓就會有收穫。做事不向古人學習，而能夠能長存的，傅說我還沒有聽說過。只有學習能使人心志謙遜，務必時時努力，美好的品德就會到來。真能顧念到這些，道就會在自己身上累積下來。教是學的一半，自始至終念念不忘學習，德行就會在不知不覺中得到完善。借鑒先王既成的法則，就會永遠沒有過錯。傅說我因此能恭敬奉行大王的旨意，廣招有才能的人，安排在相應的官位上。」

殷王武丁說：「啊！說。天下四方都仰慕我的德行，這是你教化的結果。手腳齊備才算是健全的人，有賢良的輔臣才算是聖明的君王。從前總領先王百官的阿衡興起先王的事業，他卻說：『我不能使我的君王像堯、舜一樣，內心感到慚愧和羞恥，就像在集市上挨了鞭子。』有一個人沒有得到合理的安置，他就說『是我的罪過』。他輔助我們偉大的先王，功名升到皇天那裡。希望你努力輔助我，不要使阿衡在商朝獨享美名。君王沒有賢臣，天下就無法治理，賢臣沒有君王，就得不到俸祿。你要讓你的君王繼承先王的事業，永遠地安撫民眾。」傅說叩頭跪拜，說：「我冒昧地告訴您，我要顯揚天子這些美好的教命。」

❀ 高宗肜日

題解

◆ 高宗，即武丁，是商朝的第二十三代君王。肜（ㄖㄨㄥˊ）日，指肜祭之日。關於本篇，《史記‧殷本紀》和《尚書序》都認為是高宗祭祀成湯，大臣祖己作此來訓誡君王。近世學者根據甲骨文中對於肜祭的記載，認為「肜日」前的人名應該是被祭者，而不是主祭者。由此可見，「高宗肜日」是指後人祭祀高宗。此位後人，極有可能就是繼位的祖庚。本篇應是大臣祖己訓導祖庚的記錄。今文《尚書》、古文《尚書》都有此篇。肜：乃指祭祀後第二天又進行的祭祀。

⊃ 原文

高宗祭成湯，有飛雉升鼎耳而雊①，祖己訓諸王②，作《高宗肜日》、《高宗之訓》。

注釋

① 雉（ㄓˋ）：野雞。 鼎：一種三足兩耳的金屬器物。 雊（ㄍ
ㄡˋ）：雄雉鳴叫。

② 祖己：臣名。　　諸：之於。

譯文

高宗祭祀成湯，有一隻野雞飛到鼎耳上鳴叫，大臣祖己訓誡君王，作了《高宗肜日》和《高宗之訓》。（以上是序）

⊃ 原文

高宗肜日①，越有雊雉②。祖己曰：「惟先格王③，正厥事④。」乃訓於王，曰：「惟天監下民⑤，典厥義⑥。降年有永有不永⑦，非天夭民⑧，民中絕命⑨。民有不若德⑩，不聽罪⑪。天既孚命正厥德⑫，乃曰：『其如台⑬？』嗚呼！王司敬民⑭，罔非天胤⑮，典祀無豐於昵⑯！」

注釋

① 肜（ㄖㄨㄥˊ）：殷商時，把祭祀後第二天再舉行的祭祀稱作「肜」。

② 越：句首語氣詞，無義。

③ 格：告。

④ 厥：其。　　事：祭祀的事。

⑤ 監：監視。

⑥ 典：主持。　　義：正義。

⑦ 年：人的壽命。　　永：長。

⑧ 夭：夭折。

⑨ 中：中途。

⑩ 若：順。

⑪ 聽：聽從。

⑫ 孚：一作「付」，降下。

⑬ 如台（ㄧˊ）：如何。

⑭ 王司：一作「王嗣」。指繼位的王。

⑮ 胤（ㄧㄣˋ）：後代。子孫世代相承繼。

⑯ 昵（ㄋㄧˋ）：親近。

譯文

肜祭高宗那天，有野雞飛來鳴叫。祖已說：「要先告訴大王，糾正王祭祀中的不當。」於是訓誡君王，說：「上天監視人間的民眾，主持著正義。他降給人們的壽命有長久的、有不長久的，不是上天要使人夭折，是有的人自己中途斷絕了性命。民眾有不順從德教的，有不聽從治罪的；上天已經降下命令要糾正他們不好的品德，他們竟說：『上天能把我怎麼樣呢？』啊！繼位的君王要恭敬地對待民眾，無非都是上天的後代，主持先王祭祀不能過於豐盛啊。」

❀ 西伯戡黎

◆ 西伯，即周文王姬昌。戡（丂ㄢ）黎，征伐黎國。黎國是殷商在西北方的屏障，文王戰勝黎國後，商朝的大臣祖伊驚恐萬分，他警告紂王國運將終，勸王要勤勉政事。史官記錄下這番言論，作成《西伯戡黎》。今文《尚書》、古文《尚書》都有此篇。戡：平定。

⊃ 原文

殷始咎周①，周人乘黎②。祖伊恐③，奔告於受④，作《西伯戡黎》。

注釋

① 咎：過錯，引申為憎惡。
② 乘：勝。
③ 祖伊：人名，商紂王的賢臣。
④ 受：紂王。

譯文

殷商開始憎惡周的時候，周人戰勝了黎國。大臣祖伊驚恐萬分，趕緊去告訴紂王。史官記錄下他的言論，作了《西伯戡黎》。（以上是序）

⊃ 原文

西伯既戡黎，祖伊恐，奔告於王。曰：「天子！天既訖我殷命①。格人元龜②，罔敢知吉③。非先王不相我後人④，惟王淫戲用自絕⑤，故天棄我，不有康食⑥。不虞天性⑦，不迪率典⑧。今我民罔弗欲喪，曰：『天曷不降威⑨？』大命不摯⑩，今王其如台⑪？」王曰：「嗚呼！我生不有命在天？」祖伊反曰：「嗚呼！乃罪多參在上⑫，乃能責命於天⑬？殷之即喪，指乃功⑭，不無戮於

爾邦⑮！」

注釋

① 訖：終止。
② 格人：賢人。　　元龜：大龜。
③ 罔敢：不敢。
④ 相（ㄒㄧㄤˋ）：幫助。
⑤ 淫：過度。　　用：以。
⑥ 康：安。
⑦ 虞：樂。
⑧ 迪：順。　　率典：法典。
⑨ 曷：何。
⑩ 摯：至，到來。
⑪ 如台（ㄧˊ）：如何。
⑫ 乃：你。　　參：當作「累」，累積。
⑬ 責：要求。
⑭ 指：通「旨」，是。　　功：事。
⑮ 戮：殺，引申為滅亡。

譯文

　　西伯戰勝了黎國，祖伊很恐慌，趕緊去告訴紂王。說：「天子！上天恐怕要終止我們殷國的命運了。懂得天命的賢人和傳達天意的大龜，都不敢說有吉兆了。不是先王不保佑我們後人，是大王您自己過度取樂而導致了滅亡。所以上天拋棄了我們，讓我們沒有安穩飯吃。您不安於天性，也不遵循常法。現在我們的人民沒有不希望國家滅亡的，說：『天為什麼還不降下懲罰？』天命不在，現在大王您要怎麼辦呢？」王說：「咦！我不是一生下來就有上天賜給的天命嗎？」祖伊回答說：「唉！你的罪行累積得太多，上天都知道了，你還能要求上天賜予你天命嗎？殷國就要滅亡了，這是你造成的。這樣下去，還能不滅亡你的國家嗎？」

❀ 微 子

◆ 微子，名啟，是商紂王的親兄長。據記載，微子出生時，他的母親還沒有被立為正妃，到紂出生時才立為正妃。後來紂繼位稱王，淫亂暴虐，國家走向滅亡。微子決意出逃，以延續宗廟祭祀。本篇是微子出逃前，與太師、少師商量對策的記錄。古文《尚書》、今文《尚書》都有此篇。

➲ 原文

殷既錯天命 ①，微子作誥父師、少師 ②。

注釋

① 錯：廢棄。
② 父師、少師：官名。

譯文

殷商廢棄了天命，微子作誥書與父師、少師商議。（以上是序）

➲ 原文

微子若曰 ①：「父師、少師！殷其弗或亂正四方 ②。我祖厎遂陳於上 ③，我用沈酗於酒 ④，用亂敗厥德於下 ⑤。殷罔不小大 ⑥，好草竊奸宄 ⑦，卿士師師非度 ⑧，凡有辜罪 ⑨，乃罔恒獲 ⑩。小民方興 ⑪，相為敵仇。今殷其淪喪，若涉大水 ⑫，其無津涯 ⑬。殷遂喪 ⑭，越至於今 ⑮！」曰：「父師、少師。我其發出狂 ⑯，吾家耄 ⑰，遜於荒 ⑱。今爾無指告 ⑲，告予顛隮 ⑳，若之何其？」

父師若曰：「王子！天毒降災荒殷邦 ㉑，方興沈酗於酒 ㉒，乃罔畏畏 ㉓，咈其耇長舊有位人 ㉔。今殷民乃攘竊神祇之犧牷牲 ㉕，用以容，將食無災。降監殷民 ㉖，用乂、仇斂 ㉗，召敵仇不怠 ㉘。

罪合於一，多瘠罔詔 ㉙。商今其有災，我興受其敗 ㉚。商其淪喪，我罔為臣僕 ㉛。詔王子出迪 ㉜，我舊雲刻子 ㉝，王子弗出，我乃顛。自靖 ㉞！人自獻於先王，我不顧行遯 ㉟。」

注釋

① 若曰：這樣說。

② 其：恐怕。　　或：能。　　亂：治。

③ 我祖：指成湯。　　底：致。　　遂：成。　　陳：列。　　上：從前。

④ 我：指商王紂。　　用：因。　　沈酗：沉湎。

⑤ 厥德：指成湯的德政。厥，其。　　下：後世。

⑥ 小大：指老少。

⑦ 草竊：指偷竊。　　姦宄（ㄍㄨㄟˇ）：作亂。

⑧ 師師：相互師法。　　度：法。

⑨ 辜：罪。

⑩ 恒：常。　　獲：捕獲。

⑪ 方：同「旁」，普遍。

⑫ 涉：渡過。

⑬ 津：渡口。　　涯：岸。

⑭ 遂：終。

⑮ 越至於今：指在今天。越，於。

⑯ 發：行。　　狂：往。

⑰ 耄（ㄇㄠˋ）：老，此指國家昏亂。

⑱ 遜：逃亡。

⑲ 指：指示。

⑳ 顛：倒。　　隮（ㄐㄧ）：墜落。

㉑ 毒：重。　　荒：亡。

㉒ 方：並，都。

㉓ 畏畏：即「畏威」，害怕懲罰。

㉔ 咈（ㄈㄨˊ）：違。　　耇（ㄍㄡˇ）長：指年老。　　舊：久。

微子

㉕攘（ㄖㄤˇ）：偷。　神祇（ㄓ）：天神與地神。　犧：指毛色純。　牷：指肢體完整。　牲：牛羊一類。

㉖降：下。　監：監視。

㉗乂（一ˋ）：殺。　仇：同「稠」，多。　斂：徵收，指賦稅。

㉘召：招來。　怠：緩。

㉙瘠：病，指疾苦。　詔：告。

㉚興：同。

㉛臣僕：古時戰勝者把被征服者當作「臣僕」，指奴隸。

㉜迪：行。

㉝刻：害。

㉞靖：謀。

㉟顧：考慮。　遯：逃亡。

譯文

微子這樣說：「父師、少師！我們殷國恐怕不能治理好天下了。我先祖成湯成就了偉大的功業，而現在，我們的君王沉湎於美酒，胡亂地敗壞了成湯的德政。殷民無論老少，都愛偷竊作亂，官員們相互師法、做著不合法度的事，凡是有罪的人，竟然常常不被逮捕。民眾一齊興起，相互敵對攻擊。現在殷國恐怕就要滅亡了，就像要渡過大水，卻看不見渡口和彼岸。殷國終將滅亡，就是在今天了。」（微子）說：「父師、少師，我將要出行到別的地方，我們的國家昏亂，我只有逃亡到荒野之外去。現在你們沒有任何指示，告訴我國家滅亡了，那該怎麼辦呢？」

父師這樣說：「王子！上天重重地降下災害來滅亡殷國，臣民們都沉湎於美酒中，竟不害怕上天的懲罰，不顧那些年老又在位已久的官員的勸告。現在殷民居然偷敬奉給神明的犧牲，還能得到寬容，可以安然無事地吃掉。上帝下來視察民間，只看到統治者濫殺無辜、橫徵暴斂，招來敵對、仇恨也毫不放鬆。所有的罪都是商王一人造成的，民眾有很多疾苦，卻無處申訴。現在殷商將有災難，我們將一起遭受禍害。殷商將滅亡，我不會做敵國

的臣僕。勸王子您逃走，我早就說過（王）會害了你。王子您不走，我們殷商就真的滅亡了。自己考慮考慮吧！每個人都應該對先王有所貢獻，我是不會考慮逃走的。」

◎周　書

❀ 泰誓（上）

題解

◆　泰，大。泰誓，即大誓。是武王征伐殷商前大會諸侯的誓師詞。商王紂暴虐荒淫，百姓困苦不堪。周武王繼承先父文王的伐商大命，在孟津大會諸侯，數點紂王的暴行，呼籲將士奮起武力，同心同德，建立滅商的功業。古文《尚書》有，今文《尚書》無。

➲ 原文

惟十有一年①，武王伐殷。一月戊午，師渡孟津②，作《泰誓》三篇。

注釋

① 十有一年：指周文王十一年。
② 孟津：黃河渡口名。在今河南省孟津縣。

譯文

十一年，周武王討伐殷國。一月戊午日，軍隊渡過孟津，創作了《泰誓》三篇。（以上是序）。

➲ 原文

惟十有三年春①，大會於孟津。王曰：「嗟，我友邦塚君②，越我御事庶士③，明聽誓。惟天地萬物父母，惟人萬物之靈。亶聰明作元後④，元後作民父母。今商王受⑤，弗敬上天，降災下民，沈湎冒色⑥，敢行暴虐，罪人以族⑦，官人以世⑧。惟宮室、台榭、陂池、侈服⑨，以殘害於爾萬姓。焚炙忠良⑩，刳剔孕婦⑪。皇天震怒，命我文考⑫，肅將天威⑬，大勳未集⑭。肆予小子發⑮，以爾友邦塚君，觀政於商。惟受罔有悛心⑯，乃夷居⑰，弗事上帝神祗⑱，遺厥先宗廟弗祀⑲。犧牲粢盛⑳，既於凶盜㉑。乃曰：『吾有民有命！』罔懲其侮㉒。

141

注釋

① 十有三年：十三年。《書序》、《史記》都作十一年，今從「十三年」説。

② 塚君：諸侯。

③ 越：與。　御事庶士：指管理政務的各級官員。禦，治。庶，眾。

④ 亶（ㄉㄢˇ）：誠實。　元：大。　後：君。

⑤ 商王受：商王紂。

⑥ 沈湎：沉湎於酒。　冒色：貪好美色。冒，貪。

⑦ 罪：懲罰。　族：滅族。

⑧ 官人：任命人做官。　世：世襲。

⑨ 台榭：建在高台上的木屋。　陂（ㄆㄛ）池：池塘。

⑩ 焚炙：焚燒，指炮烙一類的酷刑。

⑪ 刳（ㄎㄨ）：剖開。　剔：指分解骨肉。

⑫ 文考：文王。

⑬ 肅：敬。　將：行。　威：懲罰。

⑭ 勳：功。　集：成。

⑮ 肆：因此。　予小子：周武王姬發對自己的謙稱。予，我。

⑯ 悛（ㄑㄩㄢ）：悔改。

⑰ 夷居：指傲慢無禮。夷，蹲。

⑱ 事：侍奉。　神祇（ㄓ）：神靈。

⑲ 遺：廢棄。　厥：其。　先：祖先。

⑳ 犧牲：祭祀用的牛羊等牲畜。　粢（ㄗ）盛（ㄔㄥˊ）：放在祭器中的黍稷。粢，黍稷。

㉑ 既：盡。

㉒ 懲：止。　侮：侮慢。

譯文

十三年春，武王在孟津大會諸侯。王說：「啊，我友好國家的諸侯們，和我的大小官員們，仔細聽好誓詞。天地是萬物的父

母，人是萬物中的精靈。確實聰明的人可以作大君，大君是人民的父母。如今商王紂不尊敬上天，降下災害給人民，沉湎美酒、貪好美色，還敢大行殘暴虐殺，用滅族的方法懲罰民眾，用世襲的方法任命官員。他大規模地興建宮室、亭台、池塘，穿華麗的衣服，以此殘害你們億萬百姓。又用火焚燒忠良的大臣，用剖腹剔骨的方法殘害孕婦。上天震怒了，命令我先父文王恭敬地施行上天的懲罰，可惜大功未成，先父就去逝了。因此我小子姬發，和你們這些友好國家的諸侯們，一起觀察商朝的政事。商王紂沒有悔改之心，仍然傲慢無禮，不侍奉上帝神靈，廢棄祖先的宗廟不去祭祀。連祭祀用的牛羊和祭器裡的黍稷，都被兇惡的盜賊偷光了。他還說：『我擁有民眾，擁有天命！』毫不制止自己的侮慢行為。

⊃ 原文

「天佑下民，作之君，作之師，惟其克相上帝①，寵綏四方②。有罪無罪，予曷敢有越厥志③？同力度德④，同德度義。受有臣億萬，惟億萬心，予有臣三千，惟一心。商罪貫盈，天命誅之。予弗順天，厥罪惟鈞⑤。予小子夙夜祗懼⑥，受命文考，類於上帝⑦，宜於塚土⑧，以爾有眾⑨，底天之罰⑩。天矜於民⑪，民之所欲，天必從之。爾尚弼予一人⑫，永清四海⑬。時哉弗可失！」

注釋

① 克：能夠。　相：輔助。
② 寵：愛護，保護。　綏（ㄙㄨㄟ）：安定。
③ 曷：何。　越：超過。
④ 度：度量。
⑤ 鈞：相同。
⑥ 夙夜：早晚。　祗（ㄓ）：敬。
⑦ 類：祭祀名。
⑧ 宜：祭祀名。　塚土：大社。
⑨ 有眾：眾，眾人。

⑩ 厎（ㄅ一ˇ）：致。

⑪ 矜：憐愛。

⑫ 尚：希望。　　弼：助。

⑬ 永清四海：即「四海永清」。清，清平。

譯文

「上天保佑人民，為他們選擇君王，選擇師長，要君王和師長能夠幫助上帝，保護、安定天下四方。有罪的應該懲罰，無罪的應該赦免，我怎麼敢超越上天的意志呢？力量相等就度量德行，德行相同就度量道義。商王紂有億萬臣民，卻有億萬條心，我有三千臣民，卻有一條心。商王惡貫滿盈，上天命令誅殺他。我如果不順從上天，我的罪行就和商王紂相同了。我早晚恭敬畏懼，接受先父文王討伐商朝的命令，祭祀上帝，祭祀大社，和你們眾人一起施行上天的懲罰。上天憐愛人民，人民想要的，上天必定會順從。希望你們都輔助我一個人，四海之內就永遠太平了。時機啊，千萬不可以失去！」

❀ 泰誓（中）

題解

◆惟戊午，王次於河朔①。群後以師畢會②，王乃徇師而誓③。曰：「嗚呼！西土有眾，咸聽朕言④。我聞吉人為善，惟日不足；凶人為不善，亦惟日不足。今商王受，力行無度⑤，播棄犁老⑥，昵比罪人⑦，淫酗肆虐⑧。臣下化之⑨，朋家作仇⑩，脅權相滅⑪。無辜籲天⑫，穢德彰聞⑬。

注釋

① 次：駐紮。　　河朔：黃河北岸。　　朔，北。

② 後：諸侯。　　師：軍隊。　　畢：都。

③ 徇：巡視。

④ 咸：都。

⑤ 力：盡力，竭力。　　無度：無法度的事。

⑥ 播：遍。　　犁老：老臣。　作「黎」。

⑦ 昵：親近。　　　比：親近。

⑧ 淫：過度。　　酗：沉溺於酒。

⑨ 化：同化。

⑩ 朋家：朋黨。

⑪ 脅：挾持。

⑫ 籲：呼。

⑬ 穢：污穢。　　德：行為。　　　彰：顯著。

譯文

　　戊午這天，武王駐紮在黃河北岸。諸侯們都率領著各自的軍隊來會合，武王於是巡視軍隊並發表誓詞。說：「啊！西方的將士們，都聽我的話。我聽說好人做好事，整天做都覺得時間不夠；壞人做壞事，也是整天做都覺得時間不夠。如今商王紂，盡力做些無法度的事，把忠實的老臣們都拋棄了，只親近些有罪的小人，還過度地沉溺於美酒，放縱暴虐。下面的大臣都被同化了，各自建立起朋黨，互為仇敵，仗著權利互相殺害。無罪的人呼天告冤，紂王污穢的行為如此顯著，上天都知道了。

➔ 原文

　　「惟天惠民，惟辟奉天①。有夏桀弗克若天②，流毒下國③。天乃佑命成湯，降黜夏命④。

　　惟受罪浮於桀⑤。剝喪元良⑥，賊虐諫輔⑦。謂己有天命，謂敬不足行，謂祭無益，謂暴無傷。厥監惟不遠⑧，在彼夏王。天其以予乂民⑨，朕夢協朕卜⑩，襲於休祥⑪，戎商必克⑫。受有億兆夷人⑬，離心離德；予有亂臣十人⑭，同心同德。雖有周親⑮，不如仁人。

　　「天視自我民視，天聽自我民聽。百姓有過⑯，在予一人。今朕必往。我武惟揚⑰，侵於之疆⑱，取彼凶殘⑲。我伐用張⑳，於湯有光㉑。勖哉㉒，夫子㉓！罔或無畏㉔，寧執非敵㉕。百姓懍

145

懍^㉖，若崩厥角^㉗。嗚呼！乃一德一心，立定厥功，惟克永世。」

注釋

① 辟：君。

② 克：能。　若：順。

③ 流：傳佈。　毒：災禍。　下國：天下四方。

④ 黜：廢除。

⑤ 浮：超過。

⑥ 剝：傷害。　喪：失，此指驅逐。　元良：大善之臣。
元，大。

⑦ 賊：殺害。　虐：虐待。　諫輔：勸諫的輔臣。

⑧ 厥：其。　監：通「鑒」，鏡子。

⑨ 予：我。　乂（ㄧˋ）：治理。

⑩ 協：符合。

⑪ 襲：重複。　休：美。

⑫ 戎：征伐。

⑬ 億兆：表示極多。

⑭ 亂臣：指有治國雄才的大臣。亂，治。

⑮ 周親：至親。　周，至。

⑯ 過：抱怨。

⑰ 武：武力。

⑱ 侵：入。　之：商王朝。

⑲ 凶殘：指紂王。

⑳ 用：得到。　張：實施。

㉑ 湯：商王成湯。　光：光輝。

㉒ 勗（ㄒㄩˋ）：努力。

㉓ 夫子：指將士。

㉔ 罔或：不要。

㉕ 執：認為。　非敵：指敵強我弱，不是對手。

㉖ 懍懍：畏懼不安的樣子。

㉗ 崩：崩塌。　角：額頭。

譯文

「上天惠愛人民，君王恭奉上天。夏王桀不能敬順天意，傳播災禍給天下四方。上天於是保佑並任命成湯，降下廢除夏朝的命令。

而紂的罪過超過了夏桀。他傷害、驅逐最善良的大臣，殘殺、虐待勸諫的輔臣。還說自己擁有天命，說恭敬不值得實行，說祭祀沒有益處，說暴虐不會有傷害。他的前車之鑒並不遠，就是那個夏王。上天將要讓我治理人民，我的夢符合我的占卜，夢和占卜都很吉祥，征伐商朝必然會取得勝利。紂有億萬臣民，卻離心離德，我有治國大臣十人，卻同心同德。紂王雖有至親大臣，卻比不上我有仁義之人。

上天所看到的，來自我們人民所看到的；上天所聽到的，來自我們人民所聽到的。百姓有責備怨言，都是我一個人的責任。現在我一定要去征伐商朝。我們的武力要昂揚，要攻入商王朝的疆域，擒拿那凶殘的紂王。我們的討伐得到實施，這比成湯討伐夏桀更加光輝。努力吧，將士們！不要無所畏懼，寧可認為自身不是敵人的對手。百姓恐懼不安，像被崩塌的石塊砸壞了額頭一樣。啊！你們同心同德，立下功勞，就能永垂後世。」

❀ 泰誓（下）

➲ 原文

時厥明[1]，王乃大巡六師[2]，明誓眾士。王曰：「嗚呼！我西土君子，天有顯道[3]，厥類惟彰[4]。今商王受[5]，狎侮五常[6]，荒怠弗敬。自絕於天，結怨於民。斮朝涉之脛[7]，剖賢人之心[8]。作威殺戮，毒痡四海[9]。崇信奸回[10]，放黜師保[11]，屏棄典刑[12]，囚奴正士[13]，郊社不修[14]，宗廟不享[15]，作奇技淫巧以悅婦人[16]。上帝弗順，祝降時喪[17]。爾其孜孜[18]，奉予一人[19]，恭行天罰。古人有言曰：『撫我則後[20]，虐我則仇。』獨夫受[21]，洪惟作威[22]，乃汝世仇。樹德務滋[23]，除惡務本。肆予小子[24]，誕以爾眾士殄殲乃

147

仇㉕。爾眾士其尚迪果毅㉖，以登乃辟㉗。功多有厚賞，不迪有顯戮。嗚呼！惟我文考㉘，若日月之照臨，光於四方，顯於西土。惟我有周，誕受多方㉙。予克受㉚，非予武㉛，惟朕文考無罪。受克予，非朕文考有罪，惟予小子無良㉜。」

① 厥明：指戊午的第二天。

② 六師：泛指軍隊。

③ 顯：明。

④ 類：法則。　　彰：顯揚。

⑤ 商王受：紂王。

⑥ 狎（ㄒㄧㄚˊ）侮：輕忽侮慢。　　五常：君臣、父子、夫婦、兄弟、朋友間的準則。

⑦ 斮（ㄓㄨㄛˊ）：砍。　　涉：徒步渡水。　　脛：小腿。

⑧ 賢人：指比干。

⑨ 痡（ㄆㄨ）：病，傷害。

⑩ 崇：推崇。　　回：邪。

⑪ 放黜：放逐貶斥。　　師保：官名。

⑫ 典刑：常法。

⑬ 囚奴：囚禁奴役。　　正士：直言進諫的人，指箕子。

⑭ 郊：祭天。　　社：祭地。　　修：治。

⑮ 不享：不祭祀。

⑯ 奇技：奇異的技能。　　淫巧：過度工巧。

⑰ 祝：斷然。　　時：是。

⑱ 孜孜：勤勉。

⑲ 奉：輔助。

⑳ 撫：愛。　　後：君王。

㉑ 獨夫：孤獨一人。指紂王失君道，民眾都不歸順。

㉒ 洪惟：發語詞，無義。

㉓ 務：致力。　　滋：滋長。

㉔ 肆：故，所以。

㉕ 誕：助詞，無義。　　殄（ㄊㄧㄢ ˇ）奸：絕滅。　　乃：你，你們。

㉖ 尚：也許可以。　　迪：蹈，蹈行，意為「做到」。　　果毅：果敢堅毅。

㉗ 登：成就。　　辟：君。

㉘ 文考：先父文王。

㉙ 受：愛護。　　多方：眾諸侯國。

㉚ 克受：戰勝紂王。

㉛ 武：勇武。

㉜ 良：善。

譯文

　　戊午的第二天，武王大規模地巡行軍隊，明白地誓告眾位將士。王說：「啊！我西方的將士們，上天有顯明的道理，他的法則應當宣揚。現在商王紂，輕忽侮慢五種彝常，荒廢懈怠又不恭敬。自己滅絕了上天賜予的大命，與民眾結下怨恨。他砍斷早上徒步過河的人的小腿，剖開賢人比干的心，作威作福，隨意殺戮，毒害天下。他推崇信任奸邪的小人，放逐貶斥師保，屏棄常法，囚禁奴役直言進諫的人，不祭祀天地，也不祭祀宗廟，做些奇異新巧的事來取悅婦人。上帝不依從他，果斷地降下這滅亡的災禍。你們要勤勉不懈怠，輔助我一個人，恭敬地履行上天的懲罰。古人有句話說：『撫愛我的就是君王，虐待我的就是仇人。』失道的獨夫紂王，作威作福，是你們的世代仇人。樹立德行要力求滋長，除去邪惡要力求除根。所以我小子，率領你們眾位將士去消滅你們的仇人。你們要做到果敢堅毅，來成就你們的君王。功勞多就重重有賞，不能做到果敢堅毅就公開懲罰。啊！只有我先父文王像日月一樣照臨天下，光輝遍布四方，在西方國家尤為顯著。只有我們周國如此愛護諸侯國。我戰勝紂王，不是我勇武，是因為我先父文王沒有罪過。紂王戰勝我，不是我先父文王有罪過，是因為我的不善。」

❀ 牧 誓

題解

◆ 牧，地名，牧野，在商朝都城郊外七十里，今河南淇縣南。誓，是作戰前鼓舞士氣、申明紀律的言辭。本篇是周武王在牧野與紂王開戰前的誓師詞。今文《尚書》、古文《尚書》都有此篇。

⊃ 原文

武王戎車三百兩 ①，虎賁三百人 ②，與受戰於牧野 ③，作《牧誓》。

注釋

① 戎（ㄖㄨㄥˊ）車：戰車。
② 虎賁（ㄅㄣ）：侍衛國君、保衛王宮的官員。
③ 受：商王紂。

譯文

周武王有戰車三百輛，虎賁三百人，與商王紂在牧野作戰，作《牧誓》。（以上是序）

⊃ 原文

時甲子昧爽 ①，王朝至於商郊牧野 ②，乃誓。王左杖黃鉞 ③，右秉白旄以麾 ④，曰：「逖矣 ⑤，西土之人！」

王曰：「嗟！我友邦塚君 ⑥，御事、司徒、司馬、司空 ⑦，亞旅、師氏 ⑧，千夫長、百夫長 ⑨，及庸、蜀、羌、髳、微、盧、彭、濮人 ⑩，稱爾戈 ⑪，比爾干 ⑫，立爾矛，予其誓。」

王曰：「古人有言曰：『牝雞無晨 ⑬。牝雞之晨，惟家之索 ⑭。』今商王受惟婦言是用，昏棄厥肆祀弗答 ⑮，昏棄厥遺王父母弟不迪 ⑯，乃惟四方之多罪逋逃 ⑰，是崇是長 ⑱，是信是使，是以為大夫卿士。俾暴虐於百姓 ⑲，以奸宄於商邑 ⑳。今予發惟恭行天之罰。今日之事，不愆於六步、七步 ㉑，乃止齊焉。夫子勖哉 ㉒！不

愆於四伐、五伐、六伐、七伐[23]，乃止齊焉，勖哉夫子！尚桓桓[24]，如虎如貔[25]，如熊如羆[26]，於商郊。弗迓克奔[27]，以役西土[28]，勖哉夫子！爾所弗勖，其於爾躬有戮[29]！」

注釋

① 昧爽：黎明時分。

② 商郊：商朝都城朝歌的郊外。

③ 杖：拿著。　　鉞（ㄩㄝˋ）：大斧。

④ 秉：拿著。　　旄（ㄇㄠˊ）：旄牛尾。　　麾：指揮。

⑤ 逖（ㄊㄧˋ）：遠。

⑥ 塚君：諸侯。

⑦ 御事：指治事的官員。　　司徒：掌管教育的官。　　司馬：掌管軍事的官。　　司空：掌管土地的官。

⑧ 亞旅：武官。　　師氏：武官。

⑨ 千夫長：統管一千人的將帥。

⑩ 庸：古國名，約在今湖北竹山縣西南。　　蜀：古國名，在今四川西部、成都平原及岷江上游。　　羌：古國名、古民族，活動在今甘肅、青海、四川、陝西一帶。　　髳（ㄇㄠˊ）：古國名，在今山西南部濱河地區。　　微：古國名，在今陝西眉縣附近。

盧：古國名，在今湖北襄陽南。　　彭：古國名，在今湖北房縣、谷城之間。　　濮：古國名，在今湖北鄖縣和河南鄧州之間。

⑪ 稱：舉起。

⑫ 比：排列。　　干：盾牌。

⑬ 牝（ㄆㄧㄣˋ）雞：母雞。　　晨：指早晨打鳴。

⑭ 索：破敗。

⑮ 昏棄：蔑棄，有輕蔑、輕視的意思。　　厥：其。　　肆：祭先王的祭祀名。　　答：報答。

⑯ 遺：留。　　王父母弟：泛指紂的兄弟。　　迪：用。

⑰ 逋（ㄅㄨ）逃：逃亡。

⑱ 崇：尊敬。

⑲ 俾：使。

⑳ 奸宄（ㄍㄨㄟˇ）：犯法作亂。亂在內為奸，在外為宄。
商邑：商朝都城。

㉑ 愆：過。

㉒ 夫子：將士們。　　勖（ㄒㄩˋ）：努力。

㉓ 伐：擊刺。

㉔ 桓桓：威武的樣子。

㉕ 貔貅（ㄆㄧˊ　ㄒㄧㄡ）：豹類。勇猛戰士

㉖ 羆（ㄆㄧˊ）：熊的一種。

㉗ 迓（ㄧㄚˋ）：當作「禦」，抵制、迎擊。　　克奔：指能來投降的敵人。克，能。奔，投降。

㉘ 役：助。

㉙ 躬：身。　　戮：殺。

譯文

在甲子這天，天剛亮，武王就率領軍隊來到商朝都城郊外的牧野，舉行誓師。武王左手拿著黃色的大斧，右手拿著白色的犛牛尾來指揮軍隊。說：「遠啊，西方的將士們！」

武王說：「啊，我友好國家的諸侯們，我辦事的官員們、司徒、司馬、司空，亞旅、師氏，千夫長、百夫長，還有庸、蜀、羌、髳、微、盧、彭、濮的人們，舉起你們的戈，排列你們的盾牌，豎立你們的矛，我將要宣誓了。」

武王說：「古人有句話說道：『母雞沒有早晨打鳴的。如果母雞早晨打鳴，那麼這個家就要破敗了。』現在商王紂只採用婦人的話，輕蔑地拋棄了先王的祭祀，不報答先王的恩惠；輕蔑地拋棄了他的兄弟，不任用他們。卻只是對天下罪行多的逃犯，那樣地尊敬，那樣地信任、使用，讓他們做卿士大夫。使他們殘暴地虐待百姓，在商朝都城作亂。現在我姬發恭敬地奉行上天的懲罰。今天要做的事，不過是前進六步、七步，就停下來整齊一下行列。將士們要努力啊！不過是擊刺四次、五次、六次、七次，就停下來整齊一下行列。要努力啊，將士們！希望你們威武勇猛，像虎、貔、熊、羆一樣，在商都的郊外作戰。不要抵制能來投降

的敵人，以此來幫助我們西方，努力啊，將士們！你們如果不努力，那麼你們自身就會遭到殺戮。」

❀ 武 成

題解

◆ 武成，取自文中「大告武成」，指討伐殷商取得成功。本篇是武王伐商取勝後的記載。篇首說伐商取勝，武王昭示天下要停止武力、修治文教；篇中寫武王回憶伐商的經過，強調伐商是順應天命、深得民心；篇末講取勝後，武王封土治國、施行教化等一系列政事。反映了周王朝以德治國的主張。古文《尚書》有，今文《尚書》無。

⊃ 原文

武王伐殷。往伐歸獸①，識其政事②，作《武成》。

注釋

① 獸：通「狩」，巡狩。
② 識（ㄓˋ）：記。

譯文

武王討伐殷國。從前去討伐到歸來巡狩，史官記下這其間的大事，作了《武成》。（以上是序）

⊃ 原文

惟一月壬辰，旁死魄①。越翼日癸巳②，王朝步自周③，於征伐商④。厥四月，哉生明⑤，王來自商，至於豐⑥。乃偃武修文⑦，歸馬於華山之陽⑧，放牛於桃林之野⑨，示天下弗服⑩。丁未，祀於周廟，邦甸、侯、衛⑪，駿奔走⑫，執豆籩⑬。越三日庚戌，柴望⑭，大告武成。

153

（注釋）

① 旁：近。　　死魄：即「死霸」，農曆每月初一。魄，霸，月光。

② 越：及，到。　　翼日：第二天。

③ 步：行。　　周：鎬京。

④ 於：往。

⑤ 哉生明：月亮開始發光，指每月第二、三日。

⑥ 豐：文王時的周都。

⑦ 偃：停止。　　修：修治。

⑧ 華山：據閻若璩，指「商州洛南縣東北的陽華山」。　　陽：山的南面。

⑨ 桃林：地名，閻若璩認為：「桃林塞為今靈寶縣西至潼關廣圍三百里皆是。」

⑩ 服：用。

⑪ 邦甸、侯、衛：泛指遠近諸侯國。周朝把王城周圍的土地按距離遠近分為六服，即侯、甸、男、采、衛、要。

⑫ 駿：速。

⑬ 豆籩（ㄅㄧㄢ）：古代二祭器名。古代祭祀或宴會上用來盛果實、肉乾等的竹編器具。

⑭ 柴：祭祀名，燒柴祭祀天。　　望：祭祀名，祭祀山川。

譯文

　　一月壬辰這天，剛過了初一。到了第二天癸巳，武王一大早就從鎬京出發，去討伐殷商。四月，月亮開始發出光芒的時候，武王從殷商歸來，到了豐都。於是就停止武力，修治文教，把馬放歸到華山的南面，把牛放歸到桃林的郊外，向天下昭示不再使用。

　　丁未，武王在周祖廟舉行祭祀，遠近諸侯國的國君們來助祭，都急忙奔走效勞，陳設木豆竹籩。到第三天庚戌，武王舉行柴祭，祭祀天；舉行望祭，祭祀山川，遍告伐商取得的成功。

⊃ 原文

既生魄①，庶邦塚君暨百工②，受命於周。

王若曰：「嗚呼，群後③！惟先王建邦啟土④，公劉克篤前烈⑤，至於大王肇基王跡⑥，王季其勤王家⑦。我文考文王，克成厥勳⑧，誕膺天命⑨，以撫方夏⑩。大邦畏其力，小邦懷其德。惟九年⑪，大統未集⑫，予小子其承厥志。底商之罪⑬，告於皇天後土、所過名山大川，曰：『惟有道曾孫周王發⑭，將有大正於商⑮。今商王受無道，暴殄天物，害虐烝民⑯，為天下逋逃主⑰，萃淵藪⑱。予小子既獲仁人，敢祗承上帝⑲，以遏亂略⑳。華夏蠻貊㉑，罔不率俾㉒。恭天成命㉓，肆予東征㉔，綏厥士女㉕。惟其士女，篚厥玄黃㉖，昭我周王㉗。天休震動㉘，用附我大邑周㉙。惟爾有神㉚，尚克相予㉛，以濟兆民，無作神羞㉜！』

「既戊午，師逾孟津㉝。癸亥，陳於商郊㉞，俟天休命㉟。甲子昧爽㊱，受率其旅若林㊲，會於牧野㊳。罔有敵於我師，前徒倒戈㊴，攻於後以北㊵，血流漂杵㊶。一戎衣㊷，天下大定。乃反商政㊸，政由舊。釋箕子囚㊹，封比干墓㊺，式商容閭㊻。散鹿台之財㊼，發鉅橋之粟㊽，大賚於四海㊾，而萬姓悅服。」

注釋

① 既生魄：據王國維《觀堂集林》，指每月的八、九日到十四、十五日。

② 塚君：大君。　　暨：及，和。　　百工：百官。

③ 後：君。

④ 先王：后稷。　　啟土：開闢疆土。

⑤ 公劉：后稷的曾孫。　　克：能。　　篤：厚。　　烈：功業。

⑥ 大王：古公亶父，文王的祖父。　　肇基（ㄓㄠˋ）：開始。

⑦ 王季：文王的父親。

⑧ 厥：其。　　勳：功。

⑨ 誕：大。　　膺（一ㄥ）：接受；承擔。

⑩ 撫：安。　　方夏：四方和中原，即天下。

155

⑪ 惟九年：指諸侯歸附後的第九年。

⑫ 大統：統一天下的大業。　　集：成。

⑬ 底（ㄉㄧˇ）：致。

⑭ 曾孫：《曲禮》：「臨祭祀，內事曰孝子某侯某，外事曰曾孫某侯某」。

⑮ 大正：大事，指征伐。正，同「政」。

⑯ 烝：眾多。

⑰ 逋（ㄅㄨ）：逃亡。

⑱ 萃：聚集。　　淵、藪（ㄙㄡˇ）：分別是魚、獸的聚集地。此比喻天下罪人聚集在紂身邊。

⑲ 祗（ㄓ）：敬。

⑳ 遏：止。　　略：謀。

㉑ 華夏：中原國家。　　蠻貊（ㄇㄛˋ）：泛指四方的少數民族國家。蠻，南方的少數民族；貊，北方的少數民族。

㉒ 俾（ㄅㄧˋ）：使；服從。

㉓ 成命：定命，指伐商的命令。

㉔ 肆：故，所以。　　東征：討伐殷商。

㉕ 綏（ㄙㄨㄟ）：安。　　士女：古代男女的稱呼，此指百姓。

㉖ 篚（ㄈㄟˇ）：竹筐，此指用竹筐裝物。　　玄黃：指黑、黃二種顏色，此代指黑、黃二色絲帛。

㉗ 昭：見。

㉘ 休：美，善。　　震動：打動民心。

㉙ 用：因此。　　大邑周：指周國。

㉚ 有神：神。有，名詞詞頭，無義。

㉛ 相（ㄒㄧㄤˋ）：助。

㉜ 作：使。

㉝ 逾：渡過。　　孟津：古代黃河的重要渡口，在今河南孟津縣。

㉞ 陳：通「陣」，佈陣。

㉟ 俟：等待。

㊱ 昧爽：黎明時分。

㊲ 旅：軍隊。　　若林：如林，表示盛多。

㊳ 牧野：地名，指商都郊外七十里地，今河南淇縣南。

㊴ 前徒：前軍。　　倒戈：倒轉戈矛等武器。

㊵ 後：後面的軍隊。　　北：敗逃。

㊶ 杵（ㄔㄨˇ）：舂杵。

㊷ 戎：兵，指征伐。　　衣：通「殷」，指殷商。

㊸ 反：廢除。　　商政：紂王的暴政。

㊹ 箕子：紂王的叔父。

㊺ 封：在墓上添新土修繕，表示敬重。　　比干：紂王的叔父，商朝著名的賢臣。

㊻ 式：同「軾」，車前橫木。古時男子乘車，過尊者、敬者的門，要憑靠車軾俯身，表示尊敬。　　商容：商朝賢臣。閭：居所。

㊼ 鹿台：商朝的府庫，用來存放錢幣。

㊽ 鉅橋：商朝的糧倉。

㊾ 齎（ㄌㄞˋ）：賞賜。

譯文

　　在月亮發出明亮光芒的時候，各國的大君和百官，在周國領受命令。

　　武王這樣說：「啊，各位諸侯！我先祖后稷建立國家、開闢疆土，公劉能發展前人的功業，到了太王開始建立王業，祖父王季能勤勉治理國事。我的父親文王，能夠成就先王的功績，他接受上天的命令，來安撫天下。大國畏懼他的威力，小國懷念他的恩德。諸侯歸附的第九年，（父親去世，）統一天下的大業沒有成功，我小子繼承父親的遺志。把殷商的罪行告訴皇天後土和所經過的名山大川，說：『有道的曾孫周王姬發，將要討伐殷商。現在商王紂荒淫無道，暴殄天物，毒害虐殺百姓，是天下逃亡罪犯的魁主，商都成為了罪人的聚集地。我小子已經得到了仁智的人，能夠敬承上帝的旨意，遏止亂謀。中原各國和四方的少數民族，沒有不遵從的。要恭行上天的定命，所以我前去討伐殷商，安定殷商的百姓。那些百姓，用竹筐裝著黑、黃二色絲帛來見我。

上天的善德打動了他們，因此都來歸附我周國。你們眾位神靈，要能幫助我，去救助天下億萬百姓，不要使你們眾神蒙羞。」

「到了戊午這天，我們的軍隊渡過孟津口。癸亥，我們在商都郊外佈陣，等待上天美好的命令。甲子這天黎明時分，紂王率領他如林的軍隊，來到牧野會戰。他的軍隊中沒有士兵和我們為敵，前面的軍隊倒轉戈矛，攻擊後面的軍隊來逃跑，一時血流成河，都可以漂浮起舂杵。一次征伐殷商，天下就徹底安定了。於是就廢除紂王的暴政，恢復商朝先王的善政。釋放被囚禁的箕子，修繕比干的墳墓，禮敬商容的居所。散發鹿台的錢財，發放鉅橋的糧米，普遍地賞賜給天下，百姓都心悅誠服。」

○ 原文

列爵惟五①，分土惟三②。建官惟賢，位事惟能③。重民五教④，惟食喪祭。惇信明義⑤，崇德報功⑥。垂拱而天下治⑦。

注釋

① 五：指公、侯、伯、子、男五等。

② 三：指分封土地成三等：公、侯百里，伯七十里，子、男五十里。

③ 位事：居官位，理政事。

④ 五教：指父義、母慈、兄友、弟恭、子孝五種教化。

⑤ 惇：厚。

⑥ 崇：尊崇。

⑦ 垂拱：垂衣拱手，指無為。

譯文

武王列出公、侯、伯、子、男五等爵位，分封土地為三等。選拔官員、處理政事都用賢能的人。他重視對百姓施行父義、母慈、兄友、弟恭、子孝五種教化，重視百姓的食禮、喪禮和祭禮。又能敦厚誠信、表明忠義，尊崇美德、報答有功。武王垂衣拱手，天下大治。

❀ 洪 範

題解

◆ 洪範，大法。本篇是武王滅商後，向箕子詢問治國大法的記錄。文中箕子詳細地闡述了九種治國大法，以「皇極」（君王的統治法則）為中心，談到「五行」、「八項政事」、「五種記時方法」及「用卜筮決定疑惑」等，是研究古代政治、哲學、文化等方面的重要資料。關於本篇的創作年代，我們認同劉起先生的觀點，認為《洪範》本是出於商朝末年，但從西周到春秋戰國，不斷有人加進新的內容。今文《尚書》、古文《尚書》都有此篇。

⊃ 原文

武王勝殷，殺受①，立武庚②，以箕子歸③。作《洪範》。

注釋

① 受：商王紂。
② 武庚：紂王的兒子。
③ 箕子：紂王的叔父。

譯文

武王戰勝殷商，殺掉商紂王，立紂的兒子武庚為後嗣，帶著箕子回來。（史官）創作了《洪範》。（以上是序）

⊃ 原文

惟十有三祀①，王訪於箕子。王乃言曰：「嗚呼！箕子，惟天陰騭下民②，相協厥居③。我不知其彝倫攸敘④。」箕子乃言曰：「我聞在昔，鯀堙洪水⑤，汨陳其五行⑥。帝乃震怒，不畀洪範九疇⑦，彝倫攸斁⑧。鯀則殛死⑨，禹乃嗣興⑩，天乃錫禹洪範九疇⑪，彝倫攸敘。初一曰五行，次二曰敬用五事⑫，次三曰農用八政⑬，次四曰協用五紀⑭，次五曰建用皇極⑮，次六曰乂用三德⑯，次七曰明用稽疑⑰，次八曰念用庶徵⑱，次九曰向用五福⑲，威用六極

⑳。

注釋

① 十有三祀：周文王十三年。祀，年。
② 陰騭（ㄓˋ）：保護。陰，覆。騭，定。
③ 協：和。　厥：其，即下民。
④ 彝：常。　倫：理。　攸：所。　敘：順序。
⑤ 鯀：人名，大禹父。　堙（一ㄣ）：堵塞。
⑥ 汨（ㄍㄨˇ）：亂。　陳：列。　五行：水、火、金、木、土。
⑦ 畀（ㄅ一ˋ）：給。　疇：種類。
⑧ 斁（ㄉㄨˋ）：敗壞。
⑨ 殛（ㄐ一ˊ）：誅殺。
⑩ 嗣：繼承。
⑪ 錫：同「賜」。
⑫ 五事：即下文「貌、言、視、聽、思」。
⑬ 農：勉。　八政：詳見下文。
⑭ 協：協調。　五紀：五種記時方法。
⑮ 建：建立。　皇極：君王統治的法則。極，則。
⑯ 乂（一ˋ）：治。　德：三種統治方式，詳見下文。
⑰ 稽：一作「　」，卜問。　疑：疑惑。
⑱ 念：考慮。　庶：眾。　徵：徵兆。
⑲ 向：通「饗」，養。
⑳ 威：懲罰。　極：困苦的事。

譯文

　　文王十三年，武王訪問箕子。武王於是說道：「啊！箕子，上天是保護天下民眾的，讓他們相互和諧地生活在一起。我不知道那治國常理的順序。」箕子就說：「我聽說從前，鯀堵塞洪水，打亂了水、火、金、木、土的運行規律。上帝震怒了，不賜給他九種治國大法，治國常理就敗壞了。後來鯀被誅殺，禹就繼承鯀

興起了治水大業，上天於是賜給禹九種治國大法，治國常理便井然有序。第一是五行，第二是恭敬地做好自身的五件事，第三是努力地辦好八項政事，第四是協調使用五種記時方法，第五是建立君王統治的法則，第六是用三種統治方式治理臣民，第七是明白地運用卜筮來決定疑惑，第八是考慮各種徵兆，第九是用五種幸福的事養育人，用六種極壞的事懲罰人。

➲ 原文

「一、五行：一曰水，二曰火，三曰木，四曰金，五曰土。水曰潤下，火曰炎上，木曰曲直①，金曰從革②，土爰稼穡③。潤下作鹹，炎上作苦，曲直作酸，從革作辛，稼穡作甘。

「二、五事：一曰貌④，二曰言，三曰視，四曰聽，五曰思。貌曰恭，言曰從⑤，視曰明，聽曰聰，思曰睿⑥。恭作肅，從作乂，明作哲⑦，聰作謀，睿作聖。

「三、八政：一曰食，二曰貨，三曰祀，四曰司空⑧，五曰司徒⑨，六曰司寇⑩，七曰賓⑪，八曰師⑫。

「四、五紀：一曰歲，二曰月，三曰日，四曰星辰⑬，五曆數⑭。

注釋

① 曲直：可曲可直。
② 從：順從。　　革：變化。
③ 爰：通「曰」，是。　　稼：種植。　　穡：收穫。
④ 貌：態度。
⑤ 從：合乎情理。
⑥ 睿：通達。
⑦ 作：就。　　哲：智。
⑧ 司空：掌管土地的官。
⑨ 司徒：掌管教育的官。
⑩ 司寇：掌管刑法的官。
⑪ 賓：諸侯朝覲，此指外交事務。

⑫ 師：軍隊，指軍事行動。
⑬ 星辰：二十八星宿。
⑭ 曆數：曆法。

譯文

「一、五行：一是水，二是火，三是木，四是金，五是土。水的特徵是向下潤濕，火的特徵是向上燃燒，木的特徵是可曲可直，金的特徵是按人的意願改變形狀，土的特徵是可種植莊稼、收穫莊稼。向下潤濕的水產生鹹味，向上燃燒的火產生苦味，可曲可直的木產生酸味，按人的意願改變形狀的金產生辣味，生長莊稼、收穫莊稼的土壤產生甜味。

「二、五事：一是態度，二是言語，三是觀察，四是聽聞，五是思考。態度要恭敬，言語要合情合理，觀察要明白，聽聞要清晰，思考要通達。態度恭敬就能表現出嚴肅，言語合乎情理就能治理事務，觀察明白就能擁有智慧，聽聞清晰就能出謀劃策，思考通達就能成為聖人。

「三、八項政事：一是農業生產，二是商品貿易，三是宗教祭祀，四是土地居所，五是文化教育，六是刑罰處置，七是外交往來，八是軍事行動。

「四、五種記時方法：一是年，二是月，三是日，四是星辰，五是曆法。

⊃ 原文

「五、皇極：皇建其有極。斂時五福①，用敷錫厥庶民②，惟時厥庶民於汝極③，錫汝保極④。凡厥庶民，無有淫朋⑤；人無有比德⑥，惟皇作極。凡厥庶民，有猷有為有守⑦，汝則念之⑧。不協於極，不罹於咎⑨，皇則受之。而康而色⑩，曰：『予攸好德⑪。』汝則錫之福。時人斯其惟皇之極⑫。無虐煢獨⑬，而畏高明⑭。人之有能有為，使羞其行⑮，而邦其昌。凡厥正人⑯，既富方谷⑰。汝弗能使有好於而家⑱，時人斯其辜。於其無好德⑲，汝雖錫之福，其作汝用咎⑳。無偏無陂㉑，遵王之義；無有作好㉒，遵王之道；

洪範

無有作惡，遵王之路；無偏無黨 ㉓，王道蕩蕩 ㉔；無黨無偏，王道平平；無反無側 ㉕，王道正直。會其有極，歸其有極 ㉖。曰皇極之敷言 ㉗，是彝是訓 ㉘，於帝其訓 ㉙。凡厥庶民，極之敷言，是訓是行 ㉚，以近天子之光。曰天子作民父母，以為天下王。

注釋

① 斂：聚合。　　時：是。　　五福：賜福。

② 敷：普遍。

③ 惟時：於是。

④ 保極：保護法則。

⑤ 淫朋：奸邪的朋黨。

⑥ 人：指在位的官員。　　比德：勾結。

⑦ 猷（ㄧㄡˊ）：謀略。　　守：操守。

⑧ 念：常思。

⑨ 罹：陷。　　咎：罪。

⑩ 而康而色：第一個「面」，能；第二個「而」其。康，和善。色，臉色。

⑪ 攸：修。

⑫ 斯：就。　　之：是。

⑬ 煢（ㄑㄩㄥˊ）獨：孤獨，無依靠的人。

⑭ 高明：顯赫的貴族。

⑮ 羞：進用。

⑯ 正人：政人，指官員。

⑰ 方：才。　　谷：善。

⑱ 而家：你的國家。而，你。

⑲ 於其無好德：當作「於其無好」。於，如果。

⑳ 作汝：替你做事。

㉑ 陂：當作「頗」，傾斜。

㉒ 作好：私心偏好。

㉓ 黨：朋黨。

㉔ 蕩蕩：寬廣。

㉕ 反：反覆。　　側：傾斜。

㉖ 歸：歸附。

㉗ 敷：陳述。

㉘ 彝（一✓）：法，此指效法。　　訓：教導。

㉙ 於：是。　　訓：順從。下文「訓」同。

㉚ 行：奉行。

譯文

　　「五、君王的法則：君王要建立他的法則。聚合五種幸福，用來普遍地賜給民眾，於是那些民眾對於您的法則，就會幫助您來保護它們。凡是民眾，不要有奸邪的朋黨；在位的官員不要有勾結的行為，都要以君王作為法則。凡是民眾，有謀略、有作為、有操守的，您就要常常把他們放在心上。如果有人的行為不符合您的法則，但不至於有罪，君王就要接受他。如果有人和顏悅色地說：『我修養好的品德。』您就賜給他幸福。那麼這些人就會只把君王作為法則。不要虐待孤獨無助的人，而害怕顯赫的貴族。官員如果有才幹有作為，就進用他，讓他施展才華，這樣您的國家就會昌盛。凡是官員，都要先給他們富足的俸祿，才能指望他們去做有利於國家的事。如果您不能使他們對國家有好處，這是他們的罪過。他們對國家沒有好處，您即使賜給他們幸福，他們也只會按錯誤的方式替您做事。不要偏斜不正，要遵循君王的法則；不要有私心偏好，要遵循君王的大道；不要做邪惡的事，要遵循君王的正路；不要有偏心，不要結朋黨，君王的道路寬廣；不要結朋黨，不要有偏心，君王的道路平坦；不要反覆，不要傾斜，君王的道路又正又直。君王會合臣民要依循法則，臣民歸附君王也要依循法則。以上所說的關於君王法則的話，是要效法的、是要用來教導民眾的，這樣做就順從上帝了。凡是民眾，對於上述的話，要順從要奉行，這樣做就接近天子的光明了。所以說，天子是人民的父母，是天下的君王。

⟡ 原文

「六、三德：一曰正直[1]，二曰剛克[2]，三曰柔克[3]。平康正直[4]；強弗友剛克[5]；燮友柔克[6]。沈潛剛克[7]，高明柔克[8]。惟辟作福[9]，惟辟作威[10]，惟辟玉食[11]。臣無有作福、作威、玉食。臣之有作福、作威、玉食，其害於而家，凶於而國。人用側頗僻[12]，民用僭忒[13]。

「七、稽疑：擇建立卜筮人[14]，乃命卜筮。曰雨，曰霽[15]，曰蒙[16]，曰驛[17]，曰克[18]，曰貞[19]，曰悔[20]。凡七，卜五，佔用二，衍忒[21]。立時人作卜筮[22]，三人占，則從二人之言。汝則有大疑，謀及乃心[23]，謀及卿士，謀及庶人，謀及卜筮。汝則從，龜從，筮從，卿士從，庶民從，是之謂大同[24]。身其康強，子孫其逢吉。汝則從，龜從，筮從，卿士逆，庶民逆，吉。卿士從，龜從，筮從，汝則逆，庶民逆，吉。庶民從，龜從，筮從，汝則逆，卿士逆，吉。汝則從，龜從，筮逆，卿士逆，庶民逆，作內吉，作外凶。龜筮共違於人，用靜吉，用作凶[25]。

注釋

① 正直：端正平直。

② 剛克：用強硬的方式取勝。

③ 柔克：用溫和的方式取勝。

④ 平：正。　康：和。

⑤ 友：親近。

⑥ 燮（ㄒㄧㄝˋ）：和。

⑦ 沈潛：深沉。沈，同「沉」。

⑧ 高明：指為人明快。

⑨ 辟：君。　　作福：賜福。

⑩ 作威：懲罰人。威，懲罰。

⑪ 玉食：美食。

⑫ 人：官員。　　用：因此。　　側：傾斜。　　頗：偏。　　僻：邪。

⑬ 僭（ㄐㄧㄢˋ）：以下犯上。　　忒（ㄊㄜˋ）：惡。

⑭ 卜筮：古時預測吉凶，用龜甲稱卜，用蓍（ㄕ）草稱筮。

⑮ 霽：雨停後，雲氣在上。

⑯ 蒙：霧。

⑰ 驛：若有若無的浮雲。

⑱ 克：災氣相互侵犯。

⑲ 貞：內卦。

⑳ 悔：外卦

㉑ 衍：推演。　　忒：變化。

㉒ 時人：是人，掌管卜筮的人。

㉓ 乃：你，你的。

㉔ 大同：意見一致。

㉕ 作：動。

譯文

「六、三種統治方式：一是正直的方式，二是強硬取勝的方式，三是溫和取勝的方式。對中正平和的人，用正直的方式對待；對倔強不可親近的人，用強硬的方式對待；對和藹可親的人，用溫和的方式對待。對深沉的人，用強硬的方式統治；對明快的人，用溫和的方式統治。只有君王才能賜福給民眾、懲罰民眾、享受美食。大臣不能賜福給民眾、懲罰民眾、享受美食。如果大臣賜福給民眾、懲罰民眾、享受美食，那麼就會危害您的王室，擾亂您的國家。官員們將因此偏斜不正，民眾將因此犯上作亂。

「七、用卜筮決定疑惑：選擇任用善於卜筮的人，命令他們占卜、筮卦。占卜時，龜甲上出現的微兆，有的像雨，有的像雨停後上升的雲氣，有的像霧，有的像若有若無的浮雲，有的像相互侵犯的災氣，卦象有內卦，有外卦。一共七種，前五種是龜卜，後兩種是筮卦，要推演研究兆、卦的變化。讓卜筮的人進行占卜、筮卦，三個人占卜，就聽從其中兩個人的說法。如果您有大的疑惑，要先自己反覆考慮，然後再和卿士商量，和民眾商量，最後才去尋問卜筮。如果您贊同，龜卜贊同，筮卦贊同，卿士贊同，民眾也贊同，這就叫作大同。這樣，您自身會健康強壯，您的子孫也會興旺吉祥。如果您贊同，龜卜贊同，筮卦贊同，卿士反對，

民眾反對，這也算吉祥。如果卿士贊同，龜卜贊同，筮卦贊同，您反對，民眾反對，這還是算吉祥。如果民眾贊同，龜卜贊同，筮卦贊同，您反對，卿士反對，這仍然算吉祥。如果您贊同，龜卜贊同，筮卦反對，卿士反對，民眾也反對，那麼，做國內的事吉祥，做國外的事就凶險。如果龜卜和筮卦的結果都與人的意見不合，那麼，無所作為就吉祥，有所作為就凶險。

⊃ 原文

「八、庶徵：曰雨，曰暘①，曰燠②，曰寒，曰風，曰時③。五者來備④，各以其敘，庶草蕃廡⑤。一極備⑥，凶；一極無，凶。曰休征⑦；曰肅，時雨若⑧；曰乂，時暘若；曰哲，時燠若；曰謀，時寒若；曰聖，時風若。曰咎徵⑨：曰狂，恒雨若⑩；曰僭⑪，恒暘若；曰豫⑫，恒燠若；曰急，恒寒若；曰蒙⑬，恒風若。曰王省惟歲⑭，卿士惟月，師尹惟日⑮。歲月日時無易⑯，百穀用成，乂用明，俊民用章⑰，家用平康。日月歲時既易，百穀用不成，乂用昏不明，俊民用微，家用不寧。庶民惟星，星有好風，星有好雨。日月之行，則有冬有夏。月之從星，則以風雨。

「九、五福：一曰壽，二曰富，三曰康寧，四曰攸好德，五曰考終命⑱。六極：一曰凶短折⑲，二曰疾，三曰憂，四曰貧，五曰惡，六曰弱。」

注釋

① 暘（一尢ˊ）：晴。

② 燠（ㄩˋ）：暖和。

③ 時：適時。

④ 五者：指雨、暘、燠、寒、風。

⑤ 蕃：通「繁」，茂盛。　　廡（ㄨˇ）：豐盛。

⑥ 一：指上文五種徵兆之一。　　極備：過多。

⑦ 休徵：美好的徵兆。休，美。

⑧ 時雨若：及時雨。若，句末語氣助詞，無義。

⑨ 咎徵：不好的徵兆。

⑩ 恒：久。

⑪ 僣（ㄐㄧㄢ丶）：差錯。

⑫ 豫：安逸享樂。

⑬ 蒙：昏暗。

⑭ 省：觀察。

⑮ 師尹：眾官。師，眾。尹，長。

⑯ 俊民：有才能的人。　用：因此。　章：顯，指被任用。

⑰ 易：變。

⑱ 考：老。　終命：善終。

⑲ 凶短折：早死。

譯文

「八、眾多微兆：就是下雨，晴天，溫暖，寒冷，颱風，以及適時。要是這五種天氣都具備，並各自按照固有的順序發生，那麼草木就會生長得很茂盛。如果其中某一種天氣過多，就凶險；某一種天氣過少，也凶險。好的微兆：君王嚴肅認真，就會及時下雨；君王治理得當，就會及時放晴；君王智慧，就會及時溫暖；君王有謀略，就會及時寒冷；君王聖明通達，就會及時颱風。不好的微兆：君王狂妄，就會一直下雨；君王有差錯，就會一直出太陽；君王貪圖享樂，就會一直炎熱；君王急躁，就會一直寒冷；君王昏暗，就會一直颱風。對於君王，要用一年的天氣狀況來觀察，對於卿士，用一月的天氣狀況來觀察，對於眾位官員，用每天的的天氣狀況來觀察。年、月、日、四時都沒有異常變化，各種穀物就會有好收成，政治就會清明，有才能的人就會得到提拔任用，國家就會太平安康。年、月、日、四時發生異常變化，穀物就不會有好收成，政治也昏暗不明，有才能的人被埋沒，國家不得安寧。民眾像星星，有愛好風的，有愛好雨的。日月運行，冬季、夏季都有一定的規律。當月亮跟從星星，那麼就會颱風下雨。

「九、五種幸福的事：一是長壽，二是富足，三是健康安寧，四是修養美德，五是年老善終。六種極壞的事：一是早死，二是

疾病，三是憂慮，四是貧窮，五是邪惡，六是衰弱。」

❀ 旅 獒

題解

◆ 旅，西方國名。獒（ㄠˊ），大犬。武王滅商後，西方旅國前來進貢獒犬。召公勸諫武王不可玩物喪志，要謹慎德行，重視賢才，作成《旅獒》。古文《尚書》有，今文《尚書》無。

⊃ 原文

西旅獻獒，太保作《旅獒》①。

注釋

① 太保：官名。此指召公奭（ㄕˋ），與武王同姓的貴族。

譯文

西方的旅國進獻獒，太保召公創作了《旅獒》。（以上是序）

⊃ 原文

惟克商①，遂通道於九夷八蠻②。西旅厎貢厥獒③。太保乃作《旅獒》，用訓於王。曰：「嗚呼！明王慎德，四夷咸賓④。無有遠邇⑤，畢獻方物⑥，惟服食器用⑦。王乃昭德之致於異姓之邦⑧，無替厥服⑨；分寶玉於伯叔之國，時庸展親⑩。人不易物⑪，惟德其物⑫。德盛不狎侮⑬。狎侮君子⑭，罔以盡人心；狎侮小人⑮，罔以盡其力。不役耳目⑯，百度惟貞⑰。玩人喪德，玩物喪志。志以道寧，言以道接。不作無益害有益，功乃成；不貴異物賤用物，民乃足。犬馬非其土性不畜⑱，珍禽奇獸不育於國。不寶遠物，則遠人格⑲；所寶惟賢，則邇人安。嗚呼！夙夜罔或不勤⑳，不矜細行㉑，終累大德。為山九仞㉒，功虧一簣㉓。允迪茲㉔，生民保厥居㉕，惟乃世王㉖。」

注釋

① 克：勝。

② 遂：於是。　　通道：開通道路。　　九夷：泛指東方的少數民族。　　八蠻：泛指南方的少數民族。

③ 厎（ㄅㄧˇ）：來。　　厥：其。

④ 四夷：四方的少數民族。　　咸：都。　　賓：歸順。

⑤ 邇（ㄦˇ）：近。

⑥ 畢：全。　　方物：特產。

⑦ 惟：只。

⑧ 昭：昭示。　　德之致：指上文「方物」。

⑨ 替：廢棄。　　服：職事。

⑩ 時：是。　　庸：用。　　展：示。

⑪ 易：輕易。

⑫ 德其物：用德的標準來判定物。

⑬ 狎（ㄒㄧㄚˊ）：輕忽。　　侮：侮慢。

⑭ 君子：此指官員。

⑮ 小人：此指民眾。

⑯ 不役耳目：指不被耳目役使，即不放縱聲色。

⑰ 百度：百事。　　貞：正。

⑱ 土性：土生土長。　　畜：養。

⑲ 格：來。

⑳ 夙夜：早晚。　　或：有。

㉑ 矜：謹慎。

㉒ 仞（ㄖㄣˋ）：八尺。

㉓ 簣：盛土的竹筐。

㉔ 允：確實。　　迪：行。　　茲：此。

㉕ 生民：民眾。

㉖ 乃：你，指武王。　　世王：世代為君王。

金縢

譯文

周武王戰勝殷商後，就開通了到周邊少數民族的道路。西方的旅國來進貢獒犬，太保召公就作了《旅獒》，來勸導武王。說：「啊！聖明的君王謹慎自己的德行，四方的少數民族都來歸順。沒有遠近之分，所有的方國都會獻上他們的特產，只是些吃穿日常用品而已。君王於是昭示這些特產分賜給異姓諸侯，使他們不荒廢職事；又分賜寶玉給同姓諸侯，用來表達親情。人們不輕視這些事物，會用德的標準來判定它們。德行很好就不會輕忽侮慢。輕忽侮慢官員，就不能使他們盡心；輕忽侮慢民眾，就不能使他們盡力。不貪戀歌舞女色，所有的事情就能正確處理。玩弄人會喪失美德，玩弄物會喪失鬥志。志向合乎道就能安寧，言語合乎情理就能被人接受。不做無益的事，不損害有益的事，事業就能成功；不看重珍奇的東西，不輕視常用的東西，民眾就能富足。犬馬等牲畜不是土生土長的就不畜養，珍禽奇獸也不畜養在國內。不看重遠方的物產，那麼遠方的人就會來歸順；看重的是賢才，那麼身邊的人就會安居樂業。啊！從早到晚，沒有不勤奮的時候。不謹慎細微小節，最終會損害大德。就像堆積九仞高的土山，就差一筐土，也不能算完成。您確實能做到這些，民眾就永遠地保有居所，您就可以世代為王了。」

❀ 金縢

題解

◆ 金縢，指金質封閉的櫃子。縢（ㄊㄥ ˊ），封閉。武王滅商後，生了重病，周公向先王祈禱，請求替武王死，並把祝告文書藏在金質封閉的櫃子裡。本篇主要記錄了周公的禱告，反映出西周初期人們對宗祖神的信仰，是研究西周哲學、文化等方面的重要資料。據學者考證，本篇應該是東周史官根據周初歷史資料所作的追記，並加入了一些後期的傳聞。今文《尚書》、古文《尚書》都有此篇。

➲ 原文

武王有疾，周公作《金縢》①。

注釋

① 周公：周武王弟，名旦。

譯文

周武王生了重病，周公創作了《金縢》。（以上是序）

➲ 原文

既克商二年，王有疾，弗豫①。二公曰②：「我其為王穆卜③」。周公曰：「未可以戚我先王④。」公乃自以為功⑤，為三壇同墠⑥。為壇於南方，北面，周公立焉，植璧秉珪⑦，乃告太王、王季、文王⑧。史乃冊⑨，祝曰⑩：「惟爾元孫某⑪，遘厲虐疾⑫。若爾三王，是有丕子之責於天⑬，以旦代某之身。予仁若考⑭，能多才多藝⑮，能事鬼神。乃元孫不若旦多才多藝⑯，不能事鬼神。乃命於帝庭，敷佑四方⑰，用能定爾子孫於下地⑱。四方之民罔不祗畏⑲。嗚呼！無墜天之降寶命⑳，我先王亦永有依歸。今我即命於元龜㉑，爾之許我，我其以璧與珪，歸俟爾命㉒；爾不許我，我乃屏璧與珪㉓。」

乃卜三龜，一習吉㉔。啟籥見書㉕，乃並是吉。公曰：「體㉖！王其罔害。予小子新命於三王㉗，惟永終是圖㉘；茲攸俟㉙，能念予一人。」

公歸，乃納冊於金縢之匱中㉚。王翼日乃瘳㉛。

注釋

① 豫：安。

② 二公：指太公望和召公奭。太公望，即姜太公，是姜氏族的

金縢

首領。　　召公，名奭（ㄕˋ），與武王同姓的貴族。

③ 其：將。　　穆：恭敬。

④ 戚：感動，打動。

⑤ 功：人質。

⑥ 墠（ㄕㄢˋ）：祭祀用的場地。

⑦ 植：同「置」，放。　　璧、珪：美玉，多用於祭祀。　　秉：
拿著。

⑧ 太王：即古公亶父，是武王的曾祖父，周國的開創者。
王季：武王的祖父，名季曆。

⑨ 史：內史，專管作冊書。

⑩ 祝：祝告。

⑪ 元孫：長孫。　　某：指周武王。

⑫ 遘：遭遇。　　厲：危。　　虐：惡。

⑬ 丕：大。　　責：意為「取」，召喚。

⑭ 予：我。　　仁：作「佞」，指善辯。　　若：而。考：巧。

⑮ 材：通「才」。

⑯ 乃：你們的。

⑰ 敷：普遍。　　佑；有。

⑱ 用：因此。　　下地：人間。

⑲ 祗（ㄓ）畏：敬畏。

⑳ 墜：失。

㉑ 即：就。　　命：聽命。　　元龜：大龜。

㉒ 俟：等。

㉓ 屏：拿掉。

㉔ 一：一致。　　習：重複。

㉕ 啟：開。　　籥（ㄩㄝˋ）：簡冊一類，古代孩童習字用
的竹片，可以擦拭再寫。　　書：分析占卜徵兆的言辭。

㉖ 體：兆象。

㉗ 予小子：周公自稱。

㉘ 惟永終是圖：即「惟圖永終」。永終，長久。

㉙ 茲：這。　　攸：所。

㉚ 納：入。　　匱：櫃。

㉛ 翼日：第二天。　翼，通「翌」，第二天。　　瘳（彳ㄡ）：痊癒。

譯文

　　在滅商二年後，武王生了重病，很不舒服。太公和召公說：「我們來為王恭敬地占卜。」周公說：「這樣做不足以打動先王。」周公於是把自己當作人質，在祭場上築起三座祭壇。祭壇修建在南邊，周公面向北方站在壇上，放好璧，手捧著珪，就向太王、王季、文王禱告。史官於是用做好的冊文，禱告說：「你們的長孫某人，得了很嚴重的病，如果你們三王在天上要把他召去侍奉你們，那就讓我姬旦來代替他吧。我口才好，人也靈巧，又多才多藝，能服侍好鬼神。你們的長孫不像我這樣多才多藝，他哪裡能服侍鬼神呢？於是他在上帝的宮裡接受了大命，擁有天下四方，因此能在人間安定你們的子孫。四方的民眾沒有不敬畏他的。啊！只要他不失去上天降下的寶貴使命，我們先王的神靈就永遠有歸宿和依靠。現在我就聽命於大龜，如果你們同意我的請求，我就把璧和珪獻給你們，回去等候你們的命令；如果你們不同意我的請求，我就把璧和珪拿走。」

　　於是占卜了三隻龜，全都是吉兆。打開簡冊，對照著占辭一看，也說是吉兆。周公說：「從兆象來看，武王沒有危險了。我小子剛剛從三王那裡接受了命令，就是圖謀國家的長久。就在這裡等著吧，先王能顧念到我的。」

　　周公回去，就把禱告的冊文放進金質封閉的櫃子裡，第二天，武王的病就好了。

⊃ 原文

　　武王既喪①，管叔及其群弟乃流言於國②，曰：「公將不利於孺子③。」周公乃告二公曰：「我之弗辟④，我無以告我先王。」周公居東二年，則罪人斯得⑤。於後，公乃為詩以貽王，名之曰《鴟

金縢

鴞》⑥。王亦未敢誚公⑦。秋，大熟，未獲，天大雷電以風，禾盡偃⑧，大木斯拔⑨，邦人大恐。王與大夫盡弁⑩，以啟金縢之書，乃得周公所自以為功、代武王之說。二公及王乃問諸史與百執事⑪，對曰：「信。噫！公命，我勿敢言。」王執書以泣，曰「其勿穆卜！昔公勤勞王家，惟予沖人弗及知⑫。今天動威，以彰周公之德，惟朕小子其新逆⑬，我國家禮亦宜之。」王出郊⑭，天乃雨。反風，禾則盡起。二公命邦人，凡大木所偃，盡起而築之⑮。歲則大熟。

注釋

① 喪：死。

② 管叔：名鮮，文王第三子。 群弟：指蔡叔（文王第五子，名度），霍叔（文王第八子，名處）。

③ 公：周公。 孺子：指周成王。

④ 之：若，如果。 辟：通「避」。

⑤ 罪人：指管叔、蔡叔、武庚（商紂王之子）等。

⑥ 鴟（ㄔ）鴞（ㄒㄧㄠ）：鴟、鴞，惡鳥名，詩見《詩經·豳風》。

⑦ 誚（ㄑㄧㄠˋ）：責備。

⑧ 偃：倒伏。

⑨ 斯：盡，全。

⑩ 弁（ㄅㄧㄢˋ）：朝服。

⑪ 百執事：眾執政官員。

⑫ 予沖人：成王自稱。沖人，年幼的人。

⑬ 新逆：親迎。

⑭ 郊：國都郊外。

⑮ 築：用土培根。

譯文

　　武王逝世後，管叔和他的幾個弟弟就在國內散布謠言，說：「周公將對年幼的成王不利。」周公於是告訴太公和召公說：「我如果不迴避，我就無法報告我們的先王。」周公住在東方兩年，

175

幾個散布謠言的人都被抓獲了。在這之後，周公就作了一首詩送給成王，詩名叫《鴟鴞》。成王也不敢責備周公。那年秋天，莊稼全都成熟，還沒有收穫，忽然天上雷電交加，颳起了大風，禾苗全被吹倒，大樹全被連根拔起，國人都很驚慌。成王和大夫都穿上朝服，打開金質封閉的櫃子，就得到了周公把自己當作人質、請求替武王去死的禱告辭。太公、召公和成王就問史官和其他辦事的官員，他們回答說：「是的。啊！周公命令我們保密，我們不敢說。」成王捧著書哭起來，說：「不要再恭敬地占卜了！以前周公為國家辛勤操勞，只是我太年幼不知道這些。現在上天發威來彰顯周公的大德，我小子要親自去迎接他，按我們國家的禮儀也應該這樣做。」成王來到國都郊外，天就下起了雨，風向也反了，倒下的禾苗都立了起來。太公、召公就命令國人，凡是倒下的樹，都扶起來並用土培根加固。這一年仍然是大豐收。

❀ 大 誥

題解

◆ 大誥，指遍告天下。誥，告。武王去世後，年幼的成王繼位，由周公攝政輔佐，管叔、蔡叔及武庚發動叛亂。周公便以成王的名義動員諸侯及官員討伐叛亂，他反覆強調討伐是順應天命和占卜的，要大家同心同德，平定叛亂。本篇是周公動員臣民的誥詞，文辭佶屈聱牙，與西周金文相似，應該是西周初期的作品，具有極高的史料價值。今文《尚書》、古文《尚書》都有此篇。

➲ 原文

武王崩，三監及淮夷叛①，周公相成王②，將黜殷③，作《大誥》。

注釋

① 三監：指管叔、蔡叔和商紂王的兒子武庚。三人共同監管殷民，故稱「三監」。　　淮夷：指淮河流域的少數民族。

② 相：輔助。

③ 黜：消滅。

譯文

武王去世，三監和淮夷叛亂，周公輔助成王，將要消滅殷商，創作了《大誥》。（以上是序）

◌ 原文

王若曰①：「猷②！大誥爾多邦越爾御事③。弗吊④！天降割於我家⑤，不少延⑥。洪惟我幼沖人⑦，嗣無疆大歷服⑧。弗造哲⑨，迪民康⑩，矧曰其有能格知天命⑪？已！予惟小子，若涉淵水⑫，予惟往求朕攸濟⑬。敷賁敷前人受命⑭，茲不忘大功⑮。予不敢閉於天降威⑯。用寧王遺我大寶龜⑰，紹天明⑱，即命曰⑲：『有大艱於西土⑳，西土人亦不靜。』越茲蠢㉑，殷小腆㉒，誕敢紀其敘㉓。天降威，知我國有疵㉔，民不康，曰：『予復㉕。』反鄙我周邦㉖。今蠢今翼㉗，日民獻有十夫予翼㉘，以於敉寧、武圖功㉙。我有大事㉚，休㉛，朕卜並吉。

注釋

① 王：成王。　若曰：這樣說。

② 猷（一ㄡˊ）：啊。

③ 多邦：各諸侯國。　越：與。　御事：辦事的官員。

④ 吊：善。

⑤ 割：害。

⑥ 少：稍微。　延：緩。

⑦ 洪惟：句首語氣詞，無義。　幼沖人：年幼的人。

⑧ 嗣：繼承。　大歷服：指王業。歷，數。服，職事。

⑨ 造：遭，遇到。　哲：明智。

⑩ 迪：引導。

⑪ 矧：何況。　格知：通曉。

⑫ 淵：深。

⑬ 朕：我。　　攸濟：渡過的方法。攸，所。
⑭ 敷：布。　　賁（ㄅㄣ）：頒。　　前人：先王。
⑮ 茲：此。　　忘：亡，失。　　大功：指先王開國的功業。
⑯ 閉：壅塞，關閉。　　威：災害。
⑰ 寧王：文王。
⑱ 紹：卜問。　　天明：天命。
⑲ 即：則。　　命：指卜辭。
⑳ 西土：周朝。
㉑ 越：惟。　　茲：這，指參加叛亂的人。　　蠢：動。
㉒ 殷小腆：指武庚。腆，主。
㉓ 誕：發語詞，無義。　　紀：整理。　　敘：通「緒」，指商朝的法統。
㉔ 疵：病。
㉕ 予復：指複國。此為周公引述武庚的話。復，複國。
㉖ 鄙：當作「圖」，圖謀。
㉗ 蠢、翼：蠢指爬蟲的蠕動，翼指鳥飛。此處用蟲動、鳥飛，比喻武庚興起叛亂。
㉘ 日：於。　　民獻：獻民，指已歸順的殷人。　　十夫：一批人。　　予翼：即翼予，輔助我。
㉙ 於：往。　　敉（ㄇㄧˇ）：完成。　　寧、武：文王、武王。圖功：大功。
㉚ 大事：指東征，平叛亂。
㉛ 休：美，善。

譯文

成王這樣說：「啊！現在我來告訴你們這些諸侯和你們這些辦事的官員。不幸啊！上天在我們國家降下災害，不稍稍延緩一下。我這個年幼的人，繼承了這宏偉無邊的大業。沒有遇到明智的人，引導民眾走向安康。何況說會有能通曉天命的人呢？唉！我這小子，就像要渡過深水，我就會去尋找能讓我渡過去的方法。我應當大大地頒布先王接受天命的事實，這樣才可以不失去先王

開創的功業。我不敢掩蓋上天降下災害這一事實。就用文王留給我的大寶龜卜問天命，卜辭上說：『周朝有大難，周朝的人也不安寧。』這些叛亂的人蠢蠢欲動，殷商的武庚竟敢妄想恢復他們已滅絕的王統。因上天降下災害，武庚他們知道我們國內出了些問題，民眾不安定，就狂妄地說：『我們要光復商朝！』反而打起我們周朝的主意。現在叛亂的人已經行動起來了，在歸順我們的殷人裡也有一批人肯幫助我們，一起去完成文王、武王謀求的功業。現在我有了東征這件大事，這件大事是吉利的，我進行占卜得到的也是吉兆。

⊃ 原文

「肆予告我友邦君①，越尹氏、庶士、御事②，曰『予得吉卜，予惟以爾庶邦③，於伐殷逋播臣④。』爾庶邦君越庶士、御事，罔不反曰：『艱大，民不靜，亦惟在王宮、邦君室⑤。越予小子考翼⑥，不可征，王害不違卜⑦？』

「肆予沖人永思艱⑧，曰：嗚呼！允蠢鰥寡⑨，哀哉！予造天役⑩，遺大投艱於朕身⑪。越予沖人，不卬自恤⑫。義爾邦君，越爾多士、尹氏、御事⑬，綏予曰⑭：『無毖於恤⑮，不可不成乃寧考圖功⑯！』已！予惟小子，不敢替上帝命⑰。天休於寧王，興我小邦周。寧王惟卜用⑱，克綏受茲命⑲。今天其相民，矧亦惟卜用。嗚呼！天明畏⑳，弼我丕丕基㉑！」

注釋

① 肆：故。
② 尹氏：內史。　　庶士：眾大臣。
③ 惟：謀。
④ 於：往。　　逋（ㄅㄨ）播臣：指罪臣。逋，逃亡。播，散。
⑤ 在王宮、邦君室：指管叔、蔡叔是王室成員，武庚是諸侯。
⑥ 越：助詞，無義。　　考：孝。　　翼：敬。
⑦ 害：通「曷」，何。
⑧ 予沖人：成王自稱。　　永：長久。　　艱：指上文的大艱。

179

⑨ 允：確實。　　鰥：失去妻子的人。　　寡：失去丈夫的人。

⑩ 役：同「疫」，災難。

⑪ 遺、投：降。

⑫ 卬（ㄇㄤˇ）：我。　　恤：憂。

⑬ 義：宜。

⑭ 綏（ㄙㄨㄟ）：告訴。

⑮ 毖：勞。

⑯ 寧考：即文考，文王。　　圖功：圖謀的功業。

⑰ 替：廢棄。

⑱ 卜用：用占卜。

⑲ 克：能。綏：安。

⑳ 天明畏：畏天命。　　天明，天命。

㉑ 弼：輔助。　　丕丕（ㄆㄧ　ㄆㄧ）：大，心跳聲。　　基：事業。

譯文

「所以我告訴我友好國家的諸侯們，和史官、大臣、辦事的官員們，說：『我得到了占卜的吉兆，打算帶著你們眾多諸侯國，去討伐殷商的罪臣。』你們眾位諸侯和眾位大臣、辦事官員，都反對說：『困難太大了，民眾不得安寧，而且作亂的人有的是王室成員、有的是諸侯。我們這些年輕人要孝敬，不可以去征伐他們，大王為什麼不違背占卜呢？』」

「現在我長時間地考慮著這些困難，想：啊！確實會驚動孤苦無依的人，痛心啊！我遭受上帝的懲罰，大災難都降臨在我身上。我這年幼的人，不能只為自己的安危擔憂。你們眾位諸侯，和你們眾位大臣、史官、辦事長官，應該告訴我說：『不要為憂患勞神，不可以不去完成您先祖文王謀求的功業！』唉！我這年輕人，不敢廢棄上帝的命令。上天賜福給文王，振興了我們小小的周國。文王遵從占卜行事，所以能安然地承受天命。現在上天要幫助民眾，況且這也是遵從占卜行事。啊！敬畏上天的命令，輔助我成就偉大的功業吧！」

➔ 原文

　　王曰：「爾惟舊人 ①，爾丕克遠省 ②，爾知寧王若勤哉 ③！天閟我成功所 ④，予不敢不極卒寧王圖事 ⑤。肆予大化誘我友邦君 ⑥，天棐忱辭 ⑦，其考我民 ⑧，予曷其不於前寧人圖功攸終 ⑨？天亦惟用勤毖我民 ⑩，若有疾 ⑪，予曷敢不於前寧人攸受休畢 ⑫？」

　　王曰：「若昔 ⑬，朕其逝 ⑭。朕言艱日思 ⑮。若考作室 ⑯，既底法 ⑰，厥子乃弗肯堂 ⑱，矧肯構 ⑲？厥父菑 ⑳，厥子乃弗肯播，矧肯獲？厥考翼其肯曰 ㉑『予有後，弗棄基』？肆予曷敢不越卬敉寧王大命 ㉒？若兄考 ㉓，乃有友伐厥子 ㉔，民養其勸弗救 ㉕？」

　　注釋

① 舊人：老臣。

② 省：記憶。

③ 若：如此。

④ 閟（ㄅㄧˋ）：通「秘」，謹慎。　閟：告訴。　　所：所在。

⑤ 極：速。　　卒：完成。

⑥ 化誘：教導。

⑦ 棐：即「匪」，不。　　忱：信。　　辭：我。

⑧ 考：成。

⑨ 曷：何。　　前寧人：先祖文王。　　攸：是。　　終：完成。

⑩ 亦：也。　　用：因此。　　勤、毖：勞，指東征。

⑪ 有疾：指治療疾病。

⑫ 攸受休：所受休。休，指上文「天休於寧王」。　　畢：攘除疾病。

⑬ 若昔：像從前。是周公回憶隨武王伐紂一事。

⑭ 逝：往，指討伐武庚。

⑮ 言：於。

⑯ 考：父，指先輩。

⑰ 底（ㄅㄧˇ）：定。　　法：指房屋的尺寸規格等。

⑱ 厥：其。　　堂：打地基。

⑲ 構：屋架，此指架起房梁。

⑳ 菑（ㄗ）：新開墾一年的土地。

㉑ 翼：無義的語詞。　其：難道。

㉒ 越：在。

㉓ 兄考：一說為「皇考」，指父親。

㉔ 友：當作「爻」（一ㄠˊ）八卦上的橫線，交互。

㉕ 民：勉。　養：助長。

譯文

王說：「你們都是老臣，能很好地回憶起久遠的往事，你們知道文王是多麼勤勞的啊！上天謹慎地告訴我們成功的方法，我不敢不快速地去完成文王謀求的功業。所以我殷切地教導我友好國家的諸侯們，上天不是相信我個人，是要成全我們民眾，（所以才來幫助我）我哪裡敢不去完成先祖文王所謀求的功業呢？上天又要動用我們民眾了，就像要治療疾病一樣，我哪裡敢不為了先祖文王所承受的福氣而不去除去疾病呢？」

王說：「像從前（伐紂）一樣，我將要去討伐武庚。我每天都在思考著這艱難的事。就像父親要修一座房子，已經定好了尺寸規格，而他的兒子卻不肯為房子打地基，何況說肯架起房梁呢？父親已經開墾出新的土地，而他的兒子卻不肯播種，何況說肯收穫呢？這樣，父親難道肯說『我有後人了，不會廢棄家業了』？所以我怎麼敢不在我這時去完成文王所承受的偉大天命？就像一個父親，若有人來打擊他的兒子，他難道會去勸勉那些人，助長那些人而不去救助嗎？

○ 原文

王曰：「嗚呼！肆哉①，爾庶邦君越爾御事。爽邦由哲②，亦惟十人迪知上帝命③，越天棐忱④。爾時罔敢易法⑤，矧今天降戾於周邦⑥？惟大艱人⑦，誕鄰胥伐於厥室⑧，爾亦不知天命不易。予永念曰：天惟喪殷，若穡夫⑨，予曷敢不終朕畝？天亦惟休於前寧人，予曷其極卜⑩，敢弗於從⑪？率寧人有指疆土⑫，矧今卜

並吉？肆朕誕以爾東征 ⑬。天命不僭 ⑭，卜陳惟若茲 ⑮ ！」

注釋

① 肆：盡力。

② 爽：明。

③ 十人：指一批人。　　迪：無義的語詞。

④ 越：及。

⑤ 時：是。　　易：輕慢。　　法：上天的旨意。

⑥ 戾：罪。

⑦ 大艱人：大罪人，指管叔、蔡叔。

⑧ 誕：讀為「延」，請。　　鄰：指武庚。　　胥：相。　　室：家室。

⑨ 穡夫：農夫。

⑩ 極：放，放棄。

⑪ 於從：指遵從占卜的吉兆。

⑫ 率：遵循。　　指：旨，旨意。

⑬ 誕：將。

⑭ 僭（ㄐㄧㄢˋ）：差錯。

⑮ 陳：示，呈現。

譯文

　　王說：「啊！盡力吧，你們眾位諸侯和你們眾位執政長官。國家的清明是由明智的人造成的，也只有一批賢臣能知道上帝的指命，以及不可無條件地信賴上天。你們平時尚且不敢輕慢上天的旨意，何況現在上天降罪在我們周朝？那發動叛亂的大罪人，懇請鄰人來討伐他們自己的家室。難道你們不知道天命是不會改變的。我長久地思考著：上天要滅掉殷朝，就像農夫，我哪裡敢不完成我田畝裡的工作呢？上天也是賜福給我們先祖文王，我們為什麼要放棄占卜呢，又怎麼敢不遵從占卜的吉兆呢？要遵循文王的旨意保有我們的疆土，何況現在占卜得到都是吉兆？所以，我將要率領你們東征。上天的命令是不會有差錯的，卜兆所呈現

的也是這樣。」

❀ 微子之命

題解

◆ 微子，名啟，商紂王的親兄長。命，冊命。周成王時，紂王的兒子武庚和管叔、蔡叔作亂，周公東征，平定叛亂，殺武庚。冊命微子啟代替武庚治理殷商的後裔，建立宋國。本篇是成王冊命微子的記錄。古文《尚書》有，今文《尚書》無。

⊃ 原文

成王既黜殷命①，殺武庚，命微子啟代殷後②，作《微子之命》。

注釋

① 黜：絕。
② 後：後裔。

譯文

成王斷絕了殷商的國運，殺掉了武庚，冊命微子啟代替武庚治理殷商的後裔。史官記下來，作了《微子之命》。（以上是序）

⊃ 原文

王若曰①：「猷②！殷王元子③。惟稽古④，崇德象賢⑤。統承先王⑥，修其禮物⑦，作賓於王家⑧，與國咸休⑨，永世無窮。嗚呼！乃祖成湯⑩，克齊聖廣淵⑪，皇天眷佑，誕受厥命⑫。撫民以寬⑬，除其邪虐，功加於時⑭，德垂後裔⑮。爾惟踐修厥猷⑯，舊有令聞⑰，恪慎克孝⑱，肅恭神人⑲。予嘉乃德，曰篤不忘⑳。上帝時歆㉑，下民祗協㉒，庸建爾於上公㉓，尹茲東夏㉔。欽哉㉕，往敷乃訓㉖，慎乃服命㉗，率由典常㉘，以蕃王室㉙。弘乃烈祖㉚，律乃有民㉛，永綏厥位㉜，毗予一人㉝。世世享德，萬邦作式

，俾我有周無斁 ㉟。嗚呼！往哉惟休，無替朕命 ㊱。」

> **注釋**

① 若曰：這樣說。

② 猷（一又ˊ）：嘆詞，啊。

③ 元子：長子，此指微子。

④ 稽：考察。

⑤ 象：效法。

⑥ 統：指嫡系血統。

⑦ 禮：典禮。　物：文物。

⑧ 王家：周王朝。

⑨ 咸：都。　休：美。

⑩ 乃：你。

⑪ 克：能。　齊聖廣淵：據《孔傳》，指「齊德、聖達、廣大、深遠」。

⑫ 誕：乃。　厥：其。

⑬ 撫：安。　寬：寬鬆的政治。

⑭ 加：施加。　時：當時。

⑮ 垂：流傳。

⑯ 踐修：履行。　猷：道。

⑰ 舊：久。　令聞：美好的名聲。

⑱ 恪：恭敬。

⑲ 肅：嚴。

⑳ 篤：厚。

㉑ 歆（ㄒㄧㄣ）：據周秉鈞《白話尚書》，指享受祭祀的香氣。

㉒ 祗（ㄓ）：恭敬。　協：和睦。

㉓ 庸：用。　建：冊封。　上公：蔡沈《書集傳》，「王者之後稱公，曰上公。」

㉔ 尹：治。　茲：此。　東夏：指宋國。

㉕ 欽：敬。

㉖ 敷：布。

㉗ 服：職事。　　命：使命。

㉘ 率：遵循。　　由：用。　　典常：常法。

㉙ 蕃：通「藩」，屏障。此指保衛。

㉚ 弘：弘揚。　　烈祖：顯赫的先祖。

㉛ 律：管束。

㉜ 綏（ㄙㄨㄟ）：安。

㉝ 毗（ㄆㄧˊ）：輔佐。

㉞ 式：榜樣。

㉟ 俾：服從。　　斁（ㄧˋ）：厭倦討厭。

㊱ 替：廢。

譯文

　　成王這樣說：「啊！殷王的長子。考察古代，他們推崇盛德、效法賢人。你繼承殷商先王的血統，完善先王留下的典禮、文物，做我周朝的賓客，同諸侯國一起走向美好，世世代代沒有窮盡。啊！你的先祖成湯，能敬德、通達、廣大、深遠，上天眷顧而保佑他，於是他接受了上天的大命。用寬鬆的政治來安定百姓，除去邪惡殘暴的人，他的功績施加於當時，恩德流傳於子孫後代。你履行成湯的德政，長久地享有美好的名聲，謹慎孝順，嚴肅恭敬地對待神靈和百姓。我欣賞你的美德，可以說深深地不能忘懷。上帝時常享受你的祭祀，百姓恭敬和睦，因此我冊封你為上公，治理這宋國。要謹慎啊，去廣布你的訓教，謹慎你的職事和使命，遵循常法，來保衛我周王朝，弘揚你先祖的盛德，管束你的百姓，永遠安居你的上公之位，輔助我。這樣，你的子孫就可以世世代代享受你的功德，所有的諸侯國都會把你作為榜樣，服從我周朝永不厭煩。啊！去吧，一切美好，不要廢棄了我的命令。」

❀ 康 誥

題解

　　◆ 康，指康叔，名封，周文王的兒子。誥，告。本篇是周公

康誥

告誡康叔治國安民的誥詞。周公平定管叔、蔡叔的叛亂後，把衛國封給康叔。但擔心康叔年少，便告誡他治國要謹慎刑罰，要施行德政，要敬畏天命，這樣才能安保民眾，永保封地。文中詳細地記載了施行刑罰的準則，為後世瞭解周初的刑罰制度、意識形態等提供了寶貴資料。今文《尚書》、古文《尚書》都有此篇。

⊃ 原文

成王既伐管叔、蔡叔，以殷余民封康叔①，作《康誥》、《酒誥》、《梓材》。

注釋

① 殷餘民：殷商遺民。

譯文

成王討伐管叔、蔡叔後，把殷商遺民封給康叔，（周公奉成王命告誡康叔），史官根據這些情況創作了《康誥》、《酒誥》、《梓材》。（以上是序）

⊃ 原文

惟三月哉生魄①，周公初基②，作新大邑於東國洛③。四方民大和會，侯、甸、男邦、采、衛④，百工播民⑤，和見士於周⑥。周公咸勤⑦，乃洪大誥治⑧。王若曰⑨：「孟侯⑩，朕其弟，小子封。惟乃丕顯考文王⑪，克明德慎罰，不敢侮鰥寡⑫，庸庸⑬，祗祗⑭，威威⑮，顯民⑯。用肇造我區夏⑰，越我一、二邦⑱，以修我西土。惟時怙⑲，冒聞於上帝⑳，帝休㉑，天乃大命文王，殪戎殷㉒，誕受厥命㉓，越厥邦厥民，惟時敘㉔。乃寡兄勖㉕，肆予小子封，在茲東土㉖。」

注釋

① 哉生魄：指大月前兩日，小月前三日。哉，始。魄，通「霸」，新月的微光。

② 基：謀。

③ 邑：城市。　　洛：指洛水附近。

④ 侯、甸、男邦、采、衛：指侯、甸、男、采、衛五類諸侯國。

⑤ 百工：百官。　　播民：殷遺民。

⑥ 和：合。　　見：致力。　　士：事。

⑦ 咸：都。　　勤：慰勞。

⑧ 洪：大。　　治：讀為「辭」，告。

⑨ 王若曰：王這樣說。「王」指周公攝政稱王。

⑩ 孟侯：康叔。

⑪ 乃：你。　　丕：大。　　顯：顯赫。　　考：父。

⑫ 鰥寡：泛指孤苦無依的人。

⑬ 庸庸：任用可用的人。庸，用。

⑭ 祗祗（ㄓ）：尊敬可敬的人。祗，敬。

⑮ 威威：懲罰該罰的人。威，畏。

⑯ 顯：明。

⑰ 用：因此。　　肇（ㄓㄠˋ）造：創造。　　我區夏：指周朝。
區，居住地。夏，西方。

⑱ 越：與。　　一、二邦：指西土的諸侯國。

⑲ 時：是。　　怙：故。

⑳ 冒：上。

㉑ 休：喜。

㉒ 殪（一ˋ）：殺。　　戎殷：大商，即殷商。

㉓ 誕：無義的語詞。　　厥：其，指殷商。

㉔ 時：是。　　敘：定。

㉕ 寡兄：大兄長，指武王。　　勖（ㄒㄩˋ）：勉。

㉖ 茲：此。　　東土：康叔的封地在周都東面。

譯文

這年三月，新月發出微光的時候，周公開始謀劃在東方的洛水附近修建新的大城市。四方的民眾都會合到這裡來，侯、甸、男、

采、衛各諸侯國的人，百官、殷商的遺民，都一同為周朝效力幹活。周公通通慰勞了他們，於是大告天下。王這樣說：「康叔，我的弟弟，年輕的封啊。只有你那顯赫的先父文王，能夠崇尚德教、謹慎地施行懲罰，不敢欺侮孤苦無依的人，他任用可以任用的人，尊敬值得尊敬的人，懲罰應當懲罰的人，並使民眾明白這些。因此才創造了我們周朝，與我們的幾個諸侯國一起，來治理我們西方。就是因為這個緣故，文王的名聲上傳到天上，被上帝聽到，上帝十分高興，於是就降下大命給文王，要他滅掉殷商，接受殷商原有的天命，和殷商的土地與民眾，這樣殷民就都安定了。你的大兄長武王很奮勉，所以我年輕的封啊，來到這東方國家。」

⊃ 原文

王曰：「嗚呼！封，汝念哉①！今民將在祇遹乃文考②，紹聞衣德言③。往敷求於殷先哲王④，用保乂民⑤。汝丕遠惟商耇成人⑥，宅心知訓⑦。別求聞由古先哲王⑧，用康保民⑨。弘於天若德⑩，裕乃身不廢在王命⑪！」

王曰：「嗚呼！小子封，恫瘝乃身⑫，敬哉！天畏棐忱⑬，民情大可見，小人難保⑭。往盡乃心，無康好逸豫⑮，乃其乂民。我聞曰：『怨不在大，亦不在小；惠不惠⑯，懋不懋⑰。』已⑱！汝惟小子，乃服惟弘王應保殷民⑲，亦惟助王宅天命，作新民⑳。」

注釋

① 念：考慮。

② 在：觀察。　遹（ㄩ丶）：遵循。　乃文考：文王。

③ 紹：通「劭」，盡力。　衣：殷。

④ 敷：廣。

⑤ 保：安。　乂（一丶）：治。

⑥ 丕：無義的語詞。　惟：思。　耇（ㄍㄡ∨）成人：老成人，德高望重的人。耇，老。

⑦ 宅：揣度。　訓：道。

⑧ 別：遍。　由：於。

⑨ 康：安。

⑩ 弘：發揚。　天若德：上天的美德。　若，其。

⑪ 裕：即「欲」。

⑫ 恫（ㄊㄨㄥ）：傷痛。　瘝（ㄍㄨㄢ）：病。

⑬ 畏：通「威」，懲罰。　棐：通「匪」，不。　忱：指不可預知。

⑭ 小人：民眾。

⑮ 豫：樂。

⑯ 惠：順從。

⑰ 懋（ㄇㄠˋ）：勉。

⑱ 已：唉。

⑲ 服：職責。　弘：一說作「弼」，助。　應保：受保，接受和保護。

⑳ 作新民：指改造殷民，使他們棄舊從新。

譯文

王說：「啊！封，你想想吧！現在民眾將觀察你恭敬地遵循你的先父文王，要努力地聽取殷人的好意見。去廣泛地尋求殷商明智的先王的治國良方，來安治你的民眾。你要深刻地思考殷商那些長者所說的話，用心揣摩，明白其中的道理。還要普遍地探求古代明智的先王安定百姓的遺訓，來安定你的民眾。你應該發揚上天的美德，要自己不廢棄在王朝領受的大命。」

王說：「啊！年輕的封啊，治理國家就像有病痛在身，要恭敬啊！上天的懲罰雖然不可預知，但民眾的情況卻是顯而易見的，民眾是不容易保護的。你要盡心盡力，不要貪圖安逸享樂，這樣才能治理好民眾。我聽說：『怨恨不在於大，也不在於小；要使不順從的人順從，要使不努力的人努力。』唉！你這年輕人，你的職責就是幫助君王接受、保護殷民，也要幫助君王揣度上天的旨意，並改造殷民，使他們成為新的臣民。」

⊃ 原文

王曰：「嗚呼！封，敬明乃罰①。人有小罪，非眚②，乃惟終③，自作不典④，式爾⑤，有厥罪小，乃不可不殺。乃有大罪，非終，乃惟眚災⑥，適爾⑦，既道極厥辜⑧，時乃不可殺。」

王曰：「嗚呼！封，有敘時⑨，乃大明服⑩，惟民其敕懋和⑪。若有疾，惟民其畢棄咎⑫。若保赤子⑬，惟民其康乂。非汝封刑人殺人，無或刑人殺人⑭。非汝封又曰劓刵人⑮，無或劓刵人。」

注釋

① 明：嚴明。

② 眚（ㄕㄥˇ）：過失。

③ 終：終不悔改。

④ 典：法。

⑤ 式爾：故意如此。式，用。爾，如此。

⑥ 眚災：因過失而致災害。

⑦ 適：偶然。

⑧ 道：讀為「迪」，用。 極：通「殛」，責罰。 辜：罪。

⑨ 有：能。 敘：順。 時：是。

⑩ 明：刑罰嚴明。 服：民眾誠服。

⑪ 敕：勉。 懋（ㄇㄠˋ）：美。

⑫ 畢：全。 咎：病，指疾苦。

⑬ 赤子：嬰兒。

⑭ 無或：沒有誰。或，誰。

⑮ 劓（一ˋ）：酷刑，割鼻。 刵（ㄦˋ）：酷刑，割耳。

譯文

王說：「啊！封，恭敬、嚴明地對待你所施行的懲罰。如果有人犯了小罪，不是無心的過失，而且終不悔改，這是他自己做了不法的事，這叫故意犯罪，他的罪雖小，也不可以不殺。如果有人犯了大罪，但並不是終不悔改，而且是因為過失而有罪，這叫偶然犯罪，已經懲罰了他的罪過，這人就不可以殺。」

王說：「啊！封，你能照著這樣去做，那麼你的刑罰就嚴明，

民眾就會服從，這樣民眾就會奮勉地創造美好和平的生活。你對待民眾，要像他們生了病一樣，那麼民眾就都會擺脫疾苦。像保護小孩子一樣，那麼民眾就會得到安治。不是你封要懲罰人殺人，就沒有誰要懲罰人殺人。不是你封說要割人的鼻子、割人的耳朵，就沒有誰要去割人的鼻子、割人的耳朵。」

⊃ 原文

王曰：「外事①，汝陳時臬司②，師茲殷罰有倫③。」又曰：「要囚④，服念五、六日至於旬時⑤，丕蔽要囚⑥。」

王曰：「汝陳時臬事，罰蔽殷彝⑦，用其義刑義殺⑧，勿庸以次汝封⑨。乃汝盡遜曰時敘⑩，惟曰未有遜事。已！汝惟小子，未其有若汝封之心⑪。朕心朕德⑫，惟乃知⑬。凡民自得罪，寇攘奸宄⑭，殺越人於貨⑮，暋不畏死⑯，罔弗憝⑰。」

注釋

① 外事：判斷案件。
② 陳：宣布。　　臬（ㄋㄧㄝˋ）司：法律。下文「臬事」同。
③ 師：師法。　　倫：合理。
④ 要囚：即幽囚，指囚禁罪犯。
⑤ 服：思。　　旬：十天。
⑥ 丕：乃。　　蔽：判斷。
⑦ 彝（ㄧˊ）：法。
⑧ 義：合理。　　殺：指死刑。
⑨ 庸：用。　　次：作「即」，從。
⑩ 乃：如果。　　遜：順從。　　時敘：承順。
⑪ 其：語助詞，無義。　　若：順。
⑫ 德：情意。
⑬ 乃：你。
⑭ 寇：搶劫。　　攘：偷盜。　　奸宄（ㄍㄨㄟˇ）：作亂。
⑮ 於：取。
⑯ 暋（ㄇㄧㄣˇ）：強橫。

⑰ 憨（ㄅㄨㄟˋ）：即殺。

譯文

王說：「對於判斷案件，你要宣布法律，並效法殷商合理的刑罰。」又說：「對於囚禁罪犯，你要思考五、六天甚至十天的時間，才能判定是否要囚禁。」

王說：「你宣布了法律，判斷案件時還要依據殷商的常法，採用它合理的刑罰、合理的死刑，不要只順從你自己的心意。如果你全順從自己的心意來斷案就叫承順，這樣的話就沒有順從事理。唉！你這年輕人，切不可只順從你封的心意。我的心思、我的情意，只有你知道。凡是民眾自己故意犯罪，搶劫偷盜、違法作亂，殺人劫貨，強橫不怕死，（這樣的人）沒有不該殺的。」

⊃ 原文

王曰：「封，元惡大憨①，矧惟不孝不友②。子弗祗服厥父事③，大傷厥考心；於父不能字厥子④，乃疾厥子⑤；於弟弗念天顯⑥，乃弗克恭厥兄；兄亦不念鞠子哀⑦，大不友於弟。惟吊茲⑧，不於我政人得罪⑨，天惟與我民彝大泯亂⑩。曰，乃其速由文王作罰⑪，刑茲無赦。不率大戛⑫，矧惟外庶子、訓人⑬，惟厥正人，越小臣諸節⑭，乃別播敷⑮，造民大譽，弗念弗庸，瘝厥君。時乃引惡⑯，惟朕憨。已！汝乃其速由茲義率殺⑰。亦惟君惟長，不能厥家人，越厥小臣、外正⑱，惟威惟虐，大放王命⑲，乃非德用乂。汝亦罔不克敬典，乃由裕民⑳；惟文王之敬忌㉑，乃裕民曰：『我惟有及㉒。』則予一人以懌㉓。」

注釋

① 元：大。　　憨（ㄅㄨㄟˋ）：惡。
② 矧：也。
③ 服：治理。
④ 字：愛。
⑤ 疾：厭惡。

⑥ 天顯：天道，天倫。

⑦ 鞠子：幼子。　　哀：可憐。

⑧ 吊：至。

⑨ 政人：即正人，官吏。

⑩ 泯亂：混亂。

⑪ 由：用。

⑫ 率：遵循。　　戛（ㄐㄧㄚˊ）：常禮、常法。

⑬ 外：指非內臣。　　庶子、訓人：掌管教育的官。

⑭ 小臣：內侍官。　　諸節：掌管符節的官。

⑮ 別：另外。　　播敷：宣布政令。

⑯ 引：助長。

⑰ 率：讀如「律」，刑法。

⑱ 小臣、外正：此指內、外官員。

⑲ 放：違背。

⑳ 由裕：教導。

㉑ 敬忌：敬畏。

㉒ 有及：指追隨文王。

㉓ 懌：高興。

譯文

　　王說：「封，大的罪惡，就是不孝順不友好。兒子不能恭敬地治理父親的事，大傷父親的心；做父親的不愛自己的兒子，反而厭惡兒子；做弟弟的不顧天倫，不尊敬他的哥哥；哥哥也不顧念弟弟的痛苦，對弟弟十分不友好。到了這地步，如果我們的官員不懲罰他們，那麼上天賜給我們民眾的法則就全混亂了。那麼，你要趕快用文王制定的刑罰，懲罰這些人，不要赦免。不遵守國家大法的，也有掌管教育的庶子、訓人，有各級長官和內侍官、管符節的官。他們另外宣布一套政令，為自己在民眾間造出很大的聲譽，不為國家考慮，也不用國家的大法，危害他們的君王。這就助長了惡行，這種人是我的大罪人。唉！你要趕快用合理的刑法殺掉他們。也有諸侯，不能教導好自己的家人和內、外官員，

任意地威脅、暴虐民眾，大大地違背了君王的命令，這種人不是用德教就能治理的。你也要能遵守法規，來教導民眾；要敬畏文王，教導民眾說：『我們只追隨文王。』這樣，我就高興了。」

⊃ 原文

王曰：「封，爽惟民①，迪吉康②，我時其惟殷先哲王德，用康乂民，作求③。矧今民罔迪不適④；不迪則罔政在厥邦。」

王曰：「封，予惟不可不監⑤，告汝德之說，於罰之行⑥。今惟民不靜，未戾厥心⑦，迪屢未同⑧。爽惟天其罰殛我⑨，我其不怨。惟厥罪無在大，亦無在多，矧曰其尚顯聞於天⑩。」王曰：「嗚呼！封，敬哉！無作怨⑪，勿用非謀非彝⑫，蔽時忱⑬。丕則敏德⑭，用康乃心，顧乃德⑮，遠乃猷裕⑯。乃以民寧，不汝瑕殄⑰。」

王曰：「嗚呼！肆汝小子封⑱，惟命不於常，汝念哉！無我殄享⑲，明乃服命⑳，高乃聽㉑，用康乂民。」

王若曰：「往哉！封，勿替敬㉒，典聽朕告㉓，汝乃以殷民世享㉔。」

注釋

① 爽惟：發語詞，無義。
② 迪：導。
③ 作求：作匹，指媲美。
④ 適：善。
⑤ 監：察。
⑥ 於：與。
⑦ 戾：定。
⑧ 同：和。
⑨ 殛（ㄐㄧˊ）：責罰。
⑩ 矧：何況。　　尚：上。
⑪ 作怨：招來怨恨。
⑫ 非謀：不好的謀略。　　非彝：不當的刑法。
⑬ 蔽：塞。　　忱：誠。

⑭ 丕則：於是。　　敏德：勉力行德。

⑮ 顧：反省。

⑯ 遠：深遠。　　猷裕：道。

⑰ 瑕：語助詞，無義。　　殄：絕。

⑱ 肆：無義的語詞。

⑲ 無我殄享：即「無殄我享」。享，指祭祀。殄享，滅絕祭祀，指亡國。

⑳ 明：勉。　　服命：職事。

㉑ 高：敬。

㉒ 替：廢。

㉓ 典：常。

㉔ 世享：世代享有祭祀，即永保封地。

譯文

王說：「封，對於民眾，要領導他們走向吉祥安康。我們要想著殷商明智的先王的德政，來安定、治理民眾，與那些先王媲美。何況現在民眾不教導就不會善良。不教導那麼這個國家就沒有好的政治。」

王說：「封，我們不可以不察明這些，告訴你如何施行德政，和如何施行懲罰。現在民眾都不安靜，他們的心也都不安定，屢次教導也不能使他們融洽。上天如果要懲罰我們，我們也不會怨恨。罪過本不在大，也不在多，何況這罪過已經顯揚到被上天知道了呢？」王說：「啊！封，要恭敬啊！不要招來民眾的怨恨，不要用不好的謀略和不當的刑法，這樣會閉塞你的誠心。要努力施行德政，來安定你的心，反省你的行為，深遠你的治國之道。這樣才能使民眾安寧，才不會使你的國運斷絕。」

王說：「啊！你這年輕的封，天命無常，你要留心啊！不要斷絕了我們的祭祀，要努力地做好你的職事，恭敬地對待你的聽聞，來安定、治理民眾。」

王說：「去吧！封，不要拋棄了恭敬的態度，要常常聽我的勸告，你就能和殷民世世代代保有封地了。」

❀ 酒 誥

◆ 誥，告。本篇是周公告誡康叔在衛國宣布戒酒的誥詞。商朝末年，紂王酗酒作樂，以致亡國。後來周成王封康叔於殷商舊地，周公擔心康叔重蹈覆轍，便作此誥詞，強調戒酒的重要性，勸誡康叔要改變殷商酗酒的惡習，並制定了嚴厲的戒酒令。今文《尚書》、古文《尚書》都有此篇。（序見《康誥》）

➲ 原文

王若曰①：「明大命於妹邦②。乃穆考文王③，肇國在西土④。厥誥毖庶邦庶士⑤，越少正御事⑥，朝夕曰：『祀茲酒⑦。』惟天降命，肇我民，惟元祀⑧。天降威⑨，我民用大亂喪德⑩，亦罔非酒惟行⑪；越小大邦用喪，亦罔非酒惟辜⑫。文王誥教小子、有正有事⑬：無彝酒⑭。越庶國，飲惟祀，德將無醉⑮。惟曰『我民迪小子⑯，惟土物愛⑰，厥心臧⑱。聰聽祖考之彝訓⑲，越小大德，小子惟一⑳。』妹土，嗣爾股肱㉑，純其藝黍稷㉒，奔走事厥考厥長㉓。肇牽車牛㉔，遠服賈㉕，用孝養厥父母。厥父母慶㉖，自洗腆㉗，致用酒。庶士有正越庶伯君子㉘，其爾典聽朕教㉙！爾大克羞耇惟君㉚，爾乃飲食醉飽。丕惟曰㉛，爾克永觀省，作稽中德㉜。爾尚克羞饋祀㉝，爾乃自介用逸㉞。茲乃允惟王正事之臣㉟，茲亦惟天若元德㊱，永不忘在王家㊲。」

注釋

① 王：指周公。　　若曰：這樣說。

② 明：宣布。　　妹邦：即牧野，在今河南淇縣境內。

③ 穆考：對先王的美稱。

④ 肇（ㄓㄠˋ）：始，此指開創。

⑤ 厥：其，指文王。　　毖：教。　　庶邦：各國諸侯。　　庶士：眾位卿士。

⑥ 越：與。　　少正：副長官。　　御事：辦事的官員。

⑦ 茲：則。

⑧ 元祀：指開國改元年。

⑨ 威：罰。

⑩ 大亂：作亂。

⑪ 罔：無。　　行：惡行。

⑫ 辜：罪。

⑬ 小子：子孫。　　有正：官長。　　有事：辦事的一般官員。

⑭ 彝：常。

⑮ 將：扶持，有「約束」的意思。

⑯ 民：勉力。　　迪：導。

⑰ 土物：土裡生出的農作物。

⑱ 臧：善。

⑲ 聰：明。

⑳ 一：等同。

㉑ 嗣：通「司」，作為。　　股肱（ㄍㄨㄥ）：指輔佐君王的臣民。股，大腿。肱，手臂。

㉒ 純：專心。　　藝：種。　　黍稷：莊稼。

㉓ 奔走：勤勉。　　事：侍奉。

㉔ 肇：勉力。

㉕ 服：從事。　　賈（ㄍㄨˇ）：商。

㉖ 慶：高興。

㉗ 洗腆：指置辦潔淨豐盛的酒食。腆，豐盛的酒食。

㉘ 有正：執政官員。　　庶伯：眾諸侯。　　君子：在位官員。

㉙ 其：希望。　　典：常。

㉚ 羞：進獻。　　耇（ㄍㄨˇ）：老，此指長輩。　　惟：與。

㉛ 丕惟：但是。

㉜ 作：舉動。　　稽：止，與「作」相對。　　中：合。

㉝ 尚：常。　　饋祀：祭祀。

㉞ 介：祈求。　　逸：樂。

㉟ 允：信。　　正事之臣：官員。

㊱ 若：順。　　元德：有善德的人。

㊲ 王家：周王朝。

譯文

王這樣說：「到牧野去宣布一個重大的命令。你那尊敬的先父文王，在西方開創了國家。他從早到晚告誡諸侯、卿士，和各級官員們，說：『只有祭祀時才能喝酒。』上天降下福命，讓我們開始擁有這些民眾，於是我們就開國改元了。而上天又降下懲罰，是因為我們的民眾違法作亂，喪失了美德，這無不是喝酒導致的惡行；還有大國小國之所以滅亡，也無不是喝酒的罪過。文王告誡子孫、各級官員們：不要常常喝酒。各國的人，也只能在祭祀的時候喝，而且要用道德來約束，不要喝醉。就說：『我努力地教導子孫，要愛惜莊稼，使他們心地善良，明白地聽從祖先經常的教訓。無論大德、小德，子孫都要等同對待。』牧野的人，是輔佐你的臣民，讓他們專心地種植莊稼，勤勉地侍奉他們的父輩、長輩。農事完畢後，讓他們趕著牛車，到外地去經商，來孝敬贍養他們的父母；他們的父母很高興，這時他們自己準備了豐盛的食物，就可以喝酒。眾位官員和眾位諸侯，希望你們能常聽我的教導。你們能充分進獻食物給長輩和君王，你們就可以喝醉吃飽。但是，你們也要能長久地自我觀察、自我反省，這樣使自己的行為舉止符合道德。你們能常常進獻祭品、參與祭祀，你們就可以自己求得安逸的生活。這樣才真的是我周王朝的官員，這樣也是上天順從了有美德的人，你們將永遠不會被我周王朝遺忘。」

➲ 原文

王曰：「封，我西土棐徂邦君、御事、小子①，尚克永文王教，不腆於酒②，故我至於今克受殷之命。」

王曰：「封，我聞惟曰③：在昔殷先哲王④，迪畏天⑤，顯小民⑥，經德秉哲⑦，自成湯咸至於帝乙⑧，成王畏相⑨。惟御事厥棐有恭⑩，不敢自暇自逸，矧曰其敢崇飲⑪？越在外服⑫，侯、甸、男、衛邦伯；越在內服，百僚、庶尹、惟亞、惟服、宗工⑬，越百姓、

裡居⑭，罔敢湎於酒。不惟不敢，亦不暇，惟助成王德顯，越尹人祗辟⑮。我聞亦惟曰：在今後嗣王酗身⑯，厥命罔顯於民⑰，祗保越怨⑱，不易⑲。誕惟厥縱淫泆於非彝⑳，用燕喪威儀㉑，民罔不盡傷心㉒。惟荒腆於酒㉓，不惟自息㉔，乃逸。厥心疾很㉕，不克畏死。辜在商邑，越殷國滅無罹㉖。弗惟德馨香㉗，祀登聞於天㉘；誕惟民怨，庶群自酒，腥聞在上㉙。故天降喪於殷，罔愛於殷，惟逸。天非虐，惟民自速辜㉚。」

注釋

① 棐徂（ㄈㄟˇ ㄘㄨˊ）：從前。　徂，往日。

② 腆（ㄊㄧㄢˇ）：沉湎。

③ 惟：有。

④ 哲：智。

⑤ 迪：蹈，指遵循大道。

⑥ 顯：明，美好。　小民：民眾。

⑦ 經：行。　秉：持。　哲：敬。

⑧ 成湯：商朝第一代君王。　咸：通「覃（ㄊㄢˊ）」，延續。帝乙：商紂王的父親。

⑨ 成王：成就王的事業。　畏：敬。　相：省視。

⑩ 棐（ㄈㄟˇ）：通「匪」，不。　有恭：當作「有共」，指供職。

⑪ 矧：何況。　崇：聚。

⑫ 越：發語詞。　外服：指方國諸侯。下文「內服」指朝內官員。

⑬ 百僚：百官。　尹：正，官長。　惟：與。　亞：副官長。服：事。　宗工：做官的王室成員。

⑭ 百姓：貴族成員。　裡居：作「裡君」，指貴族。

⑮ 越：與。　尹人：官員。　祗（ㄓ）：敬。　辟：法。

⑯ 後嗣王：商紂王。　酗身：飲酒作樂。

⑰ 顯：昭著。

⑱ 祗：只。　保：安。　越：於。

⑲ 易：改變。

⑳ 誕：大。　惟：為。　　淫：過度。泆：樂。　　彝：法。

㉑ 用：因。　　燕：宴飲。

㉒ 盡（ㄒㄧˋ）：傷痛。

㉓ 荒：過度。

㉔ 惟：思。　　息：止。

㉕ 疾：害。　　很：狠。

㉖ 罹：憂。

㉗ 弗：不。　　馨香：芳香。

㉘ 祀：讀為「已」，以。　　登：上。

㉙ 腥：指酒氣。

㉚ 速：招來。

譯文

　　王說：「封，我們西土從前的諸侯、辦事官員、子孫，都能遵從文王的教導，不過度飲酒。所以我們到今天能代替殷商接受上天賜予的大命。」

　　王說：「封，我聽到有人說：以前殷商明智的先王，都遵循大道、敬畏上天，使民眾美好，他們實行德政、保持恭敬的態度，從成湯一直到帝乙，都努力地成就王業、恭敬地省察自我。就是那些（休假）不供職的辦事官員們，也不敢自己安閒自己快樂，何況說敢聚眾飲酒呢？在外的，侯、甸、男、衛各國的國君；在內的，各級官員及做官的王室成員，和所有的貴族，都沒有敢過度飲酒的。不只是不敢，也是沒有閒暇。他們都只想著幫助君王成就王業、顯揚德政，以及讓官員們敬守國家的法令。我還聽到有人說：現在商紂王飲酒作樂，以致他的命令在民眾間不顯明，他卻安於民眾的怨恨，不思悔改。他放縱地過度享樂、不遵守法律，因宴飲無度而喪失了君王的威儀，民眾沒有不悲傷痛心的。他過度地沉醉在美酒中，不想停止，只想尋求歡樂。他的心險惡兇狠，不肯怕死；他在商朝的都城作惡犯罪，對於殷商的滅亡卻絲毫不感到憂愁。他沒有芳香的美德，以上升到天上被上帝聞到，

而只有民眾的怨恨。他聚集群臣過度飲酒，酒氣被上帝都聞到了。所以上帝在殷國降下了滅亡的災禍，不再愛護它，就是因為紂王過度享樂。上帝並不暴虐，是殷商的臣民自己招來的罪過。」

➲ **原文**

王曰：「封，予不惟若茲多誥①，古人有言曰：『人無於水監②，當於民監。』今惟殷墜厥命，我其可不大監撫於時③？予惟曰汝劼毖殷獻臣④，侯、甸、男、衛，矧太史友、內史友⑤，越獻臣、百宗工，矧惟爾事、服休、服采⑥，矧惟若疇⑦，圻父薄違、農父若保、宏父定辟⑧，『矧汝剛制於酒⑨！』厥或誥曰：『群飲。』汝勿佚⑩，盡執拘以歸於周⑪，予其殺。又惟殷之迪諸臣惟工⑫，乃湎於酒，勿庸殺之⑬，姑惟教之⑭。有斯明享⑮，乃不用我教辭，惟我一人弗恤⑯，弗蠲乃事⑰，時同於殺。」

王曰：「封，汝典聽朕毖，勿辯乃司民湎於酒⑱。」

注釋

① 若茲：如此。

② 監：照，察看。

③ 其：難道。　　監撫：省察。撫，覽。　　時：是。

④ 劼（ㄐㄧㄝˊ）：慎重。　　獻：賢。

⑤ 矧（ㄕㄣˇ）：又。下文「矧」同義。　　太史友：記事的史官。　　內史友：記言的史官。

⑥ 事：辦事的一般官員。　　服休：管理國君遊宴休息的官員。服采：管理國君朝祭的官員。

⑦ 疇：類。

⑧ 圻（ㄑㄧˊ）父：司馬，掌管軍事的官。　　薄：討伐。違：叛亂。　　農父：掌管農事的官。　　若：順。　　保：養。宏父：司空，掌管土地居所的官。　　辟：法。

⑨ 剛：強。

⑩ 佚：放縱。

⑪ 執拘：逮捕。

⑫ 迪：句中語助詞，無義。　　惟：與。　　工：官。
⑬ 庸：用。
⑭ 姑：暫且。
⑮ 斯：這。　　享：教導。
⑯ 我一人：君王自稱。　　恤：憐惜。
⑰ 䎿（ㄐㄩㄢ）：免除。
⑱ 辯：使。　　乃司民：你所管轄的民眾。司，治。

譯文

王說：「封，我不想如此過多地告誡你，古人有句話說：『人不要在水中察看自己，應該在民情中察看自己。』現在殷商喪失了他所承受的天命，我們難道可以不大大地省察這件事嗎？我想你要謹慎地教導殷商的賢臣，侯、甸、男、衛各國的國君，以及記言記事的史官，和賢臣、從政的王族，還有你治事的官員，管遊宴休息、祭祀的官員，還有這類官員，討伐叛亂的圻父、順保民眾的農父、制定法規的宏父，（要說：）『你們都要強硬地克制自己喝酒！』假如有人來告訴說：『有人聚眾飲酒。』你不要放縱他們，要全部逮捕起來送到周王朝，我將要殺掉他們。假如是殷商的眾位大臣和官員，沉醉在酒中，就不要殺他們，暫且先教育他們。有這樣明白的教導，還有人不聽從我的教令，我就不會憐惜，不會赦免他們，要和聚眾飲酒的人一樣都殺掉。」

王說：「封，你要常聽我的教導，不要使你所管轄的民眾沉醉在酒中。」

❀ 梓 材

題解

◆ 梓（ㄗˇ）材，出自文中「若作梓材」，指上等的木材，比喻治理國家。本篇承接《康誥》、《酒誥》，也是周公對康叔的誥詞。周公強調上行下效的道理，告誡康叔要施行德政、效法先王、和悅民眾。關於本篇，歷來爭論頗多，學者多認為前後內

容不一致，應是多個篇目的錯簡拼湊而成。該問題還有待進一步研究，今仍看作一篇。今文《尚書》、古文《尚書》都有。（序見《康誥》）

⊃ **原文**

王曰：「封，以厥庶民暨厥臣達大家①，以厥臣達王，惟邦君②。汝若恒越曰③：『我有師師④，司徒、司馬、司空、尹、旅⑤，曰：予罔厲殺人⑥。亦厥君先敬勞⑦，肆徂厥敬勞⑧。肆往⑨，奸宄、殺人、曆人⑩，宥⑪；肆亦見厥君事⑫，戕敗人宥⑬。』王啟監⑭，厥亂為民⑮，曰：『無胥戕⑯，無胥虐，至於敬寡⑰，至於屬婦⑱，合由以容⑲。』王其效邦君越御事⑳，厥命曷以㉑？引養引恬㉒。自古王若茲監㉓，罔攸辟㉔！

注釋

① 厥：其。　　暨：及。　　達：傳達。　　大家：執政大臣。
② 惟：是。　　邦君：諸侯。
③ 若：其。　　恒：常。　　越：無義的語詞。
④ 師師：第一個「師」，眾。第二個「師」，官長。
⑤ 司徒：掌管教育的官。　　司馬：掌管軍事的官。　　司空：掌管土地居所的官。　　尹：大夫。　　旅：士。
⑥ 厲：殺戮無罪的人。
⑦ 敬：通「矜」，憐憫。　　勞：憫惜。
⑧ 肆：所以。　　徂：讀為「且」，此。
⑨ 肆往：從前。
⑩ 奸宄（ㄍㄨㄟˇ）：指作亂。　　曆人：虜人。
⑪ 宥（ㄧㄡˋ）：赦免。
⑫ 見：效法。
⑬ 戕（ㄑㄧㄤˊ）敗人：殘害人。戕，傷害。
⑭ 啟：設立。　　監：諸侯。
⑮ 亂：作「率」，用。　　為：作「化」，教化。
⑯ 胥：互相。

梓材

⑰ 敬寡：泛指孤苦無依的人。敬：通「矜」，與「鰥」音近相通，指年老無妻。

⑱ 屬婦：賤妾。

⑲ 合：共同。　由：用。　容：愛護。

⑳ 效：教。　越：與。　御事：治事官員。

㉑ 曷：何。

㉒ 引：長。　恬：安。

㉓ 若茲：如此。　監：治理。

㉔ 攸：所。　辟：通「僻」，偏。

譯文

　　王說：「封，使民眾和下級官員的情意傳達到執政大臣，使大臣的情意傳達到天子，這才是諸侯。你會常說：『我有眾位官長，司徒、司馬、司空、大夫和士，他們說：我們不濫殺無辜。我們的君王能先憐憫那些人，所以我們也都憐憫那些人。從前，作亂的、殺人的、虜人的，都被君王赦免了；所以當時的官員也效法君王的行為，將殘害他人的也赦免了。』天子設立諸侯，是用來教化民眾的，他告誡諸侯說：『不要互相傷害，不要互相虐待，對於孤苦無依的人，對於卑賤的侍妾，都要愛護。』天子教導諸侯和治事的官員，他的命令怎麼樣呢？就是要永久地保養人民、永久地安定人民。自古以來天子都是這樣治理天下，沒有偏差！

⊃ 原文

　　「惟曰①：若稽田②，既勤敷菑③，惟其陳修④，為厥疆畎⑤。若作室家，既勤垣墉⑥，惟其塗墍茨⑦。若作梓材，既勤朴斫⑧，惟其塗丹雘⑨。今王惟曰：先王既勤用明德，懷為夾⑩。庶邦享作⑪，兄弟方來⑫。亦既用明德，後式典集⑬，庶邦丕享⑭。皇天既付中國民⑮，越厥疆土於先王，肆王惟德用，和懌先後迷民⑯，用懌先王受命⑰。已！若茲監。惟曰欲至於萬年惟王，子子孫孫永保民。」

注釋

① 惟：思。

② 稽：治，指耕種。

③ 敷：播種。　菑（ㄗ）：新開墾的田地。

④ 陳、修：治。

⑤ 疆：界。　畎（ㄑㄩㄢˇ）：田間水溝。

⑥ 垣（ㄩㄢˊ）：矮牆。　墉：高牆。

⑦ 塗：謀。下文「塗」同義。　墍（ㄒㄧˋ）：在牆上塗上泥巴。　茨：用茅草蓋屋。

⑧ 朴：砍去樹皮。　斫（ㄓㄨㄛˊ）：砍削。

⑨ 丹艧（ㄉㄢ　ㄏㄨㄛˋ）：紅色顏料。丹，紅色。

⑩ 懷：來。　夾：輔佐。

⑪ 享作：即作享，進獻。

⑫ 兄弟方：兄弟國。方，國。

⑬ 後：諸侯。　式：乃。　典：常。　集：朝會。

⑭ 丕：乃。

⑮ 付：給與。

⑯ 懌：悅。　先後：先教導，後愛護。　迷民：迷惑的民眾。

⑰ 懌：終，完成。

譯文

「我想：就像耕種田地，既然勤勞地播種了新開墾的田地，就要去治理，修築田界、挖好溝渠。就像修建房子，既然勤勞地築好了牆壁，就要考慮塗飾牆壁、蓋上房頂。就像做上等的木材，既然勤勞地砍去了樹皮，就要考慮漆上紅色的顏料。現在天子說：先王既然勤勉地施行美好的德政，諸侯國都來輔佐王室，進獻貢物，兄弟國也來歸附了。（我）也當施行美好的德政，諸侯們就會常常來朝見，並帶來他們的貢物。上天已經把中國的民眾和疆土賜給了先王，所以今王要施行德政，對迷惑的民眾要教導愛護，使他們和悅，以此來完成先王所承受的大命。唉！就這樣治理吧。要想千秋萬代做君王，子子孫孫就要永遠保有民眾。」

✱ 召 誥

題解

◆ 召（ㄕㄠˋ），即召公奭（ㄕˋ），與周朝同姓的貴族，輔佐武王滅商，封於燕國。誥，告誡。本篇是召公在勘察雒邑後，對周成王的告誡。建造東都雒邑是武王的遺願，直到成王七年，才開始正式修建。成王先命召公去考察地形，確定方位。又命周公去祭祀天地神靈，宣布動工。召公分析當前形勢，強調夏商亡國的教訓，勸告成王在新的都城要謹慎德行。古文《尚書》、今文《尚書》都有此篇。

⊃ 原文

成王在豐①，欲宅雒邑②，使召公先相宅③，作《召誥》。

注釋

① 豐：地名，文王舊都，在今陝西西安附近。
② 宅：居住。
③ 相：視，引申為勘察。　宅：指宗廟、宮室、朝市等的位置。

譯文

成王在豐都，想要居住到雒邑去，便命召公先去勘察宗廟、宮室、朝市的位置，史官作了《召誥》。（以上是序）

⊃ 原文

惟二月既望①，越六日乙未②，王朝步自周③，則至於豐。

惟太保先周公相宅④。越若來三月⑤，惟丙午朏⑥。越三日戊申⑦，太保朝至於雒，卜宅⑧。厥既得卜⑨，則經營⑩。越三日庚戌⑪，太保乃以庶殷攻位於洛汭⑫。越五日甲寅⑬，位成。若翼日乙卯⑭，周公朝至於雒，則達觀於新邑營⑮。越三日丁巳⑯，用牲於郊⑰，牛二。越翼日戊午⑱，乃社於新邑⑲，牛一，羊一，豕一。

越七日甲子⑳，周公乃朝用書㉑，命庶殷、侯、甸、男邦伯。

207

厥既命殷庶，庶殷丕作^㉒。

注釋

① 惟：發語詞，無義。　　二月：周成王七年的二月。　　既望：指十六日。

② 越：及，到。

③ 朝：早。　　步：行。　　周：鎬京，武王舊都，在今西安市西南。

④ 太保：官名，指召公。

⑤ 越若：發語詞，無義。　　來：將來。來三月，表示下個月是三月。

⑥ 朏（ㄈㄟˇ）：新月開始發出光明，指農曆每月初三。

⑦ 戊申：三月初五。

⑧ 卜宅：用龜卜問修築雒邑的吉凶。

⑨ 厥：其。　　得卜：得到吉卜。

⑩ 經：測量地基。　　營：立標竿確定建築物的方位。

⑪ 庚戌：三月初七。

⑫ 庶殷：眾殷民。　　攻：治。　　位：城郭、宗廟、宮室的方位。　　洛汭（ㄖㄨㄟˋ）：洛水流入黃河處。汭，指河流會合或彎曲的地方。

⑬ 甲寅：三月十一日。

⑭ 翼日：第二天。　　乙卯：十二日。

⑮ 達觀：段玉裁認為「通看一遍」。達，通。

⑯ 丁巳：十四日。

⑰ 郊：祭天。

⑱ 戊午：十五日。

⑲ 社：祭土神。

⑳ 甲子：二十一日。

㉑ 書：冊命之書。

㉒ 丕：大。

譯文

過了二月十六日，到第六天乙未，成王一大早從鎬京出發，到了豐都。

太保召公在周公之前，去勘察修建新城的地方，下個月是三月，丙午日是初三，新月放出光芒。到了第三天戊申，召公早晨到達雒地，卜問建都的地址。得到了吉兆，於是就測量地基、立竿確定方位。到第三天庚戌，召公率領著眾多殷民在洛水入河的地方，勘察城郭、宗廟、宮室的方位，到第五天甲寅，各方位確定。第二天乙卯日，周公早晨到達雒地，就把營建新城的工程通看了一遍。到第三天丁巳，周公用犧牲祭祀天神，用了兩頭牛。到第二天戊午，在新城祭祀土神，用了一頭牛，一頭羊，一頭豬。

到第七天甲子，周公早晨用冊命之書，命令眾位殷民，侯、甸、男眾位諸侯。周公命令了殷商眾位臣民後，他們就開始大舉動工。

⊃ 原文

太保乃以庶邦塚君出取幣 ①，乃復入，錫周公 ②，曰：「拜手稽首 ③，旅王若公 ④。誥告庶殷，越自乃御事 ⑤。嗚呼！皇天上帝，改厥元子 ⑥，茲大國殷之命 ⑦。惟王受命，無疆惟休 ⑧，亦無疆惟恤 ⑨。嗚呼！曷其奈何弗敬 ⑩？天既遐終大邦殷之命 ⑪，茲殷多先哲王在天 ⑫，越厥後王後民 ⑬，茲服厥命 ⑭，厥終智藏瘝在 ⑮。夫知保抱攜持厥婦子 ⑯，以哀籲天 ⑰，徂厥亡出執 ⑱。嗚呼！天亦哀於四方民，其眷命用懋 ⑲。王其疾敬德 ⑳。

「相古先民有夏 ㉑，天迪從子保 ㉒，面稽天若 ㉓，今時既墜厥命 ㉔。今相有殷，天迪格保 ㉕，面稽天若，今時既墜厥命。今冲子嗣 ㉖，則無遺壽耇 ㉗，曰其稽我古人之德，矧曰其有能稽謀自天 ㉘。

注釋

① 以：與。　　塚君：大君。　　幣：玉器絲帛之類的禮物。
② 錫：獻。

③ 拜手稽首：下跪後兩手相拱，俯頭至手與心齊平，再叩頭至地。

④ 旅王若公：指希望周公轉達成王。旅，陳述。若，於。

⑤ 越：與。　　自：無義。　　御事：治事的官員。

⑥ 改：更換。　　元子：指天子。

⑦ 茲：終止。

⑧ 無疆：無窮。　　休：吉祥。

⑨ 恤：憂。

⑩ 曷其：同「奈何」，怎麼能。

⑪ 遐：已。

⑫ 哲王：聖明的君王。

⑬ 越：發語詞，無義。　　後王：指紂王。

⑭ 茲：斯，承接連詞。　　服：從。

⑮ 終：指殷商末年，紂王在位時。　　瘝（ㄍㄨㄢ）：病，此指作惡的人。

⑯ 夫：人人。　　知：無義的語詞。　　保：背負。

⑰ 籲：呼。

⑱ 徂：往。　　亡：逃亡。　　出執：指逃亡的人被逮捕。

⑲ 眷：顧。　　命：任命。　　懋（ㄇㄠˋ）：勉。

⑳ 疾：速。　　敬：謹。

㉑ 有夏：夏。有，名詞詞頭，無義。下文「有夏」「有殷」同此。

㉒ 迪：所。　　從：順從。　　子保：慈保，慈愛保護。

㉓ 面：勉。　　若：句末語氣詞，無義。

㉔ 墜：失去。

㉕ 格：嘉，善。

㉖ 冲子：年幼的人，指成王。　　嗣：繼位。

㉗ 壽耇（ㄍㄨˇ）：年長德高的老人。

㉘ 矧：又。　　有：又。

譯文

太保召公就和眾國的國君一起，出去拿了玉器絲帛等禮品，

然後入內，獻給周公。說：『叩頭跪拜，請公轉告大王。並告誡眾位殷民，和王治事的官員們。啊！偉大的老天上帝，更換了人間的君王，終止了大國殷商的國運。周王承受上天的大命，有無窮的吉祥，也有無窮的憂患。啊！怎麼能不恭敬呢？上天已經終止了大國殷商的國運，這殷商有多位明智的先王在天上，後來的君王臣民，（開始時）能服從先王的命令。到最後，明智的人都藏起來，作惡的人反而在朝廷上。人人都背著、抱著、牽著、扶著自己的妻子兒女，悲哀地呼告上天，往外逃亡，可一逃亡就被逮捕起來。啊！上天也是哀憐四方百姓的，他眷顧天下，任命努力從事的人。王要趕快謹慎地施行德政。

　「看那古時候的人比如夏代，上天順從他們、慈保他們，他們努力探求上天的旨意，現在已經失去了自己的大命。再看殷商，上天嘉保他們，他們也努力地探求上天的旨意，現在也已經失去了自己的大命。如今年輕的你繼承了王位，不要遺忘了年長德高的老人，你要說，我要考察我先祖的美德，還要說，我還要能考求上天的旨意。

○ 原文

　「嗚呼！有王雖小，元子哉。其丕能諴於小民①，今休。王不敢後②，用顧畏於民碞③；王來紹上帝④，自服於土中⑤。且曰⑥：『其作大邑，其自時配皇天⑦，毖祀於上下⑧，其自時中乂⑨。王厥有成命⑩，治民今休。』王先服殷御事⑪，比介於我有周御事⑫，節性⑬，惟日其邁⑭。

　王敬作所，不可不敬德。

注釋

① 諴（ㄒㄧㄢˊ）：融和。
② 後：延緩。
③ 碞：即「岩」，險。民險，指殷民難治。
④ 紹：通「卲」，卜問。
⑤ 服：治。　土中：即中土，指雒邑。

⑥ 旦：周公名。

⑦ 自時：從此。　　配：配合。

⑧ 焫：告。　　上下：指天地神靈。

⑨ 中：指中土。　　乂（一ㄟ）：治理。

⑩ 成命：定命，指營建雒邑之命。

⑪ 服：使服從。

⑫ 比：親附。　　介：當作「邇」，近。

⑬ 節：節制，限制。　　性：性情。

⑭ 邁：進。

譯文

「啊！王雖然年輕，但終究是天子。要能很好地與百姓和諧相處，那就好了。王不敢延緩修建雒邑，因為顧慮到殷民難以治理。王來卜問上帝，親自在雒邑治理天下。旦說：『修建大都，從此在這裡配合天意，禱告祭祀天地神靈，從此雒邑得到治理。王有上天的定命在身，統治天下百姓，達到美好。』王首先要讓殷商的官員們服從，使他們親近我們周朝的官員們，節制他們不好的習性，使他們天天有所進步。

王要謹慎自己的所作所為，不可不謹慎自己的德行。

○ 原文

「我不可不監於有夏①，亦不可不監於有殷。我不敢知曰②，有夏服天命③，惟有歷年④。我不敢知曰，不其延⑤。惟不敬厥德，乃早墜厥命。我不敢知曰，有殷受天命，惟有歷年。我不敢知曰，不其延。惟不敬厥德，乃早墜厥命。今王嗣受厥命⑥，我亦惟茲二國命⑦，嗣若功⑧。王乃初服⑨。嗚呼！若生子⑩，罔不在厥初生，自貽哲命⑪。今天其命哲⑫，命吉凶⑬，命歷年。知今我初服，宅新邑，肆惟王其疾敬德⑭。王其德之用⑮，祈天永命。其惟王勿以小民淫用非彝⑯，亦敢殄戮⑰，用乂民，若有功⑱。其惟王位在德元⑲，小民乃惟刑用於天下⑳，越王顯㉑。上下勤恤㉒，其曰我受天命，丕若有夏歷年，式勿替有殷歷年㉓。欲王以小民受天永命。」

拜手稽首,曰:「予小臣 ㉔,敢以王之仇民、百君子、越友民 ㉕,保受王威命明德 ㉖。王末有成命 ㉗,王亦顯。我非敢勤 ㉘,惟恭奉幣,用供王能祈天永命。」

注釋

① 監:同「鑒」,借鑒。

② 敢:謙詞,表示謙敬語氣。

③ 服:受。

④ 歷年:多年。曆,久。

⑤ 延:延續,長久。

⑥ 嗣:繼。

⑦ 惟:思。

⑧ 若:其。

⑨ 初服:指剛開始治理國家。

⑩ 若:像。　　生:教養。

⑪ 貽:傳。　　哲:明。

⑫ 命:給予。

⑬ 吉凶:指吉祥。

⑭ 肆:故。

⑮ 德之用:即「用德」。

⑯ 淫:過度。　　彝(ㄧˊ):效法。

⑰ 殄(ㄊㄧㄢˇ):絕。

⑱ 若:乃。

⑲ 位:居。　　德元:德之首,指道德的表率。元,首。

⑳ 刑:同「型」,效法。

㉑ 越:於是。

㉒ 上下:君臣。

㉓ 替:廢。

㉔ 予小臣:召公謙稱自己。

㉕ 仇民:殷商遺民。　　君子:指殷商的眾位官員。　　友民:指原歸附周朝的諸侯國的臣民。

㉖ 保：安。
㉗ 末：終。
㉘ 勤：慰勞。

譯文

「我們不可以不吸取夏代的教訓，也不可以不吸取殷代的教訓。我不知道，夏代接受天命，有多長時間。我也不知道，他們不能長久下去。只知道他們不謹慎自己的德行，於是早早地就失去了天命。我不知道，殷代接受天命，有多長時間。我也不知道，他們不能長久下去。只知道他們不謹慎自己的德行，於是也早早地就失去了天命。現在王繼續接受天命，我們也要思考這兩個國家為什麼會失去天命，這樣才能繼承他們的功業。王是剛開始治理國家。啊！就像教養孩子，無不是在他年幼的時候，就親自傳給他明智的大命。現在上天賜予明智，賜予吉祥，賜予長久。他知道現在我王剛開始治國，居住在新的都城，所以王要趕快謹慎德行。王要用美德，向上天祈求長久的天命。希望王不要因為百姓過度地違反法規，就殺戮他們，這樣治理民眾，才有功績。王要做道德的表率，百姓就會效法你並施行於天下，於是王的美德顯耀。君臣上下勤勞憂慮，說我們接受天命，要有夏代那樣長久的時間，也要有殷代那樣長久的時間。願王與百姓接受上天賜予的永久的命運。」

召公叩頭跪拜，說：「我這小臣和殷商的臣民及友好國家的臣民，會安然地接受王威嚴的命令、光明的德教，王最終決定修建雒邑，王的功德也顯耀。我不敢慰勞王，只是恭敬地獻上玉器絲帛，以供王向上天祈求永久的命運。」

❀ 洛 誥

題解

◆ 雒邑建成後，周公勸誡成王在雒邑治理天下，成王卻請周公留在雒邑治理。周公接受了王命，成王便命史官逸作冊，宣告

天下，因此取名《洛誥》。本篇是《召誥》的姊妹篇，都作於周成王七年。但本篇內容比較繁雜：先是建造雒邑前，周公向成王報告卜兆；再是建成後，周公與成王商討治理雒邑，及周公受命治理雒邑；最後是成王命史官作冊將周公治理雒邑的事稟告神靈，大告天下。史官詳細地記載了整個過程，為後世研究西周的歷史提供了寶貴的文獻資料。今文《尚書》、古文《尚書》都有此篇。

➲ 原文

召公既相宅①，周公往營成周②，使來卜告③，作《洛誥》。

注釋

① 相：視，引申為勘察。　宅：指宗廟、宮室、朝市等的位置。
② 營：營建。
③ 使來：使成王來。　卜告：告卜，報告吉兆。

譯文

　　召公已經勘察完宗廟、宮室、朝市的位置，周公前去營建成周，派遣使者請成王來雒邑，告訴成王占卜的吉兆，（史官記載下來，）作了《雒誥》。

➲ 原文

　　周公拜手稽首曰①：「朕復子明辟②。王如弗敢及天基命定命③，予乃胤保④，大相東土⑤，其基作民明辟⑥。予惟乙卯⑦，朝至於雒師⑧。我卜河朔黎水⑨，我乃卜澗水東、瀍水西⑩，惟洛食⑪。我又卜瀍水東，亦惟洛食。伻來以圖及獻卜⑫。」

　　王拜手稽首，曰：「公不敢不敬天之休⑬，來相宅，其作周匹休⑭。公既定宅，伻來，來，視予卜休恒吉⑮。我二人共貞⑯。公其以予萬億年敬天之休⑰。拜手稽首誨言⑱。」

注釋

① 拜手稽首：叩頭跪拜。

② 朕：我。　　復：報告。　　子：你。　　辟：君，指周成王。

③ 如弗敢及：即「如弗及」，表示「唯恐趕不上」。敢，無義語詞。　　基：始，指文王創業時。　　定：指武王伐商後，平定天下時。

④ 胤（一ㄣˋ）：繼續，世代相襲。胤保，指輔佐武王后，繼續輔佐成王。

⑤ 東土：雒邑。

⑥ 基：謀。

⑦ 乙卯（ㄇㄠˇ）：指成王七年三月十二日。地支的第四位。

⑧ 雒師：雒邑。

⑨ 河：黃河。　　朔：北。　　黎水：水名，在今河南省浚縣東北。

⑩ 澗水：發源於河南澠池縣東北的白石山，在洛陽西南匯入洛水。　　瀍（ㄔㄢˊ）水：發源於河南省孟津縣，向南流，在洛陽東匯入洛水。

⑪ 惟：只。　　食：吉兆。

⑫ 伻（ㄆㄧㄥˊ）：平使。　　圖：謀。

⑬ 休：善，福祥。

⑭ 作周：指成就周的王業。　　匹：配合。　　休：指上文「天之休」。

⑮ 視：示。　　卜休：卜問福祥。　　恒：徧，全。

⑯ 貞：當。共貞，指共同承當（吉兆）。

⑰ 以：與。

⑱ 誨：教誨。

譯文

　　周公叩頭跪拜說：「我向您報告，明智的君王。王唯恐趕不上老天命文王建國時、命武王安定天下時的功業，我於是繼續輔佐您，全面地視察了雒邑，這樣謀劃著使您成為百姓英明的君主。我在乙卯這天早上到達雒邑。我先卜問在黃河北岸的黎水一帶修建都邑，（結果不吉，）又卜問在澗水東、瀍水西這一帶修建，

結果只有洛水一帶是吉兆。我又卜問瀍水以東一帶，還是只有洛水一帶是吉兆。於是請王來商量，並獻上占卜的兆象。」

成王叩頭跪拜，說：「公！不敢不敬重老天賜予的福祥，來到洛地勘察地址，成就周的王業來配合上天賜予的福祥。公既然已經選定了位址，使我來，我來了，又給我看卜問福祥的兆象，全是吉兆。我們二人將共同享受這吉兆。公將與我千秋萬代地敬重老天賜予的福祥。叩頭跪拜，感謝您的教誨。」

⊃ 原文

周公曰①：「王肇稱殷禮②，祀於新邑，咸秩無文③。予齊百工④，伻從王於周⑤。予惟曰⑥：『庶有事⑦。』今王即命曰：『記功，宗以功⑧，作元祀⑨。』惟命曰：『汝受命篤弼⑩，丕視功載⑪，乃汝其悉自教工⑫。』孺子其朋⑬，孺子其朋，其往。無若火始焰焰⑭，厥攸灼敘⑮，弗其絕。厥若彝⑯，及撫事如予⑰。惟以在周工，往新邑。伻向即有僚⑱，明作有功⑲，惇大成裕⑳，汝永有辭㉑。」

注釋

①「周公曰」以下到「無遠用戾」是雒邑建成之後，周公從雒邑返回鎬京，對成王的告誡之辭。

② 肇（ㄓㄠˋ）：始。　　稱：舉行。　　殷禮：殷商的祭禮。

③ 咸：都。　　秩：有序。　　文：即「紊」，亂。

④ 齊：整治。　　百工：百官。

⑤ 周：鎬京。

⑥ 惟：思。

⑦ 庶：庶幾。　　有事：有祭祀的事。

⑧ 宗：尊。宗以功，指按功勞大小定尊卑秩序。

⑨ 作：舉行。　　元祀：祭天改元的大典。

⑩ 受命：指受先王的遺命。　　篤：忠實。　　弼：輔佐。

⑪ 丕：句首語助詞。　　載：記載。

⑫ 悉：盡。　　教：教導。

⑬ 孺子：小孩，指成王。　　朋：交友。

217

⑭ 焰焰：火微微燃燒的樣子。

⑮ 厥所灼敘：指火苗燃燒這件事。厥，其。攸，所。灼，燒。敘，緒。

⑯ 若：順。　　彝（一ˊ）：法。

⑰ 及：汲汲，努力。　　撫：治理。

⑱ 向即有僚：指各盡其職。向，趨。即，就。有僚，僚，官職。有，名詞詞頭，無義。

⑲ 明：勉。　　有功：功。

⑳ 惇：厚。　　裕：安泰。

㉑ 辭：作「嗣」，繼。

譯文

　　周公說：「王啊，您開始舉行殷商的祭禮，在新的城邑祭祀，這些典禮都要安排得有條不紊。我整治百官，使他們在鎬京跟隨著王。我想：『應該會有祭祀的事。』現在王就下命令說：『記下營建雒邑的功勞，並按功勞的大小定尊卑秩序，舉行祭天改元的典禮。』又命令說：『你們接受先王的命令，忠實地輔佐我，我要考察功績並記載下來，那麼你們就要親自盡心地教導百官。』年輕的王啊，您要與百官友好相處，要與百官友好相處，到新的城邑去。不要像火苗剛開始燃燒時那樣微弱，這燃燒的火苗，不能讓它熄滅。您要順從常法，像我一樣努力地治理國家。與在鎬京的百官，一產生新的城邑去。使他們各盡職守，努力地建立功業，讓這份功業深厚寬廣而實現國家的安泰，這樣您的王業將永遠延續下去。」

○ 原文

　　公曰：「已①！汝惟冲子②，惟終③。汝其敬識百辟享④，亦識其有不享。享多儀⑤，儀不及物⑥，惟曰不享，惟不役志於享⑦。凡民惟曰不享⑧，惟事其爽侮⑨。乃惟孺子頒⑩，朕不暇聽⑪。朕教汝於棐民彝⑫，汝乃是不蘉⑬，乃時惟不永哉⑭！篤敘乃正父⑮，罔不若予⑯，不敢廢乃命⑰。汝往敬哉！茲予其明農哉⑱

！彼裕我民⑲，無遠用戾⑳。」

① 已：唉。

② 冲子：幼子。

③ 終：指完成先王未完的事業。

④ 敬：謹慎。　　識：記。　　百辟：各諸侯國國君。　　享：
進獻，此指進獻的禮物。

⑤ 儀：禮節。

⑥ 不及：比不上。

⑦ 役志：用心。

⑧ 曰：讀如「聿（ㄩˋ）」，無義的語詞。

⑨ 事：政事。　　爽：差失。　　侮：輕慢。

⑩ 頒：分，辨別。

⑪ 暇：空閒。　　聽：指過問。

⑫ 棐：輔。

⑬ 乃是：若是。　　蔑（ㄇㄤˊ）：勉力。

⑭ 時：指統治的時間。　　永：久。

⑮ 敘：順。　　乃：你。　　正、父：官長。

⑯ 若：像。

⑰ 廢：棄。

⑱ 茲：這。　　明農：勉力。

⑲ 彼：往。　　裕：道，教導。

⑳ 戾：至，指歸附。

譯文

　　周公說：「唉！您作為年輕人，要考慮完成先王未了的事業。
您要慎重地記下諸侯們進獻的禮物，也要記下那些不來進獻的諸
侯。進獻禮物有很多禮節，如果禮節比不上進獻的禮物那麼隆重，
那就算作沒有來進獻，因為他並沒有用心。如果是民眾不來進獻，
那麼政事就會出現差失，也會受到輕慢。這些只有您自己去辨別

了，我沒有更多的時間來過問了。我教給您輔助民眾的常法，您如果不努力，您的統治時間就不會長久啊。要優厚、順從您的各位官長，使他們沒有人不像我這樣，他們就不敢廢棄您的命令。您到新的城邑去，要謹慎啊！在這裡我也要奮發努力啊！去教導我們的民眾，那麼無論多遠，他們都會來歸附您。」

⊃ 原文

王若曰[1]：「公！明保予冲子。公稱丕顯德[2]，以予小子揚文武烈[3]，奉答天命[4]，和恒四方民[5]，居師[6]；惇宗將禮[7]，稱秩元祀[8]，咸秩無文。惟公德明，光於上下；勤施於四方，旁作穆穆[9]；迓衡不迷[10]，文武勤教。予冲子夙夜毖祀[11]。」

王曰：「公功棐迪篤[12]，罔不若時。」

王曰：「公！予小子其退即辟於周[13]，命公後[14]。四方迪亂未定[15]，於宗禮亦未克敉公功[16]，迪將其後[17]，監我士師工[18]，誕保文武受民[19]，亂為四輔[20]。」

王曰：「公定[21]，予往已。公功肅將祗歡[22]，公無困哉[23]！我惟無斁其康事[24]，公勿替刑[25]，四方其世享。」

注釋

① 若曰：這樣說。「王若曰」以下是成王對周公的回答。

② 稱：顯揚。　丕：大。　顯德：顯赫的功德。

③ 以：使。　揚：發揚。　烈：事業。

④ 奉答：遵奉。

⑤ 和恒：和悅。

⑥ 師：即前文「雒師」，雒邑。

⑦ 宗：尊。　將：行。

⑧ 稱秩：舉行。　元：大。

⑨ 旁：普遍。　穆穆：美善。

⑩ 迓（一ㄚˋ）衡：掌權。迓，通「御」，掌握。衡，權。迷：迷亂。

⑪ 夙夜：早晚。　毖：慎。

⑫ 棐：輔助。　　迪：道，教導。　　篤：厚。

⑬ 退：指從雒邑返回鎬京。　　辟：君位。

⑭ 後：留，指留在雒邑，治理雒邑。

⑮ 迪：還。　　亂：治。

⑯ 宗禮：指祭祀等典禮。　　克：能。　　敉：讀為「弭」，終。

⑰ 後：繼續。

⑱ 監：監督。　　士、師、工：指各類官員。

⑲ 誕：句首語氣助詞，無義。　　保：安。　　受民：指上天賜給的民眾。

⑳ 亂：率領。　　四輔：天子身邊的四位輔佐大臣。

㉑ 定：留下。

㉒ 肅：速。　　將：進。　　祗（ㄓ）：敬。

㉓ 困：困難。

㉔ 斁（ㄉㄨˋ）：厭倦。　　康：安。

㉕ 勿替刑：指不要廢掉榜樣。意在勸周公在位，人們有效法的榜樣。替，廢。刑，通「型」，榜樣。

譯文

　　成王這樣說：「公！您要努力輔助我這年輕人。您顯揚偉大顯赫的功德，使我能發揚光大文王、武王的事業，遵奉上天的命令，使天下的民眾和悅，居住在雒邑；隆重地舉行典禮，舉行大祭祀，這些都安排得有條不紊。只有公的德行如此光明，照亮天地間；您勤勞地施行善政，普天之下都變得美好；您掌握政權卻不迷亂，用文王、武王勤於政事的事蹟來教化百官。我這年輕人就只需早晚謹慎地祭祀罷了。」

　　王說：「公的功德已深深地輔助我、教導我，沒有不是這樣。」

　　王說：「公！我將返回鎬京就君位，就命您留下來。天下還要治理、還未平定，關於祭祀等典禮的制定，公的工作也還沒有完成，您還將繼續，監督我們的各類官員，安定上天賜給文王、武王的民眾，率領四位輔佐大臣。」

　　王說：「公，留下吧，我要回去了。您的功德會很快增進，

百姓將敬待、慶祝您的功德，您沒有什麼困難啊！我只有不厭倦這安定天下的大事，公不要廢掉了人們的榜樣，那麼天下百姓會世世代代前來進獻。」

⊃ 原文

周公拜手稽首曰：「王命予來，承保乃文祖受命民①，越乃光烈考武王弘朕恭②。孺子來相宅，其大惇典殷獻民③，亂為四方新辟，作周恭先④。曰⑤：『其自時中乂⑥，萬邦咸休，惟王有成績⑦。』予旦以多子越御事⑧，篤前人成烈⑨，答其師⑩，作周孚先⑪。考朕昭子刑⑫，乃單文祖德⑬。伻來毖殷⑭，乃命寧予⑮，以秬鬯二卣⑯，曰：『明禋⑰，拜手稽首休享。』予不敢宿⑱，則禋於文王武王。惠篤敘⑲，無有遘自疾⑳，萬年厭於乃德㉑，殷乃引考㉒。王伻殷乃承敘萬年㉓，其永觀朕子懷德㉔。」

注釋

① 承保：保護。　　文祖：文王。　　受命民：同上文「受民」。

② 越：與。　　光烈：光顯。　　考：父。　　弘：大。　　朕：訓。　　恭：共，法。

③ 典：典常，指典章、常法。　　獻民：賢民。

④ 作周：同上文，指成就周的王業。　　恭：敬。

⑤ 曰：是周公追述自己以前說過的話。

⑥ 時：是。　　中：指天下的中心。　　乂（一丶）：治。

⑦ 績：功。

⑧ 旦：周公名。　　多子：指與周王同姓的貴族。　　御事：治事的官員。

⑨ 篤：厚，引申為發揚。　　前人：指先祖先王。　　烈：功業。

⑩ 答：報答。　　師：眾。

⑪ 孚：信。

⑫ 考：成。　　昭子：指周成王。昭，美稱。　　刑：法。

⑬ 單：大，光大。

⑭ 毖：告，慰勞。　　殷：殷遺民。

⑮ 寧：安，問候。

⑯ 秬鬯（ㄐㄩˋ　ㄔㄤˋ）：指用黑黍釀的美酒，用於祭祀。卣（ㄧㄡˇ）商周時期的一種酒器，形似今小酒壺。

⑰ 禋（ㄧㄣ）：祭祀名。祭祀時，在犧牲下放柴木，點燃，使煙霧升起。

⑱ 宿：留。

⑲ 惠：仁。　敘：順。

⑳ 遘：遇。

㉑ 厭：飽。

㉒ 殷：盛。　引考：長壽。

㉓ 承敘：承順，順從。

㉔ 觀：示。

譯文

　　周公叩頭跪拜說：「王命令我來到雒邑，保護您先祖文王從上天那裡得來的民眾，和您光顯的父親武王的遺訓大法。您來視察雒邑，大大地加深了典章常法來頒給殷商的賢民，您治理天下，為天下新的君王，成就周的王業，要以恭敬為先。我曾說『在這天下的中心雒邑來治理國家，那麼天下各國就都會美好，這樣王也就大功告成。』我姬旦和同姓的貴族們及治事的官員們，會發揚先祖先王們成就的功業，以報答民眾，成就周的王業，要以誠信為先。成就我王的大法，就發揚光大了先祖文王的美德。您派遣使者來慰勞殷商的遺民，命人問候我，並帶來兩壺祭祀用的黑黍酒，說：『要舉行禋祭，叩頭跪拜獻上美好的禮物』，我不敢有所停留，就立即拜祭了文王、武王。您仁惠孝順，自己不會遇到什麼疾病，子孫萬年享受您的功德，您會隆盛地享受長壽。王能使殷民長久地順從我們周朝，殷民將表示會千秋萬年永遠懷念您的恩德。」

⟳ 原文

　　戊辰①，王在新邑，烝②，祭歲③，文王騂牛一④，武王騂牛

一。王命作冊逸祝冊⑤，惟告周公其後⑥。王賓⑦，殺、禋⑧，咸格⑨，王入太室祼⑩。王命周公後，作冊逸誥，在十有二月⑪，惟周公誕保文武受命，惟七年。

注釋

① 戊辰：成王七年十二月三十日。

② 烝（ㄓㄥ）：冬祭名。（用熱水氣蒸東西。通「蒸」）

③ 祭歲：據屈萬里《尚書今注今譯》，指祈禱豐年。

④ 騂（ㄒㄧㄥ）：紅色。

⑤ 作冊：官名。　逸：人名。　祝冊：宣讀禱告的冊文。

⑥ 告：指告文王、武王。　後：同上文「命公後」，指留在雒邑，治理雒邑。

⑦ 王賓：指助祭的諸侯。

⑧ 殺：殺犧牲，作祭品。

⑨ 格：至。

⑩ 太室：太廟的中央大室。　祼（ㄌㄨㄛˇ）：以酒灌地而求神降臨的祭禮。

⑪ 有：又。

譯文

戊辰這天，成王在新城雒邑，舉行冬祭，祈禱豐年，祭祀文王用了一頭紅色的牛，祭祀武王也用了一頭紅色的牛。成王命令作冊官逸宣讀禱告的冊文，稟告文王、武王，周公留下治理雒邑這件事。助祭的諸侯都來了，便殺犧牲，舉行禋祭，成王進入太廟中央的大室，把酒澆在地上，舉行祼祭。成王命令周公治理雒邑，作冊官逸大告天下，這是在十二月，周公接受文王、武王承受的天命，這一年是周成王七年。

❀ 多士

題解

多士

◆ 多士，即眾士，指殷商的眾位舊臣。周成王七年，開始營建雒邑。成王把殷商遺民遷往雒邑，周公代成王發布誥令，勸導殷商遺民要安居樂業，親附周朝。《序》言「成周既成，遷殷頑民，周公以王命誥，作《多士》」，是說在雒邑建成後，周公作誥令；但根據本篇正文「惟三月，周公初於新邑洛，用告商王士」，是說作誥令在成王七年三月，周公第一次到雒邑之時。從《召誥》篇，我們可以知道這時是剛開始營建雒邑，那麼作誥令的時間應是開始營建雒邑時。《序》說與正文不符。今文《尚書》、古文《尚書》都有此篇。

⊃ 原文
成周既成 ①，遷殷頑民 ②，周公以王命誥 ③，作《多士》。

注釋

① 成周：雒邑。
② 殷頑民：指不服從周朝統治的殷商臣民。
③ 以：用。 誥：告誡。

譯文

雒邑建成後，周朝把殷商不服從統治的臣民遷到雒邑，周公用成王的命令告誡他們，寫下《多士》。（以上是序）

⊃ 原文
惟三月 ①，周公初於新邑雒，用告商王士 ②。
王若曰 ③：「爾殷遺多士，弗吊 ④，旻天大降喪於殷 ⑤，我有周佑命 ⑥，將天明威 ⑦，致王罰 ⑧，敕殷命終於帝 ⑨。肆爾多士 ⑩，非我小國敢弋殷命 ⑪，惟天不畀允罔固亂 ⑫，弼我 ⑬，我其敢求位 ⑭？惟帝不畀，惟我下民秉為 ⑮，惟天明畏 ⑯。我聞曰：『上帝引逸 ⑰。』有夏不適逸 ⑱，則惟帝降格 ⑲，向於時夏 ⑳。弗克庸帝 ㉑，大淫泆 ㉒，有辭 ㉓。惟時天罔念聞 ㉔，厥惟廢元命 ㉕，降致罰；乃命爾先祖成湯革夏 ㉖，俊民甸四方 ㉗。自成湯至於帝乙 ㉘，罔不

明德恤祀㉙。亦惟天丕建保乂有殷㉚，殷王亦罔敢失帝㉛，罔不配天其澤㉜。在今後嗣王㉝，誕罔顯於天㉞，矧曰其有聽念於先王勤家㉟？誕淫厥泆㊱，罔顧於天顯民祗㊲，惟時上帝不保，降若茲大喪㊳。惟天不畀不明厥德，凡四方小大邦喪，罔非有辭於罰。」

注釋

① 三月：指成王七年三月。屈萬里《尚書今注今譯》：「《召誥》言周公於三月甲子，以書誥庶殷；殆即此文。」

② 商王士：泛指殷商舊臣。

③ 若曰：這樣說。

④ 吊：淑，善。

⑤ 旻（ㄇㄧㄣˊ）天：秋天，此泛指上天。　　喪：滅亡的災禍。

⑥ 有周：周。有，名詞詞頭，無義。　　佑：配。

⑦ 將：行。　　明：褒獎。　　威：懲罰。

⑧ 致：推行。　　王罰：王者的懲罰。

⑨ 敕：告。

⑩ 肆：現在。

⑪ 弋（ㄧˋ）：取。

⑫ 畀（ㄅㄧˋ）：給予。　　允：佞。　　罔：誣。　　固：蔽。　　亂：惑。

⑬ 弼：輔助。

⑭ 其敢：豈敢。　　位：王位。

⑮ 秉：順。　　為：教化。

⑯ 畏：威，懲罰。

⑰ 引：引導。　　逸：安樂。

⑱ 適：節制。

⑲ 降格：指降下教令。

⑳ 向：勸。　　時：是，這。

㉑ 庸：用。

㉒ 淫：過度。　　泆：通「逸」，樂。

㉓ 有辭：有罪之辭。

㉔ 惟時：於是。　　念：顧念。　　聞：通「問」，恤問。

㉕ 厥：句首語氣助詞。　　元命：天命。

㉖ 成湯：商代的第一代君王。　　革：更改。

㉗ 俊民：有才智的人。　　甸：治理。

㉘ 帝乙：商紂王的父親。

㉙ 明：勉。　　恤：慎。

㉚ 丕：無義的語詞。　　建：建立。　　保乂：保護。

㉛ 失帝：指違失帝命。

㉜ 其：之。　　澤：恩澤。

㉝ 後嗣王：指紂王。

㉞ 誕：無義語詞。　　顯：敬畏。

㉟ 矧（ㄕㄣˇ）：何況。　　聽：聽從。　　念：考慮。
勤家：勤勞政事。

㊱ 誕：大。誕淫厥泆，同上文「大淫泆」。

㊲ 天顯：天道。　　民祗：民病。　　祗，通「（ㄓ）」，病。

㊳ 茲：這。

譯文

　　成王七年三月，周公第一次到新城雒邑，來告誡商王朝的舊臣們。

　　王這樣說：「你們眾位殷國的舊臣，紂王不善，上天便狠狠地降下滅亡的災禍給你們殷國，我們周國配合上天的命令，依照上天獎善懲惡的旨意，推行王者的誅罰，宣告你們殷國的命運被上帝終止了。現在，告訴你們殷國的眾位官員，不是我們小小的周國敢奪取你們殷國的命運，是上天不把天下給那奸佞、誣罔、蔽塞、惑亂的人，因而輔助我們周國，我們哪裡敢奢求你們的王位呢？是上帝不把天下給你們，是我們周國的民眾順從教化，是上天獎懲分明。我聽說：『上帝會引導著人們安樂。』夏桀無節制地享樂，於是上帝降下威嚴的教令，勸告夏桀。但他不願順從上帝的教令，還是過度享樂，並說了很多侮慢上帝的話。於是上天不再顧念他們、不再憐憫他們，廢除了他們承受的天命，降下

懲罰。就命你們的祖先成湯滅掉夏朝，讓有才能的人治理天下。從成湯到帝乙，沒有不努力地施行德政、謹慎地舉行祭祀的，因此，上天建立殷國、保護殷國。殷商的先王也不敢違背上帝的命令，沒有不配合上天的恩澤的。到了現在繼位的紂王，不敬畏上天，更何況說聽從、考慮先王勤勞政事的遺訓呢？他只是過度享樂，不顧天理和民眾的疾苦。於是上帝不再保護他，降下了這樣大的滅亡之災。上天不把天下給予那些不努力施行德政的人，凡是天下大小國家的滅亡，沒有不是因為有罪而受到懲罰的。」

⊃ 原文

王若曰：「爾殷多士，今惟我周王，丕靈承帝事①，有命曰：『割殷②，告敕於帝。』惟我事不貳適③，惟爾王家我適。予其曰：『惟爾洪無度④，我不爾動⑤，自乃邑⑥。』予亦念天即於殷大戾⑦，肆不正⑧。」

王曰：「猷⑨！告爾多士，予惟時其遷居西爾⑩，非我一人奉德不康寧⑪，時惟天命。無違，朕不敢有後⑫，無我怨。惟爾知，惟殷先人，有冊有典⑬，殷革夏命。今爾又曰：『夏迪簡在王庭⑭，有服在百僚⑮。』予一人惟聽用德⑯，肆予敢求爾於天邑商⑰。予惟率肆矜爾⑱，非予罪，時惟天命。」

注釋

① 靈：善。　承：受。　帝事：上帝命令的事。

② 割：奪。

③ 事：征伐的事。　貳：另外。　適：往。

④ 洪：大。　度：法度。

⑤ 動：騷擾。

⑥ 邑：指殷國。

⑦ 即：就。　戾：罪。

⑧ 肆：故。　不：讀為「丕」，無義語詞。　正：糾正。

⑨ 猷（一ㄡˊ）：發語詞。

⑩ 其：乃。　遷居西爾：遷爾居西。西，指雒邑，雒邑在殷

228

多士

地西。

⑪ 奉德：秉性。奉，秉。

⑫ 後：遲緩。

⑬ 冊典：指典籍。冊，書簡。典，大冊。

⑭ 夏：指夏朝的官員。　迪：進用。　簡：選拔。　王庭：殷王的朝廷。

⑮ 服：職務。　百僚：百官。

⑯ 予一人：周王自稱。　德：有德的人。

⑰ 求：取，招徠。　天邑商：指商朝都城。天，大。

⑱ 率：循。　肆：故，指過去的作法，即殷商選用夏朝舊臣一事。　矜：憐憫。

譯文

王這樣說：「你們眾位殷商的舊臣，現在只有我們周王，能很好地奉行上帝給予的命令。有命令說：『奪取殷國，報告給上帝。』那麼，我們領受命令就不會去到別處，只是去你們殷國。我要說：『是你們太無法度，不是我要騷擾你們，是你們自己本國造成的。』我也考慮到上天要給你們殷國降下大罪，所以來糾正你們。」

王說：「啊！告訴你們眾位殷商的舊臣，我於是就把你們遷到雒邑去居住，不是我這個人秉性不好安寧，這是上天的命令。你們不要違背（我的政令），我不敢有所遲緩，你們不要怨恨我。你們知道，你們殷商的祖先有典籍留下來，記載了殷商滅掉夏朝。現在你們又說：『當年夏朝的官員被商朝進用、選拔，在商朝的朝廷做官，他們各有職務，擔任各類官職。』我只聽從、任用有德的人，所以我敢把你們從商朝的都城召來。我是遵循著你們殷商過去的作法，憐憫你們。這不是我的罪過，這是天命。」

○ 原文

王曰：「多士，昔朕來自奄①，予大降爾四國民命②。我乃明致天罰，移爾遐逖③，比事臣我宗④，多遜⑤。」

229

王曰：「告爾殷多士，今予惟不爾殺，予惟時命有申⑥。今朕作大邑於茲洛，予惟四方罔攸賓⑦，亦惟爾多士攸服奔走臣我多遜⑧。爾乃尚有爾土⑨，爾乃尚寧干止⑩。爾克敬，天惟畀矜爾；爾不克敬，爾不啻不有爾土⑪，予亦致天之罰於爾躬⑫。今爾惟時宅爾邑，繼爾居，爾厥有干有年於茲洛⑬。爾小子乃興⑭，從爾遷。」

王曰⑮……又曰：「時予乃或言⑯，爾攸居⑰。」

注釋

① 奄：古國名，在今山東曲阜市東。周初，曾參與管蔡叛亂，是東方強大的方國。後來是周公的封地，即魯國。

② 降：下。引申為赦免。　　四國：指管、蔡、商、奄。

③ 遐、逖（ㄊㄧˋ）：遠。

④ 比：親。　　事、臣：服務。　　我宗：周王朝。

⑤ 遜：順。

⑥ 時命：是命，指上文「不爾殺」的命令。　　有：又，重。

⑦ 惟：思，考慮。　　四方：四方諸侯國。　　攸：所。　　賓：朝貢。

⑧ 服：事。　　奔走：效勞。　　臣：臣服。

⑨ 尚：還。

⑩ 寧干：安寧。　　止：句末語氣助詞。

⑪ 不啻（ㄔˋ）：不但。

⑫ 躬：身。

⑬ 厥：其，會。　　有干：有安樂。　　有年：有豐年。

⑭ 小子：子孫。　　興：興旺。

⑮ 王曰：蔡沈《書集傳》：「『王曰』之下，當有缺文。」

⑯ 時：今時，現在。　　或：有。

⑰ 居：安居。

譯文

王說：「眾位殷商舊臣，從前我從奄地歸來，大大地赦免了你們管、蔡、商、奄四國的民眾。我只是明白地施行上天的懲罰，

把你們遷到遙遠的雒邑來，（使你們）親近我們周朝，服務我們周朝，要多多地順從。」

王說：「告訴你們眾位殷商舊臣，現在我不會殺害你們，我向你們重申這個命令。現在我在這雒地修建大城市，是因為我考慮到四方諸侯國沒有地方朝貢，也是由於你們服事效勞我周朝、臣服我周朝很順從的緣故。你們還是保有你們的土地，你們還是會過著安寧的生活。你們能恭敬，上天就會給予你們憐憫；你們不能恭敬，那麼你們不但不能保有你們的土地，我還要施行上天對你們的懲罰。現在你們是居住在你們的城市，繼續你們的生活，你們在這雒邑會享有安樂和豐年。從你們遷來開始，你們的子孫也將會興旺起來。」

王說……又說：「現在我對你們說的這番話，（是希望）你們能（在雒邑）安居下來。」

✸ 無 逸

題解

◆ 無，通「毋」，不要。逸，逸樂。本篇是周公告誡成王不要沉湎享樂的誥詞。開篇提出「無逸」，要先知道「稼穡的艱難」、「民眾的勞苦」，反映出統治者對農事及民眾的重視，是研究周初思想觀念的重要資料。今文《尚書》、古文《尚書》都有此篇。

➲ 原文

周公作《無逸》。

譯文

周公作《無逸》。（以上是序）

➲ 原文

周公曰：「嗚呼！君子所其無逸①。先知稼穡之艱難②，乃逸，則知小人之依③。相小人④，厥父母勤勞稼穡，厥子乃不知稼穡之

231

艱難，乃逸，乃諺既誕⑤，否則侮厥父母曰⑥：『昔之人⑦，無聞知。』」

周公曰：「嗚呼！我聞曰：昔在殷王中宗⑧，嚴恭寅畏⑨，天命自度⑩。治民祗懼⑪，不敢荒寧⑫。肆中宗之享國七十有五年⑬。其在高宗⑭，時舊勞於外⑮，爰暨小人⑯。作其即位⑰，乃或亮陰⑱，三年不言。其惟不言，言乃雍⑲，不敢荒甯，嘉靖殷邦⑳。至於小大㉑，無時或怨㉒。肆高宗之享國五十有九年。其在祖甲㉓，不義惟王㉔，舊為小人。作其即位，爰知小人之依，能保惠於庶民㉕，不敢侮鰥寡㉖。肆祖甲之享國三十有三年。自時厥後立王，生則逸。生則逸，不知稼穡之艱難，不聞小人之勞㉗，惟耽樂之從。自時厥後，亦罔或克壽㉘。或十年，或七八年，或五六年，或三四年。」

注釋

① 君子：居官位者。　　其：以。

② 稼穡：耕種收穫，泛指農事。

③ 小人：民眾。　　依：隱痛。

④ 相：視，看。

⑤ 諺：粗魯不恭。　　誕：狂妄。

⑥ 否則：即「丕則」，於是。

⑦ 昔之人：上了年紀的人。

⑧ 中宗：祖乙，殷商第十四位君王。

⑨ 嚴：莊重。　　寅：敬。

⑩ 天命：天理。　　度：度量。

⑪ 祗（ㄓ）懼：恭敬謹慎。

⑫ 荒寧：過度享樂。

⑬ 肆：所以。　　享國：在位。　　有：又。

⑭ 高宗：武丁，殷商第二十三位君王。

⑮ 時：是。　　舊勞：久勞。武丁為太子時，行役在外。

⑯ 爰：於是。　　暨：與。

⑰ 作：等到。

無逸

⑱ 亮陰：指高宗居廬守喪。

⑲ 雍：和。

⑳ 嘉：善。　　靖：和。

㉑ 小大：指民眾和官員。

㉒ 時：指高宗。　　或：有。

㉓ 祖甲：武丁的兒子。

㉔ 不義：祖甲認為廢兄祖庚而繼位是不義之舉。後祖甲逃亡民間，即下文「舊為小人」。　　惟：為。

㉕ 保：安。　　惠：愛。

㉖ 鰥（ㄍㄨㄢ）寡：泛指孤苦無依的人。

㉗ 耽：過度享樂。　　之：是。　　從：追求。

㉘ 罔或：沒有。　　克：能。　　壽：長久。

譯文

　　周公說：「啊！做官的人不要貪圖安逸享樂。要先知道耕種收穫的艱難，再去享受逸樂，才能瞭解民眾的痛苦。看看那些民眾，父母勤勞地耕種收穫，兒子卻不知道這其中的艱難，便貪圖享樂起來，他們行為粗魯，又狂妄自大，於是侮辱他們的父母說：『你們上了年紀的人，知道些什麼。』」

　　周公說：「啊！我聽說：以前殷王祖乙，神情莊重、心懷敬畏，用天理來度量自己。他恭敬謹慎地治理民眾，不敢過度享樂。所以他能在位長達七十五年。到了高宗，他是長久地在外勞動，於是與民眾一道。等到他即位，就為父親守喪，三年不說一句話。他只是不說罷了，一說就能使天下大和，他也不敢過度享樂，使殷國美好和諧。從民眾到官員，沒有一個抱怨他的。所以高宗在位五十九年。到了祖甲，他認為自己做君王是不合理的，就逃到民間，做了很久的百姓。等到他即位後，他很瞭解民眾的痛苦，就能安定、愛護廣大民眾，不敢欺侮孤苦無依的人。所以祖甲在位三十三年。從這以後所立的君王，一生下來就安閒逸樂。一生下來就安閒逸樂，所以不知道耕種收穫的艱難，也不知道民眾的勞苦，只追求過度的逸樂。從這以後，也就沒有能長久在位的。

有的十年，有的七八年，有的五六年，有的三四年。」

⊃ 原文

周公曰：「嗚呼！厥亦惟我周太王、王季克自抑畏①。文王卑服②，即康功田功③。徽柔懿恭④，懷保小民⑤，惠鮮鰥寡⑥。自朝至於日中昃⑦，不遑暇食⑧，用咸和萬民⑨。文王不敢盤於游田⑩，以庶邦惟正之供⑪。文王受命惟中身⑫，厥享國五十年。」

周公曰：「嗚呼！繼自今嗣王⑬，則其無淫於觀、於逸、於游、於田⑭，以萬民惟正之供。無皇曰⑮：『今日耽樂。』乃非民攸訓⑯，非天攸若⑰。時人丕則有愆⑱。無若殷王受之迷亂⑲，酗於酒德哉⑳！」

注釋

① 太王：周文王的祖父。　　王季：周文王的父親。　　抑：謹慎。　　畏：敬畏天命。

② 卑：作「俾」，比，指有序。　　服：事。

③ 即：就。　　康功：指平易道路。　　田功：農事。

④ 徽：和。　　懿：美。

⑤ 懷保：保護。

⑥ 鮮：善。

⑦ 日中：中午。　　昃（ㄗㄜˋ）：日西斜，指下午。

⑧ 遑：閒暇。

⑨ 咸：作誠「（ㄒㄧㄢˊ）」，融和。

⑩ 盤：樂。　　田：同「畋」，打獵。

⑪ 以：與。　　正：政。　　供：作「共」，奉行。

⑫ 中身：中年。

⑬ 繼自今：從今以後。

⑭ 淫：過度。

⑮ 皇：作「兄」，同「況」，更加。

⑯ 攸：所。　　訓：順。

⑰ 若：順。

⑱ 愆（ㄑㄧㄢ）：過失、罪過。
⑲ 受：商王紂。
⑳ 酗：過度飲酒。

譯文

周公說：「啊！也只有我們周國的太王、王季能謙虛謹慎、敬畏天命。文王有序地處理政事，開始平易道路、耕種農田的工作。他和柔、善良、恭敬，保護民眾，愛護孤苦無依的人。從早上到中午，從中午到下午，他都忙得沒有時間吃飯，以求使民眾和諧地生活。文王不敢以遊玩、打獵為樂趣，與眾多諸侯國一道只是勤勉地奉行政事。文王中年即位，在位五十年。」

周公說：「啊！從今以後繼位的君王，不要過度地觀賞、逸樂、遊玩、打獵，與民眾一道只是勤勉地奉行政事。更不要說：『今天可以好好地享樂一番。』這不是民眾所順從的，也不是上天所順從的。這樣的人於是就有罪過。不要像殷王紂那樣迷惑昏亂，把酗酒作為美德啊！」

➲ 原文

周公曰：「嗚呼！我聞曰：『古之人猶胥訓告①，胥保惠，胥教誨。民無或胥譸張為幻②。』此厥不聽③，人乃訓之，乃變亂先王之正刑④，至於小大⑤。民否則厥心違怨⑥，否則厥口詛祝⑦。」

周公曰：「嗚呼！自殷王中宗，及高宗，及祖甲，及我周文王，茲四人迪哲⑧。厥或告之曰：『小人怨汝詈汝⑨！』則皇自敬德⑩。厥愆，曰：『朕之愆。』允若時⑪，不啻不敢含怒⑫。此厥不聽，人乃或譸張為幻。曰『小人怨汝詈汝』，則信之。則若時：不永念厥辟⑬，不寬綽厥心，亂罰無罪，殺無辜。怨有同⑭，是叢於厥身⑮。」

周公曰：「嗚呼！嗣王其監於茲⑯。」

注釋

① 胥：相。　　訓告：勸導。

235

② 譸（ㄓㄡ）張：欺詐。　　幻：惑亂。

③ 此：指以上勸告的話。

④ 刑：刑法。

⑤ 小大：大小刑法。

⑥ 違：恨。

⑦ 詛祝：詛咒。

⑧ 茲：這。　　迪哲：通達明智。

⑨ 詈（ㄌㄧˋ）：罵。

⑩ 德：行為。

⑪ 允：信。　　若：像。

⑫ 不啻（ㄔˋ）：不但。

⑬ 辟：法。

⑭ 同：會合。

⑮ 叢：聚集。

⑯ 監：同「鑒」，鑒戒。

譯文

　　周公說：「啊！我聽說：『古時的人還互相勸導，互相愛護，互相教誨，民眾沒有互相欺詐互相惑亂的。』不聽從這些勸告，人們都順從自己的心意，這樣就會變亂先王的政治刑法，以至於大大小小的法規。民眾於是就心存怨恨，於是就開口詛咒了。」

　　周公說：「啊！從殷王中宗，到高宗，到祖甲，再到我們周文王，這四人是通達明智的君王。如果有人告訴他們說：『民眾怨恨你、咒　你。』他們就更加謹慎自己的行為。如果他們犯了過錯，就說：『我的過錯，真的是這樣。』不但不敢生氣。不聽從這些勸告，人們就會互相欺詐互相惑亂。有人說『民眾怨恨你、咒　你』，你就要相信。如果像這樣：不長久地考慮國家的法律，不使自己的心胸寬廣，胡亂懲罰無罪的人，殺戮無罪的人。那麼怨恨就會合起來，都聚集到你的身上。」

　　周公說：「啊！繼位的君王要鑒戒這些啊！」

❀ 君奭

◆ 君，是周公對召公的尊稱。奭（ㄕˋ），召公名。本篇是周公對召公的告辭。《書序》言「召公不說，周公作《君奭》」，從本篇內容看來，並沒有關涉「召公不悅」一事。篇中，周公向召公強調上天不可相信，賢臣對王朝興衰有重要影響。反映出西周時期理性的天命觀，是商周天命思想史上的一次飛躍，為後世研究商周的思想文化等提供了寶貴資料。今文《尚書》、古文《尚書》都有此篇。

⊃ 原文

召公為保①，周公為師②，相成王為左右③，召公不說④，周公作《君奭》。

注釋

① 保：太保，官名。
② 師：太師，官名。
③ 相：輔助。 左右：指左右的輔佐大臣。.
④ 說：通「悅」，高興。

譯文

召公做太保，周公做太師，二人輔助成王，是成王的左右輔佐大臣，召公不高興，周公便創作了《君奭》（勸告召公）。（以上是序）

⊃ 原文

周公若曰①：「君奭！弗吊②，天降喪於殷③，殷既墜厥命④，我有周既受⑤。我不敢知曰⑥，厥基永孚於休⑦。若天棐忱⑧。我亦不敢知曰，其終出於不祥。嗚呼！君已曰⑨：『時我⑩。』我亦不敢寧於上帝命⑪，弗永遠念天威⑫，越我民⑬；罔尤違⑭，惟

人 ⑮。在我後嗣子孫，大弗克恭上下 ⑯，遏佚前人光在家 ⑰，不知
天命不易 ⑱，天難諶 ⑲，乃其墜命，弗克經歷嗣前人恭明德 ⑳。在
今予小子旦 ㉑，非克有正 ㉒，迪惟前人光 ㉓，施於我沖子 ㉔。」又
曰：「天不可信，我道惟寧王德延 ㉕，天不庸釋於文王受命 ㉖。」

注釋

① 若曰：這樣說。

② 弗吊：指商紂王而言。吊，善。

③ 喪：滅亡的災禍。

④ 墜：失。　厥：其。

⑤ 有周：周。有，名詞詞頭。

⑥ 敢：謙辭。不敢知曰，不知道。

⑦ 基：基業。　孚：通「符」，合。　休：美。

⑧ 若：通「越」，無義語詞。　棐：通「匪」，不。　忱：
信。

⑨ 君：指召公奭。下文「君」同此。

⑩ 時：是。時我，指召公說是自己擔任著治國重任。

⑪ 寧：安享。

⑫ 念：考慮。

⑬ 越：與。

⑭ 尤：過失。　違：違背。

⑮ 惟人：惟在於人，指事在人為。

⑯ 克：能。　上下：天地。

⑰ 遏：絕。佚：失。光：光輝的事業。在家：在自己的國家。

⑱ 不易：不容易。

⑲ 諶（ㄔㄣˊ）：信賴。

⑳ 經歷：長久。　嗣：繼承。

㉑ 予小子：周公自稱。　旦：周公名。

㉒ 正：善，長處。

㉓ 迪惟：發語詞，無義。

㉔ 沖子：泛指子孫後代。

君奭

㉕ 道惟：一作「迪惟」，發語詞。　　寧王：文王。
㉖ 庸釋：捨棄。

譯文

周公這樣說：「君奭啊！商紂王不施行善政，上天給殷國降下滅亡的災禍來，殷國已經喪失了他們的國運，我們周國就接受了上天的大命。我不知道，我們這份基業會不會永遠地符合美好。上天是不可信賴的。我也不知道，我們會不會出現不吉祥的結局。啊！君奭你曾說：『是我擔任著治國重任。』我也不敢安然地享受上帝的命令，不敢不長久地考慮上天的威嚴和我們的民眾，要沒有過失、違背，這都取決於人自身。如果我們後世的子孫，不能恭敬對待上天和民眾，在我們的國家滅絕了先王光輝的事業，不知道獲得天命的艱難，不知道上天難以信賴，那麼就會失掉天命，這也是由於不能長久地繼承先王恭敬而光明的美德。現在我姬旦，不能有什麼長處，我只是把先王的光輝，來施給我們後世的子孫而已。」又說：「上天不可相信，我們只要延續文王的美德，上天就不會捨棄文王所承受的大命。」

➲ 原文

公曰：「君奭！我聞在昔成湯既受命，時則有若伊尹①，格於皇天②。在太甲③，時則有若保衡④。在太戊⑤，時則有若伊陟、臣扈⑥，格於上帝。巫咸乂王家⑦。在祖乙⑧，時則有若巫賢⑨。在武丁⑩，時則有若甘盤⑪。率惟茲有陳⑫，保乂有殷，故殷禮陟配天⑬，多歷年所⑭。天維純佑命⑮，則商實百姓王人⑯，罔不秉德明恤⑰，小臣屏侯甸⑱，矧咸奔走⑲。惟茲惟德稱⑳，用乂厥辟㉑，故一人有事於四方㉒，若卜筮，罔不是孚㉓。」

注釋

① 伊尹：名摯，輔佐成湯滅夏，建立商朝。
② 格：升。格於皇天，指伊尹的賢能美名升到天上。
③ 太甲：湯的孫子。

④ 保衡：伊尹。保，官名。衡，伊尹名。

⑤ 太戊：太甲的孫子。

⑥ 伊陟、臣扈（ㄏㄨˋ）：太戊時的二賢臣。

⑦ 巫咸：賢臣名。　　乂（ㄧˋ）：治。　　王家：商王朝。

⑧ 祖乙：商代的第十四位君王。

⑨ 巫賢：祖乙的賢臣。

⑩ 武丁：即殷高宗，商第二十三位王。

⑪ 甘盤：武丁的賢臣。

⑫ 率：用，因為。　　茲：這。　　有陳：在官位。陳，位列。

⑬ 陟：升。指帝王去世。　　配天：指祭祀天而以先王配之。

⑭ 歷：經。　　所：語氣助詞，無義。

⑮ 純佑：古成語，指輔國賢臣。　　命：告，教。

⑯ 實：是，通「之」。　　百姓：百官。　　王人：指與商王同姓的貴族。

⑰ 秉：持。　　明：勉。　　恤：謹。

⑱ 屏：並。　　侯甸：泛指方國的諸侯。

⑲ 矧（ㄕㄣˇ）：也。　　咸：都。　　奔走：效勞。

⑳ 茲：指上述群臣。　　稱：舉。

㉑ 辟：君王。

㉒ 一人：指國君。

㉓ 孚：信。

譯文

　　周公說：「君奭，我聽說從前成湯接受了天命後，當時就有伊尹這樣的人，他的賢能美名都上升到天上。到了太甲的時候，當時就有保衡。到了太戊，當時就有伊陟、臣扈這樣的賢臣，才能美名都上升到天上。還有巫咸來輔助治理商朝。到了祖乙的時候，就有個巫賢。到了殷高宗武丁，當時就有賢臣甘盤。因為有這些賢能的人在官位，安定治理殷國，所以殷商的祭禮是，君王去世後，他的神靈配合著上帝享受祭祀，這樣經歷了許多年代。上天用輔佐的賢臣來教告天下，那麼殷商的百官和商王同姓的貴

君奭

族，就沒有不保持著美德、小心謹慎的，君王身邊卑微的小臣和方國的諸侯們，也都奔走效勞。上面提到的這些官員都是因為德行美好而被推舉，來輔助他們的君王。所以君王如果在天下頒發政令，這政令就會像龜卜和筮卦一樣，沒有人不信從。」

⊃ 原文

公曰：「君奭！天壽平格^①，保乂有殷，有殷嗣^②，天滅威^③。今汝永念，則有固命^④，厥亂明我新造邦^⑤。」

公曰：「君奭！在昔，上帝割申勸寧王之德^⑥，其集大命於厥躬^⑦？惟文王尚克修和我有夏^⑧；亦惟有若虢叔^⑨，有若閎夭，有若散宜生，有若泰顛，有若南宮括。又曰^⑩：無能往來^⑪，茲迪彝教^⑫，文王蔑德降於國人^⑬。亦惟純佑秉德^⑭，迪知天威，乃惟時昭文王^⑮，迪見冒聞於上帝^⑯，惟時受有殷命哉。武王惟茲四人^⑰，尚迪有祿^⑱。後暨武王^⑲，誕將天威^⑳，咸劉厥敵^㉑。惟茲四人，昭武王，惟冒^㉒，丕單稱德^㉓。今在予小子旦，若遊大川，予往暨汝奭其濟^㉔。小子同未在位^㉕，誕無我責收^㉖，罔勖不及^㉗。耇造德不降^㉘，我則鳴鳥不聞^㉙，矧曰其有能格^㉚？」

公曰：「嗚呼！君，肆其監於茲^㉛。我受命無疆惟休^㉜，亦大惟艱。告君乃猷裕^㉝，我不以後人迷^㉞。」

注釋

① 壽：使……長壽。　　平格：平康，此指平康的人。

② 有殷嗣：指殷商繼承夏朝。

③ 滅威：指不再降下懲罰。

④ 固：定。

⑤ 亂：治。

⑥ 割：通「害（ㄏㄜˊ）」，曷，為什麼。　　申：又，一再。
　　勸：勉。

⑦ 集：降下。躬：身。

⑧ 惟：因為。　　修：治理。　　有夏：夏，指中國。

⑨ 虢（ㄍㄨㄛˊ）叔、閎夭、散宜生、泰顛、南宮括：以上五人，

241

都是文王時的賢臣。

⑩ 又曰：有曰，此處轉引別人的話。

⑪ 往來：奔走效勞。

⑫ 茲：通「孜」，勉。　　迪：道，導。　　彝：常。

⑬ 蔑：無。

⑭ 迪：所。

⑮ 惟時：於是。　　昭：同「詔」，助。

⑯ 迪：用。　　見：被。　　冒聞：上聞。

⑰ 四人：武王時，虢叔去世，餘下四位賢臣。

⑱ 迪：還。　　有祿：古時人死被稱作無祿或不祿，有祿即「活著」的意思。

⑲ 暨：與。

⑳ 誕：大。　　將：行。

㉑ 咸：都。　　劉：殺。

㉒ 冒：通「勖（ㄒㄩˋ）」，勉、努力。

㉓ 丕：無義語詞。　　單：通「殫」，盡。

㉔ 濟：渡過。

㉕ 小子：周公自稱。　　同未：侗（ㄊㄨㄥˊ）昧，幼稚無知。

㉖ 誕：句首語氣助詞，無義。　　收：糾正。

㉗ 不及：指辦不到的事。

㉘ 耇（ㄍㄡˇ）：老者。　　造：成。耇造德，年長有德的人，指召公。　　降：降恩德。

㉙ 鳴鳥：指鳳凰。古代人們以鳳凰的鳴叫為吉兆。

㉚ 矧：何況。　　格：知曉。

㉛ 肆：現在。　　監：視。　　茲：這。

㉜ 無疆：無限，無窮。

㉝ 猷（ㄧㄡˊ）裕：道。

㉞ 以：使。

譯文

周公說：「君奭！上天讓平康正直的官員長壽，來安定治理

殷國，使得殷國繼承了夏朝的王業，上天也不再降下懲罰。現在你能長久地考慮到這些，那麼我們就有上天賜予的定命，來治理好我們剛剛建立的國家。」

周公說：「君奭！在過去，上帝為什麼一再嘉勉文王的美德，把大命降在他身上呢？因為文王能治理、和諧我們中國，也是因為文王有像虢叔、閎天、散宜生、泰顛、南宮括這樣的賢臣。有人說：如果沒有這五位賢臣為文王奔走效勞，努力地施行教化，那文王就不能把恩德降給國人。也是因為這些輔佐大臣能保持善德，知道上天懲罰的緣由，於是才能輔助文王，這被上帝知道了，於是文王才能接受了殷國的大命啊。武王時，文王的賢臣只有四位還健在。後來與武王，大行上天的懲罰，把他們的敵人都殺掉了。這四位賢臣，十分努力地輔助武王，於是天下人都稱揚武王的恩德。現在我小子姬旦，就像要渡過一條大河，我要和你君奭一起去渡過。我幼稚無知卻身居高位，如果你不時常責備我、糾正我，那就沒有人勉勵我去做那些我辦不到的事了。年長德高的你不給民眾降下恩德，那麼我將聽不到鳳凰的鳴叫，更何況說能夠知曉天意呢？」

周公說：「啊！君，現在你要看到這些。我們承受的天命，有無窮的美好，也有無窮的困難。告訴你這個道理，我們不要使後世的子孫迷惑。」

⊃ 原文

公曰：「前人敷乃心 ①，乃悉命汝 ②，作汝民極 ③。曰：『汝明勖偶王 ④，在亶 ⑤。乘茲大命 ⑥，惟文王德丕承，無疆之恤 ⑦！』」

公曰：「君，告汝朕允 ⑧。保奭 ⑨，其汝克敬以予 ⑩，監於殷喪大否 ⑪，肆念我天威 ⑫。予不允惟若茲誥 ⑬，予惟曰：『襄我二人 ⑭，汝有合哉 ⑮？』言曰：『在時二人。』天休茲至 ⑯，惟時二人弗戡 ⑰。其汝克敬德，明我俊民 ⑱，在讓後人於丕時 ⑲。嗚呼！篤棐時二人 ⑳，我式克至於今日休 ㉑。我咸成文王功於不怠，丕冒 ㉒，海隅出日 ㉓，罔不率俾 ㉔。」

公曰：「君！予不惠若茲多誥 ㉕，予惟用閔於天越民 ㉖。」

公曰：「嗚呼！君，惟乃知民德 ㉗，亦罔不能厥初 ㉘，惟其終 ㉙。祗若茲 ㉚，往敬用治。」

注釋

① 前人：指武王。　　敷：布。　　乃：其。

② 悉：詳盡。

③ 極：準則，表率。

④ 明、勖：勉。　　偶：通「耦」，輔助。

⑤ 亶（ㄉㄢˇ）：誠。

⑥ 乘：擔當。

⑦ 恤：憂。

⑧ 允：誠。

⑨ 保：太保。

⑩ 敬：謹。　　以：與。

⑪ 大否（ㄆㄧˇ）：禍亂。

⑫ 肆：無義語詞。

⑬ 不允惟：不但。允，無義語詞。

⑭ 襄：除。

⑮ 合：指意志相合。

⑯ 茲：通「滋」，益。

⑰ 戡（ㄎㄢ）：通「堪」，勝。

⑱ 明：提拔。　　俊民：有才能的人。

⑲ 在：終。　　讓：通「襄」，助。　　丕：大。　　時：善。

⑳ 篤：厚。　　棐：輔助。

㉑ 式：用。

㉒ 冒：勉。

㉓ 隅：邊遠的地方。

㉔ 俾：從。

㉕ 惠：惟，想。

㉖ 惟：只。　　閔：憂。

㉗ 德：指性情行為。

㉘ 初：一件事的開始。

㉙ 終：善終。

㉚ 祇（ㄓ）：敬。　　若：順。

譯文

　　周公說：「武王曾宣布他的心意，曾詳盡地命令你，要你做民眾的表率，他說：『你要努力地輔佐君王，要有誠心。擔當這份大命，要繼承文王的美德，和無窮盡的憂慮。』」

　　周公說：「君，我真誠地告訴你。太保奭，希望你能謹慎地和我一起，以殷商滅亡的大禍為前車之鑒，考慮到上天的懲罰。我不但這樣告訴你，我還想說：『除了我們兩個人，你還能找到其他意志相合的人嗎？』你會說：『只有我們兩個人。』上天降下的福祥會越來越多，於是我們兩個人就不能勝任。希望你能謹慎德行，提拔有才能的人，最終幫助後人達到大善的境界。啊！我們兩個人忠厚地輔佐君王，我們周朝才能達到今天這樣美好的境地。我們要共同成就文王的功業而不懈息，要十分努力，那麼就算是太陽升起的遙遠海邊，也沒有不服從我們。」

　　周公說：「君！我不想這樣多多地勸告你，只是因為我擔憂天命和民眾的困苦而已。」

　　周公說：「啊！君，你是知道民眾的性情行為的，一開始沒有不好好做事的，但卻很難堅持到最後。要恭敬地順從我說的這些，去謹慎地治理吧。」

❀ 蔡仲之命

題解

　◆ 蔡仲，蔡叔的兒子，字仲。周公平定管叔、蔡叔的叛亂後，把蔡叔囚禁在郭鄰。後來蔡叔去世，周公就向成王請命，將蔡仲封於蔡國。史官將成王冊命蔡仲一事記錄下來，便是《蔡仲之命》。古文《尚書》有，今文《尚書》無。

⊃ 原文

蔡叔既沒①，王命蔡仲，踐諸侯位②，作《蔡仲之命》。

（注釋）

① 蔡叔：文王第五子，名度。　　沒：通「歿」，去世。
② 踐：即位。

譯文

蔡叔去世後，成王命蔡仲登上諸侯之位，創作了《蔡仲之命》。

⊃ 原文

惟周公位塚宰①，正百工②，群叔流言③。乃致辟管叔於商④；囚蔡叔於郭鄰⑤，以車七乘；降霍叔於庶人⑥，三年不齒⑦。蔡仲克庸祗德⑧，周公以為卿士。叔卒，乃命諸王邦之蔡⑨。

王若曰⑩：「小子胡⑪，惟爾率德改行⑫，克慎厥猷⑬，肆予命爾侯於東土⑭。往即乃封⑮，敬哉！爾尚蓋前人之愆⑯，惟忠惟孝。爾乃邁跡自身⑰，克勤無怠，以垂憲乃後⑱。率乃祖文王之彝訓⑲，無若爾考之違王命。皇天無親，惟德是輔；民心無常，惟惠之懷⑳。為善不同，同歸於治；為惡不同，同歸於亂。爾其戒哉！慎厥初，惟厥終㉑，終以不困。不惟厥終，終以困窮。懋乃攸績㉒，睦乃四鄰，以蕃王室㉓，以和兄弟㉔，康濟小民㉕。率自中㉖，無作聰明亂舊章㉗。詳乃視聽㉘，罔以側言改厥度㉙。則予一人汝嘉㉚。」

王曰：「嗚呼！小子胡，汝往哉！無荒棄朕命㉛！」

（注釋）

① 塚宰：官名，總管百官。
② 正：統領。　　百工：百官。
③ 群叔：指管叔、蔡叔等。
④ 致辟：指誅殺。辟，法。

⑤ 郭鄰：地名，其地不詳。

⑥ 庶人：平民。

⑦ 齒：錄用。

⑧ 克：能。　　庸：用。　　祗（ㄓ）：敬。

⑨ 諸：之於。　　邦：通「封」。

⑩ 若曰：這樣說。

⑪ 小子：年輕人。　　胡：蔡仲的名。

⑫ 率：遵循。

⑬ 猷：道。

⑭ 侯：做諸侯。　　東土：蔡國。

⑮ 即：就。

⑯ 尚：希望。　　愆（ㄑㄧㄢ）：罪過。

⑰ 邁跡：邁步向前。　　自：從。　　身：自己。

⑱ 垂：流傳。　　憲：法。　　乃後：你的後代。

⑲ 彝：常。　　訓：教導。

⑳ 惠：愛。　　懷：歸向。

㉑ 惟：思。

㉒ 懋（ㄇㄠˋ）：勉。　　攸：所。

㉓ 蕃（ㄈㄢ）：保衛。

㉔ 兄弟：同姓諸侯國。

㉕ 康：安。　　濟：成。

㉖ 自：用。　　中：正道。

㉗ 無：通「毋」，不要。　　舊章：先王的成法。

㉘ 詳：審察。

㉙ 側言：片面的言辭。　　度：法度。

㉚ 予一人：成王。　　汝嘉：嘉汝。　　嘉，善。

㉛ 荒棄：廢棄。

譯文

　　周公擔任塚宰，總領百官，管叔、蔡叔等人就散布謠言中傷周公。於是，周公就在商朝故地殺了管叔；又把蔡叔囚禁在郭鄰，

配了七駕馬車相隨；把霍叔降為平民，三年不得錄用。蔡叔的兒子蔡仲能敬行美德，周公用他作卿士。蔡叔去世後，周公就向成王請命，封蔡仲於蔡國。

王這樣說：「年輕的胡啊，只有你能遵循先祖的美德、改正你父親的惡行，能謹慎君臣之道，所以我任命你做東方蔡國的諸侯。到你的封國去吧，要恭敬啊！如果你想掩蓋前人的罪過，就要忠誠、孝敬。要從自己開始，不斷前進，能夠勤勉而不懈怠，給你的後代留下榜樣。遵循你先祖文王的教導，不要像你的父親那樣違抗天子的命令。上天沒有特別親近的對象，只輔助有賢德的人；民眾的心也不是固定不變的，只歸向慈愛他們的君王。行善的方式各不相同，而最終都能實現天下大治；作惡的方式也各不相同，而最終都會引起動亂。你要警戒啊！謹慎每件事的開始，並思考它的結局，這樣，結局就不會陷入困境。如果不思考它的結局，那麼結局就會陷入窮困的境地。努力去建立你的功業，和睦你的四方鄰國，來保衛周王朝，和諧同姓的兄弟國家，使民眾安居樂業。要遵循正道，不要自作聰明擾亂先王的成法。要審察自己的聽聞，不要因為片面之詞改變你的法度。做到這樣的話，我就讚揚你。」

王說：「啊！年輕的胡啊，你去吧！不要廢棄了我的命令。」

❀ 多 方

題解

◆ 多方，眾國。周成王即位後，淮夷和奄多次發動叛亂。十一年，成王從奄地討伐歸來，周公代成王作此誥詞，告誡各國諸侯要順從天命，服從周朝的統治。今文《尚書》、古文《尚書》都有此篇。

⊃ 原文
成王歸自奄①，在宗周②，誥庶邦③。作《多方》。

多方

注釋

① 奄：國名。

② 宗周：鎬京，周都城。

③ 誥：告。　　庶邦：眾諸侯國。

譯文

　　成王從奄地回到鎬京，周公替成王告誡眾諸侯國。（史官記錄下周公的誥詞，）創作了《多方》。（以上是序）

⊃ 原文

　　惟五月丁亥①，王來自奄，至於宗周。

　　周公曰：「王若曰②：『猷告爾四國多方③，惟爾殷侯尹民④，我惟大降爾命⑤，爾罔不知。洪惟圖天之命⑥，弗永寅念於祀⑦，惟帝降格於夏⑧。有夏誕厥逸⑨，不肯慼言於民⑩，乃大淫昏⑪，不克終日勸於帝之迪⑫，乃爾攸聞⑬。厥圖帝之命，不克開於民之麗⑭，乃大降罰，崇亂有夏⑮。因甲於內亂⑯，不克靈承於旅⑰。罔丕惟進之恭⑱，洪舒於民⑲。亦惟有夏之民叨懫日欽⑳，劓割夏邑㉑。天惟時求民主㉒，乃大降顯休命於成湯㉓，刑殄有夏㉔。

　　『惟天不畀純㉕，乃惟以爾多方之義民㉖，不克永於多享。惟夏之恭多士㉗，大不克明保享於民㉘，乃胥惟虐於民㉙，至於百為㉚，大不克開㉛。

　　『乃惟成湯，克以爾多方㉜，簡代夏作民主㉝。慎厥麗，乃勸；厥民刑，用勸；以至於帝乙㉞，罔不明德慎罰，亦克用勸；要囚殄戮多罪㉟，亦克用勸㊱；開釋無辜，亦克用勸。今至於爾辟㊲，弗克以爾多方享天之命。』

注釋

① 五月：指成王十一年五月。

② 王若曰：王這樣說。

③ 猷（一ㄡˊ）：謀略、計畫。　　四國：四方國家。

④ 惟：與。　　尹：官長。

⑤ 大降爾命：降命，古成語，指下令。

⑥ 洪惟：發語詞，無義。　　圖：讀為「鄙」，鄙棄。

⑦ 寅：敬。

⑧ 格：告。

⑨ 有：名詞詞頭，無義。　　誕：大。　　厥：其。　　逸：樂。

⑩ 戚：憂。　　言：無義語詞。

⑪ 淫昏：淫逸昏亂。

⑫ 勸：勉。　　迪：教導。

⑬ 攸：所。

⑭ 開：釋。　　麗：羅網，指法則。

⑮ 崇：重。

⑯ 甲：讀為「狎」，經常。

⑰ 靈承：善於保護。承，保。　　旅：眾。

⑱ 丕：不。　　進：通「贐（ㄐㄧㄣ丶）」財。恭：通「共」，供。

⑲ 洪：大。　　舒：當作「荼」，毒害。

⑳ 叨（ㄊㄠ）：貪婪。　　憒（ㄓㄟ丶）：忿（ㄈㄣ丶）恨。
　　欽：興。

㉑ 劓（ㄧ丶）割：殘害。劓，古代酷刑之一，割鼻。

㉒ 惟時：於是。

㉓ 顯：光。　　休：美好。

㉔ 殄（ㄊㄧㄢ∨）：絕。

㉕ 畀（ㄅㄧ丶）：給予。　　純：善，指福。

㉖ 以：使。　　義民：良民。

㉗ 恭多士：供職的群臣。

㉘ 明：勉。　　保享：保護。

㉙ 胥：相。　　惟：為。

㉚ 百為：無所不為。

㉛ 大不克開：即上文「大不克開於民之麗」。

㉜ 以：與。

㉝ 簡：通「間」，代。

㉞ 帝乙：商紂王的父親。

㉟ 要（一ㄠ）囚：幽囚，囚禁。

㊱ 無辜：無罪的人。

㊲ 辟：君，指紂王。

譯文

在五月丁亥那天，王從奄回來，到達鎬京。

周公說：「王這樣說：『啊！告訴你們四方各國，和你們殷商的眾位諸侯、官長、民眾，我給你們降下命令，你們沒有不知道的。夏桀鄙棄上天的命令，不能長久地敬待祭祀，於是上帝給夏桀降下告誡。而夏桀仍是放縱享樂，不肯為民眾擔憂，還肆意地淫逸昏亂，一天也不能勉力地遵循上帝的教導，這是你們都知道的。他們鄙棄上帝的命令，不能放開懲治民眾的法網，於是上帝便大大地降下懲罰，大亂夏朝。因而夏朝常常發生內亂，不能很好地保護民眾。民眾沒有不進獻財物的，就這樣深深地受到毒害。也是因為夏民貪婪、怨恨的風氣一天天興盛起來，以至於殘害了夏朝。上天於是為人們尋求新的君王，就大大地降下光明、美好的命令給成湯，命湯滅掉夏朝。

『上天不賜福給夏桀，這就使你們各方善良的民眾，也不能長久地享受安樂。那夏朝供職的官員們，根本不能勉力地保護好民眾，反而相互殘害民眾，以至於無所不為，根本不能放開（懲治民眾的法網）。

『到了成湯，能憑藉你們各國，代替夏桀作人們的君王。他謹慎刑法，那麼民眾就會勉力向善；他對民眾施行懲罰，也是用來勉勵民眾的。一直到帝乙，君王沒有不勉力施行德政、謹慎刑罰的，所以都能勉勵民眾向善。囚禁、殺戮罪行多的人，是為了勉勵民眾。釋放沒有罪的人，也是為了勉勵民眾。『現在到了紂王，他不能和你們各國諸侯共用上天賜予的大命。』

⊃ 原文

「嗚呼！王若曰：『誥告爾多方，非天庸釋有夏①，非天庸釋有殷。乃惟爾辟以爾多方，大淫圖天之命②，屑有辭③。乃惟有夏

圖厥政，不集於享④，天降時喪⑤，有邦間之⑥。乃惟爾商後王逸厥逸⑦，圖厥政不蠲烝⑧，天惟降時喪。

『惟聖罔念作狂⑨，惟狂克念作聖。天惟五年須暇之子孫⑩，誕作民主⑪，罔可念聽。天惟求爾多方，大動以威⑫，開厥顧天⑬。惟爾多方罔堪顧之⑭，惟我周王靈承於旅，克堪用德，惟典神天⑮。天惟式教我用休⑯，簡畀殷命⑰，尹爾多方⑱。

『今我曷敢多誥⑲。我惟大降爾四國民命。爾曷不忱裕之於爾多方⑳？爾曷不夾介乂我周王享天之命㉑？今爾尚宅爾宅，畋爾田㉒，爾曷不惠王熙天之命㉓？爾乃迪屢不靜，爾心未愛㉔。爾乃不大宅天命㉕，爾乃屑播天命㉖，爾乃自作不典，圖忱於正㉗。我惟時其教告之，我惟時其戰要囚之㉘，至於再，至於三。乃有不用我降爾命，我乃其大罰殛之㉙！非我有周秉德不康寧，乃惟爾自速辜㉚！』

注釋

① 庸釋：捨棄。

② 淫：過度。

③ 屑：通「乂（一ㄟ）」，放縱。

④ 集：就。　　享：祭祀。

⑤ 時：是。

⑥ 間：代。

⑦ 逸厥逸：過度逸樂。

⑧ 蠲（ㄐㄩㄢ）：潔。　　烝：祭。

⑨ 念：思考。　　狂：指狂妄無知的人。

⑩ 五年：指文王七年至武王十一年，其間武王計畫攻打商朝。
須：等待。　　暇：寬暇。　　子孫：紂王。

⑪ 誕：無義的語詞。

⑫ 動：驚動。　　威：災難。

⑬ 開：意為「發現」。

⑭ 堪：能。

⑮ 典：法。

⑯ 式：用。　　用：以。

⑰ 簡：選擇。

⑱ 尹：治理。

⑲ 曷：何。

⑳ 忱裕：勸導。

㉑ 夾：輔。　　介：助。　　乂：通「艾」，相。

㉒ 畋：治理田地。

㉓ 惠：順從。　　熙：廣。

㉔ 愛：順從。

㉕ 宅：度。

㉖ 播：棄。

㉗ 圖：謀。　　忱：信。　　正：長，執政官員。

㉘ 戰：通「單」，讀為「殫」，盡。

㉙ 殛（ㄐㄧˊ）：誅。

㉚ 速：召。

譯文

「啊！王這樣說：『告訴你們各位諸侯，不是上天捨棄了夏國，也不是上天捨棄了殷國。而是你們的君王和你們各位諸侯，過分地鄙棄上天的命令，行為放縱，還振振有辭。因為夏國鄙棄自己的政事，不進行祭祀，於是上天降下這亡國的災禍來，讓別的國家代替它。因為你們商王紂過度享樂，鄙棄政事又不潔淨地舉行祭祀，上天也降下這亡國的災禍來。

『明智的人不常常思考就會變成狂妄的人，狂妄的人常常思考就會變成明智的人。上天等待紂王改過，寬暇了他五年時間，讓他繼續做民眾的君主，但他卻不肯考慮聽從上天的旨意。上天於是在你們眾國尋求新的君主，就大大地降下災禍懲罰紂王，以此來發現那能顧及天意的人。可是你們眾國沒有人能顧及天意，而我周王善於保護民眾，能施行德政，能效法神明的上天。上天便用福祥之道教導我們，選擇我們，並把殷國承受的天命給我們，讓我們來治理你們眾多國家。

『現在我哪敢過多地告誡你們。我只是發布一個命令給你們各國臣民。你們為什麼不勸導你們各國的臣民呢？你們為什麼不輔助我周王享有天命呢？現在你們還是居住在你們原來的地方，耕種你們原有的土地，你們為什麼不順從周王宣揚上天的大命呢？你們竟然教導多次也不安定，你們的心都不順從。你們不仔細揣度天命，還肆意地廢棄天命，你們自己幹些不法的事，還企圖取得執政長官的信任。我於是教導告誡你們，於是通通地把你們監禁起來，到現在已經兩次，三次了。如果還有人不聽從我發布給你們的命令，我就要重重地懲罰他、殺掉他！不是我周朝秉德不安寧，而是你們自己招來的災禍。』

⊃ 原文

「王曰：『嗚呼！猷告爾有方多士暨殷多士①，今爾奔走臣我監五祀②。越惟有胥伯小大多正③，爾罔不克臬④。自作不和，爾惟和哉！爾室不睦，爾惟和哉！爾邑克明⑤，爾惟克勤乃事。爾尚不忌於凶德⑥，亦則以穆穆在乃位⑦，克閱於乃邑謀介⑧。爾乃自時雒邑，尚永力畋爾田，天惟畀矜爾⑨，我有周惟其大介賚爾⑩，迪簡在王庭⑪，尚爾事，有服在大僚⑫。』

「王曰：『嗚呼！多士，爾不克勸忱我命，爾亦則惟不克享，凡民惟曰不享。爾乃惟逸惟頗⑬，大遠王命，則惟爾多方探天之威⑬，我則致天之罰⑮，離逖爾土⑯。』

「王曰：『我不惟多誥，我惟祗告爾命⑰。』又曰：『時惟爾初，不克敬於和⑱，則無我怨。』」

注釋

① 暨：和。

② 奔走：效勞。 臣：臣服。 五祀：五年。

③ 越惟：發語詞，無義。 胥：徭役。 伯：賦稅。 正：通「政」，政事。

④ 臬（ㄋㄧㄝˋ）：法度。

⑤ 明：政治清明。

⑥ 忌：畏忌。　凶德：頑劣的民眾。

⑦ 穆穆：恭敬。

⑧ 閱：長久。　介：助。

⑨ 矜：憐憫。

⑩ 賚（ㄌㄞˋ）：賞賜。

⑪ 迪：進。　簡：選。

⑫ 服：事。　僚：官。

⑬ 逸：放蕩。　頗：邪惡。

⑭ 探：取。

⑮ 致：施行。

⑯ 逖（ㄊㄧˋ）：遠。

⑰ 祗（ㄓ）：敬。天神與地神。

⑱ 於：與。

譯文

「王說：『啊！告訴你們各國的官員和殷商的官員，現在你們在我的監管下已經臣服周朝、效勞周朝有五年了。對於徭役、賦稅、大大小小的政事，你們沒有不遵守法規的。你們自己造成了不和諧的局面，你們應該與周王朝和諧共處啊！你們的家庭不和睦，你們就要使家庭和睦啊！你們的城邑能政治清明，就算你們能勤勉地做好政事。希望你們不要畏懼頑劣的人，也要恭恭敬敬地居守自己的職位，能長久地生活在你的城邑，謀劃著輔助周王朝。你們從此在雒邑，要永久地、盡力地耕種你們的土地，上天就會憐憫你們，我周朝也會大大地賞賜你們，選拔你們到朝廷上來，給你們高級的職務，讓你們做大官。』

「王說：『啊！各國的官員，你們不能勉力地信從我的命令，你們就不能享受安樂，民眾們也不能享受安樂。如果你們放蕩、邪惡，大大地悖離王命，那麼就是你們各國自取上天的懲罰，我就要施行上天的懲罰，使你們遠離你們的故土。』

「王說：『我不想再多說，我只是恭敬地告訴你們天命。』又說：『這是你們新的開始，如果你們還是不能恭敬和諧，那就

不要怨恨我。』」

❀ 立 政

題解

◆ 立政,設立官長。政,長。本篇是周公告誡成王建官法則
的誥詞。篇中,周公回顧夏、商兩代建官的歷史,闡述文王、武
王建官的細則,勸導成王任賢選能,以使各類官員盡忠職守。是
研究古代官制的重要文獻。今文《尚書》、古文《尚書》都有此篇。

⊃ 原文

周公作《立政》。

譯文

周公寫了《立政》。(以上是序)

⊃ 原文

周公若曰①:「拜手稽首②,告嗣天子王矣③。」用咸戒於王
曰④:「王左右常伯、常任、准人、綴衣、虎賁⑤。」

注釋

① 若曰:這樣説。多用於史官記錄某人的言論,及官員傳達天
子的命令。

② 拜手稽首:叩頭跪拜。

③ 嗣:繼承。

④ 用:因。　　咸:楊筠如《尚書覈詁》:「疑即箴之假字」,
勸告。

⑤ 左右:指在王身邊。　　常伯:治民官,指下文的牧、牧人。
常任:治事官,指下文的事、任人。　　準人:執法官,指下
文的准、准夫。　　綴衣:掌管王衣服的官。　　虎賁(ㄅㄣ):
護衛天子的武官。

立政

譯文

　　周公這樣說：「叩頭跪拜，稟告繼承了天子之位的大王。」（周公）於是勸誡成王說：「王身邊要有常伯、常任、準人、綴衣、虎賁五類官員。」

⊃ **原文**

　　周公曰：「嗚呼！休茲①，知恤鮮哉②！古之人迪惟有夏③，乃有室大競④，籲俊尊上帝⑤，迪知忱恂於九德之行⑥。乃敢告教厥後曰⑦：『拜手稽首，後矣！』曰：『宅乃事⑧，宅乃牧⑨，宅乃准⑩，茲惟後矣。謀面⑪，用丕訓德⑫，則乃宅人，茲乃三宅無義民⑬。』

　　「桀德惟乃弗作往任⑭，是惟暴德⑮，罔後⑯。亦越成湯陟⑰，丕釐上帝之耿命⑱，乃用三有宅⑲，克即宅⑳；曰三有俊㉑，克即俊㉒。嚴惟丕式㉓，克用三宅三俊。其在商邑，用協於厥邑㉔；其在四方，用丕式見德㉕。

　　「嗚呼！其在受德暋㉖，惟羞刑暴德之人㉗，同於厥邦㉘；乃惟庶習逸德之人㉙，同於厥政。帝欽罰之㉚，乃伻我有夏式商受命㉛，奄甸萬姓㉜。

注釋

① 休：美。　　茲：嘆詞，啊。

② 恤：憂。　　鮮：善。

③ 迪：語氣助詞。下文「迪」同此。　　有夏：夏。

④ 乃：其，他們的。　　有室：指卿大夫。　　競：強。

⑤ 籲：呼。　　俊：有才德的人。

⑥ 忱：誠。　　恂：信。　　九德：九種德行，即《皋陶謨》中「寬而栗，柔而立，願而恭，亂而敬，擾而毅，直而溫，簡而廉，剛而塞，強而義」九種。　　之：而。

⑦ 厥：其。　　後：君王。

⑧ 宅：揣度，考慮。　　乃：你。　　事：指上文「常任」。

⑨ 牧：指常伯。

⑩ 準：指準人。

⑪ 謀面：指以貌取人。

⑫ 丕：大。　　訓：通「順」，遵循。

⑬ 三宅：指上文常任、常伯、准人。　　義民：賢人。

⑭ 桀：夏桀。　德：行為。　弗作：不為。　往任：前人任用官員的道理。

⑮ 是惟：是以，因此。　　暴德：暴行。

⑯ 罔後：指亡國絕後。

⑰ 亦越：承上啟下的連詞，無義。　　陟：升，登上天子位。

⑱ 丕：無義語詞。　釐（ㄒㄧ）：受福，引申為「受」。　耿：光顯。

⑲ 三有宅：即三宅。

⑳ 克：能。即：就。　宅：官位。克即宅，指三宅能忠於職守。

㉑ 曰：通「越」，和。　三有俊：據曾運乾，指在事（治事）、牧（治民）、准（之法）三方面選拔人才。

㉒ 克即俊：指確實有才德。

㉓ 嚴：嚴格。　惟：思。　丕式：大法。

㉔ 協：和。　厥邑：指上文「商邑」，商的都城。

㉕ 見：即「現」，顯現。

㉖ 受：紂王名。　暋（ㄇㄧㄣˇ）：昏。強橫。

㉗ 羞：狃（ㄋㄧㄡˇ），習。習慣

㉘ 同：共。

㉙ 庶：眾。　習逸德：指習慣作惡。

㉚ 欽：重。

㉛ 伻（ㄆㄧㄥ）：使。　有夏：周人自稱。　式：代。

㉜ 奄：覆，引申為普遍。　旬：治理。　萬姓：萬民。

譯文

周公說：「啊！好啊，知道憂慮國事這很好啊！古時候的人像夏朝，他們的大夫都很強大，呼籲著賢能的人尊敬上帝，並誠信地遵照九德來辦事。這樣，他們才敢向君王報告說：『叩頭跪拜，

我們的君王。』說：『要考慮如何任用您的常任，要考慮如何任用您的常伯，要考慮如何任用您的准人，這樣才算是真的君王啊。如果光看他人外貌，就認為是遵循美德的，這樣來任用官員，那麼您的常伯、常任、準人就沒有賢人了。』

「夏桀的作法是不遵循前人任用官員的道理，所以行為暴虐，於是就亡國絕後了。到成湯登上帝位，承受上帝光明的命令，於是任用常伯、常任、準人，他們都能忠於職守；而從這三方面選拔的人才，也確實是有賢德的人。成湯嚴格地遵照大法選用官員，所以能很好地任用這三面的人才。他在商朝都城，就用這些官員使都城的民眾和諧；他在天下四方，就遵照大法顯現出他的美德。

「啊！在商王受的時候，他行為昏亂，與慣用刑罰、行為暴虐的人，同在他的國家；還與那些慣於作惡的人，一同處理他的政事。上帝重重地懲罰他，於是使我們中原的周國代替商王紂接受天命，來治理全天下的百姓。

➲ 原文

「亦越文王、武王，克知三有宅心，灼見三有俊心①，以敬事上帝②，立民長伯③。立政④：任人、準夫、牧作三事⑤；虎賁、綴衣、趣馬小尹⑥、左右攜僕⑦、百司庶府⑧、大都小伯⑨、藝人表臣⑩、百司⑪，太史、尹伯、庶常起士⑫，司徒、司馬、司空、亞旅⑬，夷、微、盧、蒸、三亳、阪、尹⑭。文王惟克厥宅心⑮，乃克立茲常事司牧人⑯，以克俊有德⑰。文王罔攸兼於庶言⑱，庶獄庶慎⑲，惟有司之牧夫是訓用違⑳；庶獄庶慎，文王罔敢知於茲㉑。亦越武王，率惟敉功㉒，不敢替厥義德㉓，率惟謀從容德㉔，以並受此丕丕基㉕。

注釋

① 灼：明。
② 事：侍奉。
③ 長伯：官長。
④ 立政：設立官長。

⑤ 作：為。　　三事：三卿。

⑥ 趣馬：負責養馬的官。　　小尹：趣馬的屬官。

⑦ 左右攜僕：指君王身邊的侍從。

⑧ 百司庶府：司、府，官名，主管財物、券契、府藏等。《禮記·曲禮》以司土、司木、司水、司草、司器、司貨為六府；《周禮》有太府、王府、內府、外府、泉府、天府等。此處用「百」、「庶」，表示眾多。

⑨ 大都小伯：大國諸侯、小國諸侯。伯，長。曾運乾《尚書正讀》：「大都言都不言伯，小都言伯不言都，互文見義也。」指大都伯、小都伯。

⑩ 藝人：近臣。表臣：據屈萬里《尚書今注今譯》，指封人，掌管修築帝王社壇及疆界。

⑪ 百司：此指臣屬於諸侯，掌管府庫、財物的官。

⑫ 太史：史官之長。　　尹伯：泛指各官之長。　　常：指掌管日常事務。　　吉：善。

⑬ 司徒：掌管教育。　　司馬：掌管軍事。　　司空：掌管土地居所。　　亞旅：大夫。

⑭ 夷：東方國家。　　微、盧：少數民族國家。　　蒸、阪、尹：少數民族雜居地。　　三亳（ㄅㄛˋ）：指南亳、北亳、西亳，是殷商遺民聚居地。商朝稱都城為「亳」。

⑮ 宅心：指用心揣度。

⑯ 常事司牧人：常事，指常任；司，指准人；牧人，常伯。泛指上文的各類官員。

⑰ 以：用。

⑱ 罔：無。　　攸：所。　　兼：兼顧。　　庶言：教令。

⑲ 庶獄：眾多刑法獄訟。　　庶慎：眾多禁戒儲備。

⑳ 有司：指掌管相應事務。　　牧夫：官員。　　訓：順。用違：指用與不用。

㉑ 罔敢知：據《今古文尚書全譯》，指「不過問」。敢，謙辭。

㉒ 率惟：語氣助詞。　　敉（ㄇㄧˇ）：完成。　　功：事，指文王的事業。

立政

㉓ 替：廢。　　厥：指文王。　　義德：善德。

㉔ 謀：考慮。　　容德：寬容的德行。

㉕ 並受：指文王、武王共同承受。　　丕丕（ㄆㄧ　ㄆㄧ）：
偉大。很、大。通常用來加強語氣。　　基：基業。

譯文

「到了文王、武王，他們能夠知道常任、常伯、准人的心意，
能夠明白地看到這三方面人才的賢能，來恭敬地侍奉上帝，為民
眾設立官長。設立的官職：有任人、準夫、牧，為三卿，有虎賁、
綴衣、趣馬、小尹、左右攜僕、和眾位掌管財物府庫的官，有大
國諸侯、小國諸侯、藝人、封人、和為諸侯掌管財物府庫的官，
有太史、尹伯、和眾位元掌管日常事務的賢士，有司徒、司馬、
司空、大夫，和掌管夷、微、盧、蒸、三亳、阪、尹等地的官。
文王能用心揣度，於是能設立這些官員，任用有才有德的人。文
王不兼管各種具體的教令。各種刑法獄訟，各種禁戒儲備，都只
是順從主管這些事務的官員，來決定用與不用。對於各種司法案
件和禁戒儲備，文王不敢過問它們。到了武王，他完成了文王的
事業，不敢廢棄文王的善德，只是考慮著順從文王寬容的德行，
因此，文王和武王共同承受了這偉大的王業。

⊃ 原文

「嗚呼！孺子王矣①！繼自今②，我其立政：立事，准人，
牧夫，我其克灼知厥若③，丕乃俾亂④。相我受民⑤，和我庶獄庶
慎⑥，時則勿有間之⑦，自一話一言⑧。我則末惟成德之彥⑨，以
乂我受民⑩。

「嗚呼！予旦已受人之徽言⑪，咸告孺子王矣⑫。繼自今，文
子文孫⑬，其勿誤於庶獄庶慎，惟正是乂之⑭。自古商人，亦越我
周文王立政：立事，牧夫，准人，則克宅之，克由繹之⑮，茲乃俾
乂國。則罔有立政，用憸人⑯，不訓於德⑰，是罔顯在厥世。繼自
今立政，其勿以憸人，其惟吉士⑱，用勱相我國家⑲。

「今文子文孫，孺子王矣。其勿誤於庶獄，惟有司之牧夫。其

261

克詰爾戎兵 ⑳，以陟禹之跡 ㉑，方行天下 ㉒，至於海表 ㉓，罔有不服。以覲文王之耿光 ㉔，以揚武王之大烈 ㉕。嗚呼！繼自今，後王立政，其惟克用常人 ㉖。」

周公若曰：「太史，司寇蘇公 ㉗，式敬爾由獄 ㉘，以長我王國 ㉙。茲式有慎 ㉚，以列用中罰 ㉛。」

注釋

① 孺子：長輩對晚輩的稱呼，此指成王。

② 繼自今：從今以後。

③ 若：善。

④ 丕：語氣助詞。　俾：使。　亂：治理。

⑤ 相：助。　受民：指上天和祖先賜給的民眾。

⑥ 和：使……適當。

⑦ 時：是。指上文「相我受民」、「和我庶獄庶慎」兩件事。間：代。

⑧ 自：於。

⑨ 末：終。　成德之彥：具有九德的人。彥，美士。

⑩ 乂（一ˋ）：治。

⑪ 旦：周公名。　已受：當作「以前」。屈萬里《尚書今注今譯》：「蓋已、以古通，而金文『前』與『受』字形近，因而致訛也。」　徽：美。

⑫ 咸：都。

⑬ 文：善。

⑭ 惟：只。　正：掌管刑獄的官。

⑮ 由：用。由繹：據《尚書覈詁》，同「繹」，道，引導。

⑯ 憸（ㄒㄧㄢ）人：奸邪的人。

⑰ 訓：順。

⑱ 起士：善士。

⑲ 勱（ㄇㄞˋ）：勉。

⑳ 詰：謹慎。　戎兵：指軍事活動。戎，兵。

㉑ 陟：循。

262

㉒ 方：遍。

㉓ 表：外。

㉔ 覯：見，顯現。　　耿：明。

㉕ 烈：功業。

㉖ 常：通「祥」，善。常人，指賢人美士。

㉗ 司寇：掌管刑法獄訟的官，即准人。蘇公：指蘇忿生，據《左傳‧成公十一年》杜預注：「蘇忿生，周武王司寇蘇公。」

㉘ 式：無義語詞。　　敬：謹。　　由：用。

㉙ 長：使⋯⋯長久。

㉚ 式：用。　　有慎：慎。有，語助詞。

㉛ 列：據屈萬里，指「比較」。　　中罰：適當的刑罰。

譯文

「啊！年輕的王啊！從今以後，我們要設立官職：設立常任，准人，牧夫等官，我們要能明白地知道他們的優點，這樣才能讓他們處理相應的事務，輔助我們管理上天和祖先賜給的民眾，使各種刑法獄訟、各種禁戒儲備都做到適當。這些事就不能代替官員們處理，甚至一句話一個字也不能多說。那麼我們周朝就終會有具有九德的賢人，來治理我們接受的民眾。

「啊！我姬旦把前人的美好言論都告訴你這年輕的王了。從今往後，後世的子孫們，不要在刑法獄訟和禁戒儲備的事情上犯錯誤，這些事只讓主管的官員們去治理。從古時候的商代先王，到我們的周文王，他們設立官職：設立常任、牧夫、準人，就能揣度官員們的心意，能引導他們，這樣使他們治理國家。如果沒有建立任用官員的法則，任用的盡是些奸邪的人，他們不順從善德，那麼君王就不會顯於當時。從今往後君王設立官員，千萬不要任用那奸邪的人，要只任用那賢良的人，用他們來勉力地輔助我們的國家。

「現在賢良的子孫，你這年輕的王啊，千萬不要在刑法獄訟的事情上犯錯誤，只讓主管這些事的官員來處理。你要謹慎你的軍事活動，循著大禹的足跡，遍行天下，直到大海之外，都沒有

人不服從你。以此來顯現文王的光輝，來發揚武王的偉大功業。啊！從今往後，繼位的君王設立官員，千萬只能任用賢良的人。」

周公這樣說：「太史，司寇蘇公，要謹慎地處理獄訟，以使我們的國家長治久安。對於這刑罰的事要謹慎，要加以比較後再施行適當的刑罰。」

❀ 周 官

題解

◆ 周官，周朝的官制。本篇是周成王宣布官制的誥令，篇中詳細地闡述了建官、分職、做官的法則。是研究古代官制的重要資料。古文《尚書》有，今文《尚書》無。

⊃ 原文
成王既黜殷命①，滅淮夷②，還歸在豐③，作《周官》。

注釋
① 黜：廢止。
② 淮夷：淮河流域的少數民族。
③ 豐：西周國都，在今陝西西安灃河西。

譯文

成王廢止殷國的命運後，又滅掉淮夷，然後回到都城豐，作了《周官》。（以上是序）

⊃ 原文
惟周王撫萬邦①，巡侯甸②，四征弗庭③，綏厥兆民④。六服群辟⑤，罔不承德⑥。歸於宗周，董正治官⑦。

注釋
① 撫：安撫。

② 巡：巡行，視察。　　　　侯甸：侯服、甸服，泛指諸侯國。
③ 四：四面。　　弗庭：不來朝見的諸侯。庭，通「廷」。
④ 綏：安。　　厥：其。　　兆民：億萬百姓。
⑤ 六服：周王朝把王城周圍的土地按距離遠近分為侯服、甸服、
男服、采服、衛服、蠻服，統稱六服。辟：君，指諸侯。
⑥ 承：順。
⑦ 董：督。　　治官：治事官員。

譯文

　　成王安撫天下四方，巡行各諸侯國，四面征討不來朝見的諸
侯，安定億萬民眾。六服的諸侯們，沒有不順從德教的。成王回
到都城豐，督正治事的官員。

⊃ 原文

　　王曰：「若昔大猷①，制治於未亂②，保邦於未危。」曰：「唐
虞稽古③，建官惟百。內有百揆四嶽④，外有州牧侯伯⑤。庶政惟
和⑥，萬國咸寧⑦。夏商官倍，亦克用乂⑧。明王立政⑨，不惟其
官，惟其人。

　　「今予小子⑩，祗勤於德⑪，夙夜不逮⑫。仰惟前代時若⑬，
訓迪厥官⑭。立太師、太傅、太保⑮，茲惟三公。論道經邦⑯，燮
理陰陽⑰。官不必備，惟其人。少師、少傅、少保⑱，曰三孤。貳
公弘化⑲，寅亮天地⑳，弼予一人㉑。塚宰掌邦治㉒，統百官，均
四海㉓。司徒掌邦教㉔，敷五典㉕，擾兆民㉖。宗伯掌邦禮㉗，治
神人，和上下。司馬掌邦政㉘，統六師㉙，平邦國㉚。司寇掌邦禁
㉛，詰姦慝㉜，刑暴亂。司空掌邦土㉝，居四民㉞，時地利㉟。六
卿分職，各率其屬，以倡九牧㊱，阜成兆民㊲。

　　「六年，五服一朝㊳。又六年，王乃時巡㊴，考制度於四嶽㊵
。諸侯各朝於方嶽，大明黜陟㊶。」

注釋

① 若：順。　　猷（一ㄡˊ）：道。

② 制治：制定政教。

③ 唐虞：唐堯、虞舜。　　稽：考。

④ 百揆：總管一切事務的官長，即周朝「塚宰」。　　四嶽：四方諸侯。

⑤ 州牧：州長。　　侯伯：掌管一方的諸侯長。

⑥ 庶：眾。

⑦ 咸：都。

⑧ 乂（一ˋ）：治。

⑨ 立政：設立官長。

⑩ 予小子：成王自謙。予，我。

⑪ 祗（ㄓ）：敬。

⑫ 夙：早。　　逮：及。

⑬ 時：是。　　若：順。

⑭ 訓：順。　　迪：蹈。

⑮ 太師、太傅、太保：輔助天子的官，稱為「三公」。太師，掌教天子；太傅，掌輔助天子；太保，掌保安天子。

⑯ 論：闡明。　　經：治理。

⑰ 燮（ㄒㄧㄝˋ）理：調和。燮，和。　　陰陽：事物的正反面。

⑱ 少師、少傅、少保：地位低於「三公」，同是輔助天子的官。

⑲ 貳：協助。　　弘：大。　　化：道化。

⑳ 寅：敬。　　亮：明。

㉑ 弼：助。

㉒ 塚宰：官名，百官之長。

㉓ 均：協調。

㉔ 司徒：官名，掌管教育。

㉕ 敷：布。　　五典：父義、母慈、兄友、弟恭、子孝。

㉖ 擾：安。

㉗ 宗伯：官名，掌管宗廟祭祀禮儀。

㉘ 司馬：官名，掌管軍事。

㉙ 六師：六軍。

㉚ 平：平治，使強國不欺凌弱國。

㉛ 司寇：官名，掌管刑法。

㉜ 詰（ㄐㄧㄝˊ）：查究。　姦慝（ㄊㄜˋ）：邪惡不正的人。

㉝ 司空：官名，掌管土地居所。

㉞ 四民：指士、農、工、商。

㉟ 時地利：順天時，辨地利。

㊱ 九牧：九州的州牧侯伯。

㊲ 阜：厚。　成：安定。

㊳ 五服：指侯、甸、男、采、衛五服。

㊴ 時巡：指按季節巡行。

㊵ 考：考正。　四嶽：東嶽泰山，西嶽華山，北嶽恒山，南嶽衡山。

㊶ 黜陟：指官員的升降賞罰。黜，降。陟，升。

譯文

王說：「順從過去的大道，在國家還沒有出現動亂的時候，就要制定政教，在國家還沒有出現危機的時候，就要安定國家。」說：「堯帝、舜帝考察古代的歷史，設立了近百個官職。朝內有百揆、四嶽，朝外有州牧、侯伯。各項政事都和順，天下各國都安寧。到了夏朝、商朝，設立的官職增加了一倍，也能用來治理。聖明的君王設立官長，不在於官職的多少，而在於任用賢人。

「現在我小子，恭敬、勤勉地施行德政，從早到晚努力都趕不上古人。我們仰慕古人，就順從他們的法則來設立官職。設立太師、太傅、太保，這是三公。負責闡明大道、治理國家，調和陰陽。三公的官位不必全有，要考慮合適的人選。設立少師、少傅、少保，稱為三孤。負責協助三公弘揚道化，敬明天地神靈，輔助我一個人。塚宰掌管國家的治理，統率百官，協調天下四方。司徒掌管國家的教育，施行父慈、子孝等五種倫常教化，安定億萬民眾。宗伯掌管國家的典禮，治理神、人之間的事務，和諧尊卑關係。司馬掌管國家的軍事，統帥六軍，平治諸侯國。司寇掌管國家的禁令，查辦邪惡的人，刑殺暴亂的人。司空掌管國家的土地，分配士、農、工、商四類人的居所，順應天時，辨別地利。

以上六位大臣分別有各自的職責，各自率領你們的屬下官員，以宣導九州的官長、諸侯，使百姓富足安定。

「每隔六年，五服的諸侯前來朝見一次。每隔十二年，天子按季節到各諸侯國巡行，在四岳考正諸侯國的制度禮法。諸侯各在他那方的大岳朝見天子，天子對他們公開進行升降賞罰。」

⊃ 原文

王曰：「嗚呼！凡我有官君子①，欽乃攸司②，慎乃出令，令出惟行，弗惟反。以公滅私，民其允懷③。學古入官。議事以制④，政乃不迷⑤。其爾典常作之師⑥，無以利口亂厥官⑦。蓄疑敗謀⑧，怠忽荒政⑨，不學牆面⑩，涖事惟煩⑪。戒爾卿士，功崇惟志⑫，業廣惟勤，惟克果斷，乃罔後艱。位不期驕⑬，祿不期侈⑭。恭儉惟德，無載爾偽⑮。作德，心逸日休⑯；作偽，心勞日拙。居寵思危，罔不惟畏，弗畏入畏⑰。推賢讓能，庶官乃和，不和政厖⑱。舉能其官⑲，惟爾之能。稱匪其人⑳，惟爾不任。」

王曰：「嗚呼！三事暨大夫㉑，敬爾有官，亂爾有政㉒，以佑乃辟㉓。永康兆民，萬邦惟無斁㉔。」

注釋

① 有官君子：在位的官員。

② 欽：敬。　乃：你們。　攸：所。　司：主管。

③ 允：信。　懷：歸向。

④ 制：古代的制度。

⑤ 迷：錯誤。

⑥ 典常：舊典常法。　師：師法。

⑦ 利口：巧言。

⑧ 蓄：積。

⑨ 怠忽：懈怠疏忽。　荒：荒廢。

⑩ 不學牆面：孔穎達《尚書正義》：「人而不學，如面向牆，無所睹見。」

⑪ 涖：臨。

⑫ 崇：高。　　志：志向。

⑬ 位：地位尊貴。

⑭ 祿：俸祿豐厚。

⑮ 無：不。　　載：事。　　偽：奸偽。

⑯ 休：美。

⑰ 弗畏入畏：指不知道畏懼，就會身陷令人畏懼的境地。

⑱ 政厖（ㄇㄤˊ）：政治雜亂無章。

⑲ 舉：推舉。

⑳ 稱：舉。　　匪：非，不是。

㉑三事：本指任人、準夫、牧作三位官長，此泛指公卿。　　暨：及。

㉒ 亂：治理。

㉓ 佑：輔助。

㉔ 斁（一ˋ）：厭棄。

譯文

　　王說：「啊！凡是我周朝在位的官員，要恭敬對待你們主管的工作，謹慎你們發出的政令，政令一發出就要去執行，不要違反。用公平的心消除個人私欲，民眾就會信任你、歸順你。學習古人的訓誡，再從政做官。用古代的制度來商議政事，那麼政事就不會出現錯誤。希望你們師法舊典常法，不要用巧辯的言論擾亂官員。堆積疑慮會敗壞謀略，懈怠疏忽會荒廢政事，人不學習，就像面向牆壁什麼也看不見，遇到事情就會煩亂不安。告誡你們各位卿士，功高在於立志，業廣在於勤勉，能果斷行事，就不會有後來的艱難。地位尊貴不要驕傲，俸祿豐厚不要奢侈。恭敬、節儉才是美德，不要做奸偽的事。做善事，心裡感到快樂，就會每天都過得美好；做奸偽的事，心很勞苦，就會每天都過得笨拙。處在尊寵的地位，就要想到危險，沒有什麼是可以不畏懼的，不知道畏懼，就會陷入可怕的境地。推舉賢人，謙讓能人，官員們就會和睦，如果官員不和睦，政治就會雜亂無章。推舉的人能勝

任他的官職，這是你們的才能。推舉的人不是合適的人選，那就是你們不能勝任。」

王說：「啊！公卿大夫們，敬待你們的官職，治理你們的政事，來輔助你們的君王。長久地安定億萬民眾，天下各國就不會厭棄周朝的統治。」

❀ 君 陳

題解

◆　君陳，臣名。周公去世，成王命君陳接替周公治理成周。此篇是成王任命君陳的策書，勸誡君陳要遵循周公的常法，施行德政，教化殷民。古文《尚書》有，今文《尚書》無。

○ 原文

周公既沒①，命君陳分正東郊成周②，作《君陳》。

注釋

① 沒：通「歿」，去世。

② 分：分居殷民。　　正：治理。　　東郊：周王東都雒邑的東郊。

譯文

周公去世後，成王命君陳分居殷民，治理東郊成周，（史官記錄下來，）作了《君陳》。（以上是序）

○ 原文

王若曰①：「君陳，惟爾令德孝恭②。惟孝友於兄弟，克施有政③。命汝尹茲東郊④，敬哉！昔周公師保萬民⑤，民懷其德。往慎乃司⑥，茲率厥常⑦，懋昭周公之訓⑧，惟民其乂⑨。我聞曰：『至治馨香⑩，感於神明。黍稷非馨，明德惟馨。』爾尚式時周公之猷訓⑪，惟日孜孜⑫，無敢逸豫⑬。凡人未見聖⑭若不克見；既見聖，

君陳

亦不克由聖，爾其戒哉！爾惟風 ⑮，下民惟草。圖厥政 ⑯，莫或不艱 ⑰，有廢有興，出入自爾師虞 ⑱，庶言同則繹 ⑲。爾有嘉謀嘉猷 ⑳，則入告爾后於內 ㉑，爾乃順之於外，曰：『斯謀斯猷 ㉒，惟我后之德。』嗚呼！臣人咸若時 ㉓，惟良顯哉 ㉔ ！」

注釋

① 王：成王。　　若曰：這樣説。

② 令：美。

③ 克：能。　　施：移。　　有政：政，從政。有，無義。

④ 尹：治理。　　茲：此。

⑤ 師保：教誨。

⑥ 乃：你。　　司：職事。

⑦ 率：遵循。　　厥：其，指周公。　　常：常法。

⑧ 懋（ㄇㄠˋ）：努力。　　昭：明。

⑨ 乂（一ˋ）：治。

⑩ 至：最高的境界。

⑪ 式：效法。　　時：是。　　猷（一ㄡˊ）：道理、法則。

⑫ 孜孜：勤勉。

⑬ 無：通「毋」，不。　　逸豫：安閒娛樂。

⑭ 聖：聖道。

⑮ 惟：是。

⑯ 圖：謀，治理。

⑰ 莫或：沒有。

⑱ 出入：反覆。　　爾師：你們眾人。　　虞：商量。

⑲ 庶：眾。　　繹：深思。

⑳ 猷：同「謀」，謀略。

㉑ 后：君王。

㉒ 斯：這。

㉓ 咸：都。　　時：是。

㉔ 良：大臣賢良。　　顯：君王顯耀。

271

譯文

王這樣說：「君陳，只有你有美好的品德，又孝順恭敬。你孝順父母，友愛兄弟，這就能移來從政了。我命令你治理東郊成周，要恭敬啊！從前周公在成周教誨民眾，民眾都懷念他的恩德，你去了，要謹慎對待自己的職事，遵循周公的常法，努力宣揚周公的教導，那麼民眾就能得到治理。我聽說：『國家的政治達到最善的境界時，就會發出芳香，能感動天上的神靈；黍稷並沒有這樣的香氣，明德才有這樣的香氣。』你要效法周公的德教，要每天孜孜不倦地努力，不敢安閒娛樂。凡是人沒有看見聖道，就好像自己不能夠看到；已經看到了聖道，又不能遵行聖道，你要引以為戒啊！你是風，民眾就是草，草隨風動。治理政事，沒有不艱難的，有廢除，有興辦，要反覆同眾人商量，大家的意見相同就要深思，然後才施行。你有好的謀略、好的主意，就進宮告訴你的君王，你還要在外順從君王，說：『這謀略、這主意，都是我君王的美德。』啊！大臣都像這樣，那麼就臣良君顯了！」

⟳ 原文

王曰：「君陳，爾惟弘周公丕訓①，無依勢作威，無倚法以削②，寬而有制③，從容以和④。殷民在辟⑤，予曰辟⑥，爾惟勿辟；予曰宥⑦，爾惟勿宥，惟厥中⑧。有弗若於汝政，弗化於汝訓，辟以止辟⑨，乃辟。狃於奸宄⑩，敗常亂俗⑪，三細不宥⑫。爾無忿疾於頑⑬，無求備於一夫⑭。必有忍，其乃有濟⑮；有容，德乃大。簡厥修⑯，亦簡其或不修；進厥良⑰，以率其或不良⑱。惟民生厚⑲，因物有遷⑳。違上所命，從厥攸好㉑。爾克敬典在德，時乃罔不變。允升於大猷㉒，惟予一人膺受多福㉓，其爾之休㉔，終有辭於永世㉕。」

注釋

① 弘：弘揚。　　丕：大。
② 倚：憑藉。　　削：苛刻的政治。
③ 制：制度。

④ 從容：舉止行為。

⑤ 在辟：指犯罪。辟，刑法。

⑥ 辟：懲罰。

⑦ 宥（一ㄡˋ）：赦免。寬厚仁慈的對待。

⑧ 中：合理。

⑨ 辟以止辟：指懲罰一人來制止他人犯法。

⑩ 狃（ㄋㄧㄡˇ）：習慣、安於。　奸宄（ㄍㄨㄟˇ）：作亂。

⑪ 常：五常，指君臣、父子、夫婦、兄弟、朋友之間的準則。

⑫ 三細：指奸宄、敗常、亂俗三者中的小罪。

⑬ 忿疾：忿恨。　頑：頑固不化的人。

⑭ 求備：求全責備。

⑮ 濟：成。

⑯ 簡：鑒別。　修：修養德行的人。

⑰ 進：任用。　良：賢良的人。

⑱ 率：勸。

⑲ 生：同「性」。　厚：淳厚。

⑳ 遷：變。

㉑ 攸：所。

㉒ 允：誠。

㉓ 予一人：成王自稱。　膺（一ㄥ）：受。

㉔ 休：美。

㉕ 辭：稱頌。　永：長。

譯文

　　王說：「君陳，你要弘揚周公的偉大教導，不要倚仗著權勢作威作福，不要憑藉著刑法施行苛刻的政治，要寬容而有制度，要舉止和諧。殷民犯了罪，我說懲罰，你不要懲罰；我說赦免，你也不要赦免，都要合理地判決。有人不順從你的政令，不接受你的教化，懲罰他如果能制止別人犯法，那就懲罰。習慣作亂、敗壞五常、擾亂風俗，只要有這三項罪行，哪怕是犯了微小的罪過，也不能赦免。你不要忿恨頑固不化的人，不要對每個人求全

責備。必須要有所忍耐，才能成功；有所包容，德才會大。鑒別那些修養德行的人，也鑒別那些不修養德行的人；進用那些賢良的人，來勸勉那些不賢良的人。民眾本性淳厚，因為外物的影響而有了變化。以至違抗君王的命令，順從自己的喜好。你能恭敬地對待常法，從中獲得美德，殷民就沒有不能改變的。你的政治真能上升到大道的境界，那我將享受上天賜予的洪福，這樣你的美名也終會永遠受到稱頌。」

❀ 顧 命

題解

◆ 顧，回首。成王病重將要離開人世，他回顧生前，發出臨終的遺命，故取作《顧命》。本篇主要記載成王的喪禮及康王繼位的典禮，是研究周代禮法不可多得的史料。今文《尚書》、古文《尚書》都有此篇。

⊃ 原文

成王將崩，命召公、畢公率諸侯相康王①，作《顧命》。

注釋

① 召公：名奭（ㄕˋ），與成王同姓的貴族。　畢公：名高，周文王的兒子。　相：輔助。　康王：名釗，成王的太子。

譯文

成王臨終，命令召公、畢公率領諸侯輔佐康王，（史官記載下來，）作了《顧命》。（以上是序）

⊃ 原文

惟四月哉生魄①，王不懌②。甲子，王乃洮頮水③。相被冕服④，憑玉几⑤。乃同召太保奭、芮伯、彤伯、畢公、衛侯、毛公、師氏、虎臣、百尹、御事⑥。

顧命

王曰：「嗚呼！疾大漸^⑦，惟幾^⑧，病日臻^⑨。既彌留^⑩，恐不獲誓言嗣^⑪，茲予審訓命汝^⑫。昔君文王、武王宣重光^⑬，奠麗陳教則肆^⑭，肆不違^⑮，用克達殷集大命^⑯。在後之侗^⑰，敬迓天威^⑱，嗣守文、武大訓^⑲，無敢昏逾^⑳。今天降疾，殆弗興弗悟^㉑。爾尚明時朕言^㉒，用敬保元子釗^㉓，弘濟於艱難^㉔。柔遠能邇^㉕，安勸小大庶邦^㉖。思夫人自亂於威儀^㉗，爾無以釗冒貢於非幾^㉘。」

茲既受命，還。出綴衣於庭^㉙。越翼日乙丑^㉚，王崩。

注釋

① 哉生魄：指大月前兩日，小月前三日。哉，始。魄，通「霸」，新月的微光。

② 不懌：此指生病。懌，喜悅。

③ 洮（ㄊㄠˊ）：洗髮。　　頮（ㄏㄨㄟˋ）：洗臉。

④ 相：太僕，負責君王衣服、座位的官。　　被：披。　　冕：王冠。　　服：朝服。

⑤ 憑：靠著。　　几：几案。

⑥ 太保：官名，指召公。與芮伯、彤伯、畢公、衛侯、毛公，合稱為六卿。　　師氏：武官名。虎臣：即虎賁，侍衛國君、保衛王宮的官。　　百尹：各官之長。　　御事：一般的治事官員。

⑦ 漸：劇。

⑧ 幾：危。

⑨ 臻（ㄓㄣ）：加重。至、及、達到。如：「臻於完美」。

⑩ 彌留：臨死而暫留人世。

⑪ 嗣：當作「辭」。

⑫ 茲：這。　　審：詳。

⑬ 重光：指文、武二王雙重的光輝。

⑭ 奠：定。　　麗：法。　　陳：設。　　肆：勞。

⑮ 違：棄。

⑯ 用：因而。　　克：能。　　達：同「撻」，討伐。　　集：成就。　　大命：指建國。

⑰ 侗：幼童，成王自稱。

⑱ 迓（一ㄚˋ）：迎。　　天威：天命。

⑲ 嗣：繼續。

⑳ 昏：昏亂。　　逾：逾越。

㉑ 殆：危。　　興：起。　　悟：清醒。

㉒ 時：是。

㉓ 元子：太子。　　釗：康王名。

㉔ 弘：大。　　濟：渡過。

㉕ 柔：安撫。　　能：親善。　　邇（ㄦˇ）：近。

㉖ 庶邦：眾諸侯國。

㉗ 夫人：人人。　　亂：治，整飭。　　威儀：儀表態度。

㉘ 冒：觸犯。　　貢：作「贛」，陷入。　　非幾：非法。

㉙ 出：撤出。　　綴衣：君王座位上的帷帳。

㉚ 翼日：即翌日，第二天。

譯文

四月，剛出現新月的時候，成王生了重病。甲子這天，成王用水洗淨頭髮和臉，太僕為他戴上王冠，穿上朝服，讓他靠在玉石做的几案上。於是，把召公、芮伯、彤伯、畢公、衛侯、毛公、師氏、虎臣、各官的首長，和一般的官員都召喚了來。

王說：「啊！我的病已經很嚴重了，十分危險，病情還在一天天惡化。已經到了臨終的時刻，害怕自己來不及留下遺囑，我這就詳細地訓告你們。從前先君文王、武王宣揚了雙重的光輝，他們制定刑法、宣布教令非常辛勞，雖然辛勞也不放棄這治國之道，因而能討伐殷商、成就上天賜予的大命。到了後來，年幼無知的我，恭敬地迎接上天威嚴的大命，繼續遵守文王、武王的偉大教訓，不敢昏亂、逾越。現在上天給我降下這疾病，非常危險，我已經不能起來，也不清醒了。你們要明白我說的這些話，來恭敬地保護太子釗，使他徹底地度過艱難。要安定遠方、親善近鄰，安撫勸導大大小小的諸侯國。我想人人應當自己整飭自己的儀表態度，你們千萬不可使釗觸犯刑法，陷入不法的境地。」

這些官員們接受命令後，便返回了。撤出王座上的帷帳放在庭院中。到了第二天乙丑，成王就逝世了。

⊃ 原文

太保命仲桓、南宮毛[1]，俾爰齊侯呂伋[2]，以二干戈、虎賁百人[3]，逆子釗於南門之外[4]。延入翼室[5]，恤宅宗[6]。丁卯，命作冊度[7]。越七日癸酉，伯相命士須材[8]。

狄設黼扆、綴衣[9]。牖間南向[10]，敷重篾蓆[11]，黼純[12]，華玉仍几[13]。西序東向[14]，敷重厎蓆[15]，綴純[16]，文貝仍几[17]。東序西向，敷重豐蓆[18]，畫純[19]，雕玉仍几[20]。西夾南向[21]，敷重筍蓆[22]，玄紛純[23]，漆仍几[24]。

越玉五重[25]，陳寶、赤刀[26]，大訓、弘璧[27]，琬、琰[28]，在西序。大玉、夷玉[29]，天球、河圖[30]，在東序。胤之舞衣[31]、大貝、鼖鼓[32]，在西房。兌之戈、和之弓、垂之竹矢[33]，在東房。大輅在賓階面[34]，綴輅在阼階面[35]，先輅在左塾之前[36]，次輅在右塾之前[37]。

注釋

① 仲桓、南宮毛：二臣名。
② 俾：使。　爰：同「援」，引導。　呂伋：太公呂尚之子。
③ 二干戈：指仲桓、南宮毛各執一干一戈。
④ 逆：迎。　南門：宗廟的南門。
⑤ 延：引。　翼室：側室。
⑥ 恤：憂。　宅：居。　宗：主。喪事的主人，主持喪事。
⑦ 作冊：官名。　度：制定喪禮的法則。
⑧ 伯相：輔助王室的二伯，指召公、畢公。　須：待，備。
材：指下文的各種器物。
⑨ 狄：狄人，樂官中身份低賤的人。　黼（ㄈㄨˇ）：黑白相間的斧形花紋。　扆（一ˇ）：放在王座後的屏風。
⑩ 牖（一ㄡˇ）間：門窗之間。　牖，窗戶。
⑪ 敷：佈置。　重：雙層。　篾蓆：竹蓆。

⑫ 純：蓆子的鑲邊。

⑬ 華玉：五色玉。　　　仍几：指在世時所用的幾案。

⑭ 西序：堂上的西牆。

⑮ 底蓆：細密的竹席。

⑯ 綴：雜彩色。

⑰ 文貝：有花紋的貝殼。

⑱ 豐蓆：用莞（ㄍㄨㄢ）草編的席子。

⑲ 畫：指畫有雲氣。

⑳ 雕玉：雕有花紋的美玉。

㉑ 西夾：西牆後的夾室。

㉒ 筍（ㄙㄨㄣˇ）蓆：用青竹皮編的蓆子。筍，青竹皮。

㉓ 玄紛純：黑色絲繩做的蓆邊。

㉔ 漆：漆飾。

㉕ 越：無義的語詞。　　　重：組。

㉖ 陳寶：玉器名。　　　赤刀：塗成紅色的玉刀。

㉗ 大訓：刻有先王訓誡之辭的玉器。　　　弘璧：大璧。

㉘ 琬：圓頂圭。　　　琰：尖頂圭。

㉙ 大玉：華山產的玉。　　　夷玉：東北產的玉。

㉚ 天球：玉磬。　　　河圖：即伏羲所得的河圖洛書，八卦之書。

㉛ 胤（ㄧㄣˋ）：與下文兌、和、垂都是人名。胤之舞衣，指胤做的舞衣。

㉜ 鼖（ㄈㄣˊ）鼓：軍用大鼓。

㉝ 竹矢：竹箭。

㉞ 大輅（ㄌㄨˋ）：玉輅，用玉裝飾的車。輅，車。　　　賓階：賓客站立的台階，即西階。

㉟ 綴輅：金輅。　　　阼（ㄗㄨㄛˋ）階：主人站立的台階，即東階。

㊱ 先輅：象輅，用象骨裝飾的車。　　　塾：門側堂屋。

㊲ 次輅：木輅，沒有裝飾的車。

譯文

太保命令仲桓、南宮毛，使他們引導著齊侯呂伋，各自拿著干和戈，帶領著百名衛士，在南門外迎接太子釗。引著太子進入側室，憂愁地居住在那裡做喪事的主人。丁卯這天，命令作冊官制定喪禮的法則。過了七日，到癸酉這天，伯相命令官員們準備各種發喪時要用的器物。

　　狄人陳設繪有黑白斧形紋的屏風和王座上的帷帳。在門窗間向南的位置，鋪設雙層竹蓆，蓆子鑲著繪有黑白斧形紋的絲織花邊，再擺上嵌著五色玉的矮几，這是王生前使用過的。在西牆向東的位置，鋪設雙層細密的竹蓆，蓆子鑲著彩色的絲織花邊，再擺上嵌著花貝殼的矮几，這也是王生前使用過的。在東牆向西的位置，鋪設雙層的莞草蓆，蓆子鑲著畫有雲氣的絲織花邊，再擺上嵌著雕花玉的矮几，這也是王生前使用過的。在西邊夾室中向南的位置，鋪設雙層的青竹蓆，蓆子鑲著黑色絲繩做的花邊，擺上漆飾過的矮几，這依然是王生前使用過的。

　　陳設的玉器有五組：陳寶、赤玉刀，大訓、大璧，琬、琰，陳設在西牆向東的位置。大玉、夷玉，天球、河圖，陳設在東牆向西的位置。胤做的舞衣、大貝殼、大鼓，陳設在西邊房中。兌做的戈、和做的弓、垂做的竹箭，陳設在東邊房中。玉輅停放在賓客站立的台階前，金輅停放在主人站立的台階前，象輅停放在門左側的堂屋前，木輅停放在門右側的堂屋前。

○ 原文

　　二人雀弁 ①，執惠 ②，立於畢門之內 ③。四人綦弁 ④，執戈，上刃 ⑤，夾兩階戺 ⑥。一人冕 ⑦，執劉 ⑧，立於東堂。一人冕，執鉞 ⑨，立於西堂。一人冕，執戣 ⑩，立於東垂 ⑪。一人冕，執瞿，立於西垂。一人冕，執銳 ⑫，立於側階 ⑬。

注釋

① 雀弁（ㄅㄧㄢˋ）：黑色禮帽。弁，帽子。
② 惠：矛類兵器。
③ 畢門：祖廟的內門。

④ 綦（ㄑㄧˊ）弁：青黑色禮帽，級別比雀弁低。

⑤ 上刃：刀刃向外。

⑥ 夾：指站在兩旁。 阰（ㄒㄧˋ）：指堂外與台階相連之地。

⑦ 冕：比雀弁高級的禮帽。

⑧ 劉：斧類兵器。

⑨ 鉞（ㄩㄝˋ）：大斧。

⑩ 戣（ㄎㄨㄟˊ）：三鋒矛。古代形狀像戟的兵器。下文「瞿」同義。

⑪ 垂：邊，指堂的外邊。

⑫ 鋭：矛類兵器。

⑬ 側階：北堂的北面台階。

譯文

兩名戴著黑色禮帽的衛士，手持惠，站立在祖廟內門裡邊。四名戴著青黑色禮帽的衛士，手持戈，戈刃向外，站立在堂外的台階兩旁。一名戴禮帽的大夫，手持斧，站立在東堂。一名戴禮帽的大夫，手持鉞，站立在西堂。一名戴禮帽的大夫，手持三鋒矛，站立在東堂外。一名戴禮帽的大夫，手持三鋒矛，站立在西堂外。一名戴禮帽的大夫，手持鋭，站立在北堂的北面台階上。

⊃ 原文

王麻冕黼裳①，由賓階隮②。卿士邦君麻冕蟻裳③，入即位④。太保、太史、太宗皆麻冕彤裳⑤。太保承介圭⑥，上宗奉同瑁⑦，由阼階。太史秉書⑧，由賓階，禦王冊命⑨。曰：「皇后憑玉几⑩，道揚末命⑪，命汝嗣訓，臨君周邦⑫，率循大卞⑬，燮和天下⑭，用答揚文、武之光訓⑮。」王再拜，興，答曰：「眇眇予末小子⑯，其能而亂四方，以敬忌天威⑰？」乃受同瑁。王三宿⑱，三祭⑲，三吒⑳。上宗曰：「饗㉑！」太保受同，降㉒，盥㉓，以異同秉璋以酢㉔。授宗人同，拜，王答拜。太保受同，祭，嚌㉕，宅㉖，授宗人同，拜，王答拜。太保降，收㉗。諸侯出廟門俟。

注釋

① 麻冕：用麻做的禮帽。　黼（ㄈㄨˇ）：黑白相間的斧形花紋。

② 隮（ㄐㄧ）：升。

③ 卿士：公卿大夫。　邦君：諸侯。　蟻裳：黑色禮服。

④ 即位：各就各位。

⑤ 太宗：掌管禮法的大宗伯。　彤：紅色。

⑥ 承：捧著。　介圭：大圭。

⑦ 上宗：即太宗。　奉：捧著。　同：酒杯。　瑁：玉器。

⑧ 秉：拿著。　書：寫著成王遺命的冊書。

⑨ 禦：迎。　冊命：冊封的命辭。

⑩ 皇后：指成王。皇，大。

⑪ 道揚：宣布。　末命：臨終的遺命。

⑫ 臨：治理。

⑬ 卞（ㄅㄧㄢˋ）：法。

⑭ 燮（ㄒㄧㄝˋ）：和。

⑮ 答：對，揚。　光訓：明訓。

⑯ 眇眇：微小。　末：微末。

⑰ 敬忌：敬畏。

⑱ 宿：進。

⑲ 祭：祭酒，把酒灑在地上。

⑳ 吒（ㄓㄚˋ）：退回來。

㉑ 饗（ㄒㄧㄤˇ）：飲，指太宗勸王飲酒。

㉒ 降：下堂。

㉓ 盥（ㄍㄨㄢˋ）：洗手。

㉔ 異同：指太保換用別的酒杯。　璋：即璋瓚，祭祀時大臣所用的酒杯。　酢（ㄗㄨㄛˋ）：指賓客酌酒回敬主人。成王位尊，太保不敢受成王回敬，故自酌自酢。

㉕ 嚌（ㄐㄧˋ）：嘗。

㉖ 宅：同「吒」。

㉗ 收：指撤去各種陳設。

譯文

　　康王戴著用麻做的禮帽，穿著繡有黑白斧形紋的禮服，從西面的台階走上來。公卿大夫和各位諸侯，戴著用麻做的禮帽，穿著黑色禮服，進入堂中各就各位。太保、太史、太宗，都戴著用麻做的禮帽，穿著紅色禮服。太保手捧著大圭，太宗手捧著酒杯、玉器，從東面的台階走上來。太史手拿冊書，從西面的台階走上來，迎著康王宣讀冊封的命辭，說：「大王靠著玉石几案，宣布臨終的遺命，命令您繼承先王的訓誡，做君王治理周國，您要遵循大法，使天下和諧，來宣揚文王、武王的明訓。」王拜了又拜，然後起身，回答說：「我這微不足道的年輕人，豈能治理好四方，敬畏天命呢？」於是接過酒杯、玉器。王徐徐地前進三次，祭酒三次，又退回來三次。太宗說：「請王飲酒！」（王喝酒後）太保接過酒杯，走下堂去，洗淨雙手，再用別的酒杯，自己斟上酒拿起酒杯喝下。太保把酒杯交給宗人，對王拜了一拜，康王就回了一拜。太保從宗人那裡又接過酒杯，祭酒，淺嘗，退回來，把酒杯再次交給宗人，對王又拜了一拜，王也回了一拜。太保走下堂去。禮畢，就撤去所有陳設的器物。諸侯們都走出廟門，恭候康王。

❀ 康王之誥

題解

　　◆ 康王，周成王的兒子，名釗。誥，誥命。本篇是康王即位時所作的誥命，他用文王、武王的王業勉勵諸侯，盡心輔助周王朝。其中有關大典禮節的記載，是研究周初禮制的重要資料。今文《尚書》中，本篇與《顧命》合為一篇。今據古文《尚書》，仍獨立成篇。

⊃ 原文

康王既尸天子①，遂告諸侯②，作《康王之誥》。

康王之誥

注釋

① 屍：主。 屍天子位，表示即位做天子。
② 遂：於是。

譯文

康王已即位做天子，於是誥命諸侯，（史官記錄下來），作了《康王之誥》。（以上是序）

➲ 原文

王出，在應門之內①，太保率西方諸侯②，入應門左；畢公率東方諸侯，入應門右，皆布乘黃朱③。賓稱奉圭兼幣④，曰：「一二臣衛⑤，敢執壤奠⑥。」皆再拜稽首⑦。王義嗣德⑧，答拜⑨。太保暨芮伯咸進⑩，相揖⑪，皆再拜稽首，曰：「敢敬告天子，皇天改大邦殷之命，惟周文武誕受羑若⑫，克恤西土⑬。惟新陟王⑭，畢協賞罰⑮，戡定厥功⑯，用敷遺後人休⑰。今王敬之哉！張惶六師⑱，無壞我高祖寡命⑲！」

注釋

① 應門：周時，天子五門，從外到內依次是皋門、庫門、雉門、應門、路門。上文「王出」，指的是出廟門。廟門在應門與路門之間。
② 太保：官名，指召公。
③ 布乘：黼（ㄈㄨˇ）黻（ㄈㄨˊ），諸侯的禮服。 黃朱：指黃紅色的芾（ㄈㄨˊ）。芾，通「韍」，古時諸侯官服上的蔽膝。
④ 賓：通「擯」，告。子見諸侯，由擯者傳告言辭。 稱：告。
奉：獻。 圭：命圭。諸侯朝覲天子時，手執命圭。 幣：指貢物。
⑤ 臣衛：蕃衛的臣僕，諸侯自稱。
⑥ 敢：謙辭。 壤：指土產，特產。 奠：獻。
⑦ 再拜稽首：再次叩頭跪拜。
⑧ 義：宜。 嗣：繼承。

283

⑨ 答拜：回拜。

⑩ 暨：及。　　咸：都。

⑪ 揖：作揖。

⑫ 誕：大。　　羑（一ㄡˇ）：據屈萬里，為古「牖」字，指誘導。　　若：無義語詞。

⑬ 克：能。　　恤：憂。　　西土：西方國家。

⑭ 新陟王：指成王。陟，指天子駕崩。

⑮ 畢：盡。　　協：和，適宜。

⑯ 戡：能。　　厥：其。

⑰ 敷：通「溥」，普遍。　　休：福祥。

⑱ 張惶：擴大，指振興。　　六師：天子六軍。

⑲ 高祖：指文王。　　寡：大。

譯文

康王走出廟門，進入應門內。太保召公率領著西方諸侯，進入應門左側；畢公率領著東方諸侯，進入應門右側，諸侯們都穿著繡有花紋的禮服和黃紅色的蔽膝。擯者宣告進獻命圭和貢物，（諸侯上前進貢）說：「我們這些王的護衛之臣，斗膽獻上我們的特產。」都再次叩頭跪拜。王應當繼承先王的美德，就回拜了諸侯。太保和芮伯走上前來，互相作揖行禮，又一同向王行再次叩頭跪拜之禮，說：「恭敬地稟告天子，上天改變了大殷國的命運，於是我們周朝的文王、武王接受上天的引導，能憂慮我們西方國家。新去世的成王，賞罰公平適宜，能成就自己的功業，普遍地留給後人福祥。現在王您要謹慎啊！振興六軍，不要敗壞了我們高祖文王的大命。」

⊃ 原文

王若曰①：「庶邦侯、甸、男、衛！惟予一人釗報誥②。昔君文武丕平富③，不務咎④，底至齊信⑤，用昭明於天下⑥。則亦有熊羆之士⑦，不二心之臣，保乂王家⑧，用端命於上帝⑨。皇天用訓厥道⑩，付畀四方⑪。乃命建侯樹屏⑫，在我後之人⑬。今予

一二伯父[14]，尚胥暨顧[15]，綏爾先公之臣服於先王[16]。雖爾身在外，乃心罔不在王室[17]，用奉恤厥若[18]，無遺鞠子羞[19]！」

注釋

① 若曰：這樣說。
② 予一人：成王自稱。　報：答覆。
③ 丕：大。　平：讀為「抨」，從。　富：福。
④ 務：致力。　咎：罰。
⑤ 底：至，達到。　齊：中，公正。
⑥ 用：因。　昭：明。
⑦ 羆：熊的一種。
⑧ 乂（ㄧˋ）：治。
⑨ 端：始。
⑩ 訓：告教。
⑪ 畀（ㄅㄧˋ）：給予。
⑫ 建侯樹屏：分封諸侯，樹立屏障。
⑬ 在：有「照顧」的意思。
⑭ 伯父：天子謂同姓諸侯為伯父。
⑮ 尚：希望。　胥：互相。　暨：與。　顧：顧念。
⑯ 綏：即「縷（ㄌㄩˇ）」，繼。
⑰ 乃：你。
⑱ 奉：助。　恤：憂。　厥若：古成語，猶今言「那個」，指周王朝。
⑲ 鞠子：康王自謙之辭。鞠，幼稚。

譯文

康王這樣說：「眾位侯、甸、男、衛的國君們！現在我釗來答覆你們的勸告。從前，先君文王、武王順從福祥，不濫用刑罰，實現了刑罰的公正合理，因而文王、武王的光輝普照天下。所以也有像熊羆一樣勇猛的將士，和忠貞不二的大臣，保護治理國家，因此，文王、武王就開始接受了上帝的大命。上天告訴先王治國

大道，把天下四方交給先王治理。於是先王命令分封諸侯、樹立屏障，來照顧我們這些後世的子孫。現在我的伯父們，希望你們互相顧念，繼續像你們的祖先臣服於先王那樣。雖然你們身處王城之外，但你們的心沒有不在周王朝的。要輔助、憂慮周王朝，不要給我這年幼的人留下羞辱的事。」

⊃ 原文
群公既皆聽命，相揖，趨出①。王釋冕②，反喪服③。

注釋

① 趨：疾行，快步。
② 釋：解去，脫去。　　冕：指康王在即位大典上穿的禮服禮帽。
③ 反喪服：指重新穿上喪服。

譯文

眾位諸侯聽從了王的命令後，相互作揖行禮，快步走出。康王脫去禮帽禮服，重新穿上了喪服。

❀ 畢 命

題解

◆ 畢，畢公高，周文王的兒子。本篇是康王任命畢公治理成周的命辭。殷民居成周，經過周公、君陳的治理，人世風俗都有了很大改變。治理殷民關乎周朝的存亡，於是康王又任命畢公前去治理。古文《尚書》有，今文《尚書》無。

⊃ 原文
康王命作冊畢①，分居里②，成周郊③，作《畢命》。

畢命

① 作冊：作冊書。　　畢：畢公。

② 分：分別。　　居里：居所。

③ 成：安定。　　周郊：王都的東郊，指成周。

譯文

康王命官員作冊書命令畢公，要他分別殷民的居所，安定王都的郊區，史官記下這些情況，作了《畢命》。（以上是序）

⊃ 原文

惟十有二年，六月庚午朏①。越三日壬申，王朝步自宗周②，至於豐③，以成周之眾④，命畢公保釐東郊⑤。

王若曰⑥：「嗚呼！父師⑦，惟文王、武王，敷大德於天下⑧，用克受殷命⑨。惟周公左右先王⑩，綏定厥家⑫，毖殷頑民，遷於雒邑，密邇王室⑬，式化厥訓⑭。既歷三紀⑮，世變風移，四方無虞⑯，予一人以寧⑰。道有升降⑱，政由俗革，不臧厥臧⑲，民罔攸勸⑳。惟公懋德㉑，克勤小物㉒，弼亮四世㉓，正色率下㉔，罔不祗師言㉕。嘉績多於先王，予小子垂拱仰成㉖。」

注釋

① 朏（ㄈㄟˇ）：新月放出光明。

② 朝：早晨。　　宗周：鎬京。

③ 豐：文王時的都城。

④ 成周：周公在雒邑建成周，為殷民居住地。成周之眾，指殷民。

⑤ 釐（ㄌㄧˊ）：治理。　　東郊：成周。

⑥ 若曰：這樣說。

⑦ 父師：指畢公。

⑧ 敷：布。

⑨ 用：因而。　　克：能。

⑩ 左右：輔佐。

⑪ 綏（ㄙㄨㄟ）：安。　　厥：其。

⑫ 毖（ㄅㄧˋ）：告誡。

⑬ 邇（ㄦˇ）：近。

⑭ 式：用。　化：感化。

⑮ 歷：經過。　紀：十二年為一紀。

⑯ 虞：憂慮。

⑰ 予一人：康王自稱。

⑱ 道：世道。　升降：指好壞。

⑲ 不臧厥臧：第一個「臧」，褒獎。第二個「臧」，善良的人。

⑳ 攸：所。

㉑ 懋（ㄇㄠˋ）：勉力。

㉒ 小物：小事。

㉓ 弼亮：輔助。　四世：指文、武、成、康四代。

㉔ 正色：指神色莊重、態度嚴肅。

㉕ 祗（ㄓ）：敬。

㉖ 予小子：康王自謙之辭。　垂拱：垂衣拱手，不作為。

仰成：仰望畢公的成就。

譯文

　　康王十二年，六月庚午日，新月放出光明。又過三日到壬申這天，康王早上從鎬京出發，到達豐邑，用成周的殷民，命令畢公保護治理成周。

　　王這樣說：「啊！父師，文王、武王在天下廣布大恩德，因而能接受殷商的大命。周公輔助先王，安定國家，告誡殷商頑劣的民眾，把他們遷到雒邑，使他們親近周王朝，因此他們都被周公的教訓感化了。現在已經過了三十六年，人世和風俗都發生了變化，四方也沒有讓人憂慮的事，我感到很安寧。世道有好有壞，政教要依民風民俗而改變，不獎勵那善良的人，民眾就沒有勸勉仰慕的對象。只有畢公您勉力行德，能為小事勤勞，輔助四代君王，莊重嚴肅地率領屬下官員，官員們沒有人不敬重您的話。您休美的功績，比在先王時還多，我小子就垂衣拱手仰望您的成就吧。」

○ 原文

王曰：「嗚呼！父師，今予祗命公以周公之事[1]，往哉！旌別淑慝[2]，表厥宅里[3]，彰善癉惡[4]，樹之風聲。弗率訓典[5]，殊厥井疆[6]，俾克畏慕[7]。申畫郊圻[8]，慎固封守[9]，以康四海[10]。政貴有恆，辭尚體要[11]，不惟好異[12]。商俗靡靡[13]，利口惟賢[14]，餘風未殄[15]，公其念哉！我聞曰：『世祿之家[16]，鮮克由禮[17]。以蕩陵德[18]，實悖天道[19]。敝化奢麗[20]，萬世同流。』茲殷庶士，席寵惟舊[21]，怙侈滅義[22]，服美於人。驕淫矜侉[23]，將由惡終。雖收放心[24]，閑之維艱[25]。資富能訓[26]，惟以永年[17]。惟德惟義，時乃大訓[28]。不由古訓，於何其訓？」

注釋

① 周公之事：指周公教化殷民的事。

② 旌（ㄐㄧㄥ）別：識別。　淑：善。　慝（ㄊㄜˋ）：惡。

③ 表：標記。　宅里：居所。

④ 癉（ㄉㄢ）：病，引申為「斥責」。

⑤ 率：遵循。　典：常法。

⑥ 殊：異，分別。　井：古時以八家為一井，此引申為「居所」。　疆：田界。

⑦ 俾（ㄅㄧˋ）：使。　畏：畏懼作惡。　慕：仰慕行善。

⑧ 申：重。　畫：劃分。　郊：國都外。　圻（ㄑㄧˊ）：國都周圍。

⑨ 封守：封疆的守備。

⑩ 康：安。

⑪ 尚：崇尚。　體要：完備精要。

⑫ 好：喜好。

⑬ 靡靡（ㄇㄧˊ）：柔弱、浮華。

⑭ 利口：指能言善辯。

⑮ 殄（ㄊㄧㄢˇ）：絕。

⑯ 世祿：世代享受俸祿。

⑰ 鮮：少。　　由：順從。

⑱ 蕩：放蕩。　　陵：欺侮。

⑲ 悖：違背。

⑳ 敝：陋俗。　　化：風化。

㉑ 席：居。　　舊：久。

㉒ 怙（ㄏㄨˋ）：依仗。

㉓ 驕淫：驕橫放縱。　　矜侉（ㄎㄨㄚˇ）：自我誇大。矜，自誇。侉，通「誇」。

㉔ 放心：放縱的心。

㉕ 閑：約束。

㉖ 資：資財。　　訓：順，下文「於何其訓」、「子孫訓其成式」之「訓」同義。

㉗ 永年：長壽。

㉘ 時：是。

譯文

王說：「啊！父師，現在我恭敬地命令您繼承周公的事業，去吧！要分別善惡，（對於善良的殷民），要在住所上標記出來，以表彰善良、斥責邪惡，樹立良好的風氣。對於那些不遵循教訓常法的殷民，要分別劃出他們的住所和田界，使他們能畏懼作惡、仰慕行善。重新劃定郊圻的界線，謹慎加固疆界的守備，從而安定天下。為政貴在有常法，辭令貴在完備精要，不要喜好奇異。殷商的風俗柔弱浮華，以巧辯能言為賢，這餘風至今還沒有滅絕，您要顧念這些啊！我聽說：『世代享受俸祿的家庭，很少能遵守禮法。他們用放蕩來欺侮有德的人，實在是違背了天道。那崇尚奢侈華麗的陋俗風化，世世代代都是一樣。』這殷商的臣民，處於尊寵的地位已經很久了，他們依仗奢侈滅掉仁義，服飾華美過人。如此驕橫放縱、自我誇大，最終將有不好的結局。如今雖然收攏了放縱的心，但約束起來也是很困難的事。資財富足又能順從教化，就可以長壽。行善德、講仁義，這是古人的大訓。不順從古人的大訓，又順從什麼呢？」

畢命

⊃ 原文

王曰：「嗚呼！父師，邦之安危，惟茲殷士，不剛不柔，厥德允修①。惟周公慎厥始，惟君陳克和厥中，惟公克成厥終。三後協心②，同底於道③。道洽政治④，澤潤生民。四夷左衽⑤，罔不咸賴⑥，予小子永膺多福⑦。公其惟時成周，建無窮之基，亦有無窮之聞⑧。子孫訓其成式⑨，惟乂⑩。嗚呼！罔曰弗克，惟既厥心⑪；罔曰民寡，惟慎厥事。欽若先王成烈⑫，以休於前政⑬！」

注釋

① 允：信。　　修：好。

② 三後：指周公、君陳、畢公三人。

③ 底：達到。　　道：導，教導。

④ 洽：融洽。　　治：治理。

⑤ 四夷：四方的少數民族。　　左衽：我國古代少數民族的衣服，有些前襟向左掩，而中原人民的衣服前襟向右掩，故以「左衽」代指少數民族。衽，衣襟。

⑥ 咸：都。

⑦ 膺（一ㄥ）：受。

⑧ 聞：美名。

⑨ 成式：成法。

⑩ 乂（一ˋ）：安。

⑪ 既：盡。

⑫ 欽：敬。　　若：順。　　成烈：盛大的功業。

⑬ 休：美。　　前政：指周公、君陳的政績。

譯文

王說：「啊！父師，國家的安危，繫於這些殷商的臣民。不剛不柔，這樣的德教確實很好。（對於殷民，）開始的時候，周公能謹慎管教；中間，君陳能和諧治理；最終，您要能完成教化。你們三人同心協力，共同實現對殷民的教導。教導融洽、政事得

291

到治理，就會澤潤百姓。四方的少數民族，沒有不依賴我們周朝的，我也會長久地享受上天賜予的大福。您治理成周，建立無窮的基業，也就有無窮的美名。子孫都順從您的成法，這樣就天下安定了。啊！不要說不能勝任，只要盡到您的心；不要說民眾太少，只要謹慎地處理政事。敬順先王盛大的功業，做出比前人更好的政績來！」

❀ 君 牙

題解

◆ 君牙，人名，周穆王的大臣。本篇是穆王冊命君牙為大司徒的命辭。篇中，穆王表達了心中的憂慮，希望君牙能像他的祖輩、父輩那樣輔佐君王，效勞國家。並提出了思艱安民的治國之方。古文《尚書》有，今文《尚書》無。

⊃ 原文

穆王命君牙為周大司徒①，作《君牙》。

注釋

① 穆王：名滿，周康王的孫子。 司徒：掌管教育的官。

譯文

周穆王命令君牙，作周朝的大司徒，（史官記載下來），作了《君牙》。

⊃ 原文

王若曰①：「嗚呼！君牙，惟乃祖乃父②，世篤忠貞③，服勞王家④，厥有成績，紀於太常⑤。惟予小子⑥，嗣守文、武、成、康遺緒⑦，亦惟先王之臣⑧，克左右亂四方⑨。心之憂危，若蹈虎尾⑩，涉於春冰⑪。今命爾予翼⑫，作股肱心膂⑬。纘乃舊服⑭，

君牙

無忝祖考 ⑮。弘敷五典 ⑯，式和民則 ⑰。爾身克正，罔敢弗正，民
心罔中 ⑱，惟爾之中。夏暑雨，小民惟曰怨諮 ⑲；冬祁寒 ⑳，小民
亦惟曰怨諮。厥惟艱哉 ㉑！思其艱以圖其易 ㉒，民乃寧。嗚呼！丕
顯哉 ㉓，文王謨 ㉔！丕承哉，武王烈 ㉕！啟佑我後人 ㉖，咸以正
罔缺 ㉗。爾惟敬明乃訓，用奉若於先王 ㉘，對揚文、武之光命 ㉙，
追配於前人 ㉚。」

王若曰：「君牙，乃惟由先正舊典時式 ㉛，民之治亂在茲 ㉜。
率乃祖考之攸行 ㉝，昭乃辟之有乂 ㉞。」

注釋

① 若曰：這樣說。

② 乃：你。

③ 篤：厚，淳厚。　　貞：正。

④ 服勞：效勞。

⑤ 紀：記。　　太常：據《孔傳》，指有畫日月的天子之旗。
《周禮‧司勳》云：「凡有功者，銘書於王之太常。」即本文的「紀
於太常」。

⑥ 予小子：穆王自稱。

⑦ 嗣：繼。　　遺緒：前人遺留下來的功業。

⑧ 亦：也。　　惟：思。

⑨ 克：能。　　左右：輔助。　　亂：治。

⑩ 蹈：踩。

⑪ 涉：行走。

⑫ 予翼：翼予，輔佐我。

⑬ 股肱心膂：比喻王身邊不可缺少的輔佐大臣。股，大腿。肱
（ㄍㄨㄥ），從肩到肘。　　膂（ㄌㄩˇ），脊骨。

⑭ 纘（ㄗㄨㄢˇ）：繼。　　舊服：祖先的舊職。

⑮ 忝：辱。　　祖考：君牙的祖先。

⑯ 弘：大。　　敷：布。　　五典：父義、母慈、兄友、弟恭、
子孝五種倫常教化。

⑰ 式：用。　　則：法則。

293

⑱ 中：無邪念，中正。

⑲ 怨諮：嗟歎。

⑳ 祁寒：大寒。祁，大。

㉑ 厥：其。　　　艱：難。

㉒ 圖：謀。　　　易：蔡沈《書集傳》：「衣食之易。」

㉓ 丕：大。　　　顯：顯揚，發揚。

㉔ 謨：謀略。

㉕ 烈：功業。

㉖ 啟：啟迪。　　佑：助。

㉗ 咸：都。　　正：中正。

㉘ 若：順。

㉙ 對：答，報答。　　揚：頌揚。　　光命：福命。

㉚ 配：匹配。　　前人：君牙的祖輩、父輩。

㉛ 由：用。　　先正：同「前人」。　　典：常法。　　時式：善法。

㉜ 治亂：治理。亂，治。　　茲：這，指「舊典時式」。

㉝ 率：遵循。　　攸：所。

㉞ 昭：明，此指使……顯耀。　　辟：君王。　　乂（一ˋ）：治。

譯文

　　王這樣說：「啊！君牙。你的祖先和你的父輩，世代淳厚忠正，為國家效勞，很有功績，他們顯赫的功績都記在了王家的太常旗上。我小子繼續守護著文王、武王、成王、康王留下的功業，也想讓先王的大臣，能輔佐我治理天下。我心中的擔憂和畏懼，就像踩著老虎尾巴，就像行走在春天的薄冰上。現在命令你輔佐我，做我的輔佐大臣。繼承你先祖的舊職，不要辱沒了你的祖先。普遍地施行五種倫常教化，用作和諧民眾的準則。你自身能中正，民眾就沒有敢不中正的。民眾心中沒有中正的標準，就把你作為標準。夏季炎熱多雨，民眾只是嗟歎，冬季酷寒難耐，民眾也只是嗟歎。他們很艱難啊！要想到他們的艱難，設法讓他們過得容

冏命

易，民眾就安寧了。啊！努力顯揚文王的謀略吧，努力繼承武王的功業吧。他們可以啟迪幫助我們後人，凡事都要做到中正，不要有所偏失。你要謹慎地宣明你的教化，來恭順先王。報答頌揚文王、武王給予的福命，與你的祖先父輩相匹配。」

王這樣說：「君牙！你要順從你祖先父輩的舊法善法，民眾得到治理全在於這樣做。遵循你祖先父輩的所作所為，輔助你的君王治理好國家，使君王顯耀。」

❀ 冏 命

題解

◆ 冏（ㄐㄩㄥˇ），即伯冏，人名，穆王時的大臣。本篇是穆王冊命伯冏為太僕正的命辭。穆王談到「後德惟臣，不德惟臣」，認識到近臣對君王修身治國的重要影響，因此告誡伯冏要任用賢人，遠小人，遠貨利，以輔助君王修養善德。古文《尚書》有，今文《尚書》無。

➲ 原文
穆王命伯冏搖，為周太僕正 ①，作《冏命》。

注釋
① 太僕：官名，掌管天子的車馬。 正：長。 太僕正，據《孔疏》，周朝官制無此官，職務相當於「太御」，掌管王車的官。

譯文
穆王任命伯冏，作周朝的太僕正，史官作冊書，取名《冏命》。（以上是序）

➲ 原文
王若曰 ①：「伯冏，惟予弗克於德 ②，嗣先人宅丕後 ③，怵惕惟厲 ④，中夜以興 ⑤，思免厥愆 ⑥。昔在文武，聰明齊聖 ⑦，小大

之臣，咸懷忠良⑧。其侍御僕從⑨，罔匪正人⑩，以旦夕承弼厥辟⑪，出入起居，罔有不欽⑫，發號施令，罔有不臧⑬。下民祗若⑭，萬邦咸休⑮。惟予一人無良⑯，實賴左右前後有位之士，匡其不及⑰，繩愆糾謬⑱，格其非心⑲，俾克紹先烈⑳。

注釋

① 若曰：這樣說。

② 克：能。

③ 嗣：繼承。　宅：居。　丕後：大君。後，君。

④ 怵惕（ㄔㄨˋ　ㄊㄧˋ）：戒懼，驚懼。　厲：危險。

⑤ 中夜：半夜。　興：起。

⑥ 愆（ㄑㄧㄢ）：過失。

⑦ 聰明齊聖：據錢宗武，指博聞廣識，通達聖明。

⑧ 咸：都。

⑨ 侍：王身邊的侍從。　御：為王駕車的官。　僕從：泛指侍從王的近臣。

⑩ 匪：非，不是。　正人：正直的人。

⑪ 旦夕：早晚。　承：承順。　弼：助，指侍奉。　厥：其。　辟：君。

⑫ 欽：敬，謹。

⑬ 臧：善。

⑭ 祗（ㄓ）：敬。　若：順。

⑮ 休：美。

⑯ 予一人：穆王自稱。　無良：不善。

⑰ 匡：正。　不及：不到。

⑱ 繩：糾正。　謬：錯誤。

⑲ 格：正。　非心：非理、狂妄的心。

⑳ 俾：使。　紹：繼承。　先烈：祖先的功業。

譯文

穆王這樣說：「伯冏，我的德行還不能勝任，繼承先王居處

天子之位，警戒恐懼危難，甚至半夜起來，思考怎麼避免過失。從前文王、武王，博聞廣識、通達聖明，大大小小的臣子，都懷著忠良之心。他們身邊的侍從、掌管車馬衣服的僕役，沒有不是正直的人，他們從早到晚恭敬地侍奉君王，所以君王出入起居，沒有不謹慎的，發號施令，沒有不美好的。民眾恭敬順從，天下萬國都融洽和美。我沒有善德，實在要依靠左右前後有職位的官員，匡正我的不到之處，糾正我的過失錯誤，端正我非理狂妄的心，使我能繼承祖先的功業。

➲ 原文

「今予命汝作大正①，正於群僕侍御之臣②，懋乃後德③，交修不逮④。慎簡乃僚⑤，無以巧言令色⑥，便辟側媚⑦，其惟起士⑧。僕臣正，厥後克正；僕臣諛，厥後自聖⑨。後德惟臣，不德惟臣。爾無昵於憸人⑩，充耳目之官⑪，迪上以非先王之典⑫。非人其吉，惟貨其吉。若時瘝厥官⑬，惟爾大弗克祇厥辟，惟予汝辜⑭。」

王曰：「嗚呼，欽哉！永弼乃後於彝憲⑮。」

注釋

① 大正：太僕正。

② 正：領導。　群僕：《孔疏》：「案《周禮》：太御，中大夫，掌御玉輅；戎僕，中大夫，掌御戎車；齊僕，下大夫，掌御金輅；道僕，上士，掌御象輅；田僕，上士，掌御田輅。」

③ 懋（ㄇㄠˋ）：勉。

④ 交：共同。　修：勉。　逮：及。

⑤ 簡：選擇。　僚：屬官。

⑥ 巧言：花言巧語。　令色：偽善的神情。令，善。

⑦ 便辟側媚：阿諛奉承的人。蔡沈《書集傳》：「便者，順人之所欲；辟者，避人之所惡；側者，奸邪；媚者，諛說。」

⑧ 起士：正直忠誠的人。

⑨ 自聖：自以為聖。

⑩ 無：通「毋」，不要。　昵：親近。　憸（ㄒㄧㄢ）：

奸邪。

⑪ 充：充當。　　耳目之官：指王的左右近臣，即群僕侍從。

⑫ 迪：導，引導。　　上：君王。　　非：否定。

⑬ 若時：若是，像這樣。　　瘝（ㄍㄨㄢ）：病，引申為敗壞。
厥：其。

⑭ 汝辜：辜汝。辜，罪，引申為懲罰。

⑮ 彝（一ˊ）憲：常法。

譯文

「現在我任命你做太僕正，領導群僕、侍御等近臣。勸勉你的君王行善德，共同努力做得不夠的地方。你要謹慎選擇你的屬官，不要選用那些巧言令色、阿諛奉承的人，要選用正直忠誠的君子。群僕近臣中正了，他們的君王就能中正；群僕近臣諂媚，他們君王就會自以為聖明。君王有善德是臣子的功勞，君王沒有善德也是臣子造成的。你不要親近奸邪小人，讓他們充當我的近臣，引導我違背先王的常法。如果不以賢人為善，只以財貨為善。像這樣的話，就敗壞了你的官職，就是你大不敬你的君王，我將要懲罰你。」

王說：「啊，要謹慎啊！永遠用常法輔助你的君王。」

❀ 呂 刑

題解

◆ 呂，呂侯，也稱甫侯。周穆王初年，刑法混亂。後來呂侯為相，勸穆王要刑法嚴明，施行德政。本文記載了穆王勸誡官員要謹慎刑罰的誥詞，實際上展現的是呂侯的刑罰主張，因而取名《呂刑》。文中詳細地描述各種刑法條例，是我國現存最早的、較為系統的刑法資料，具有極大的文獻價值。關於本篇的創作年代，歷來多有爭論，現多認為作於周穆王時。今、古文《尚書》都有此篇。

呂刑

➲ 原文

呂命穆王訓夏贖刑 ①，作《呂刑》。

注釋

① 穆王：周朝第五代君王，名滿。　　命：告。　　訓：申述。
贖刑：從輕處罰的刑律。

譯文

呂侯勸告穆王申述夏代的贖刑，（史官記下這些情況，）作
了《呂刑》。（以上是序）

➲ 原文

惟呂命 ①，王享國百年 ②，耄荒 ③，度作刑以詰四方 ④。
王曰：「若古有訓 ⑤，蚩尤惟始作亂 ⑥，延及於平民，罔不寇
賊 ⑦，鴟義奸宄 ⑧，奪攘矯虔 ⑨。苗民弗用靈 ⑩，制以刑 ⑪，惟作
五虐之刑曰法 ⑫。殺戮無辜，爰始淫為劓、刵、椓、黥 ⑬，越茲麗
刑並制 ⑭，罔差有辭 ⑮。
「民興胥漸 ⑯，泯泯棼棼 ⑰，罔中於信 ⑱，以覆詛盟 ⑲。虐威
庶戮 ⑳，方告無辜於上 ㉑。上帝監民 ㉒，罔有馨香德，刑發聞惟腥。
皇帝哀矜庶戮之不辜 ㉓，報虐以威，遏絕苗民 ㉔，無世在下 ㉕。乃
命重黎 ㉖，絕地天通 ㉗，罔有降格 ㉘。群後之逮在下 ㉙，明明棐常
㉚，鰥寡無蓋 ㉛。
「皇帝清問下民 ㉜，鰥寡有辭於苗。德威惟畏，德明惟明。乃
命三後 ㉝，恤功於民 ㉞。伯夷降典 ㉟，折民惟刑 ㊱；禹平水土 ㊲，
主名山川；稷降播種，農殖嘉穀 ㊳。三後成功，惟殷於民 ㊴。士制
百姓於刑之中 ㊵，以教祗德 ㊶。穆穆在上 ㊷，明明在下，灼於四方
㊸，罔不惟德之勤，故乃明於刑之中，率乂於民棐彝 ㊹。典獄 ㊺，
非訖於威 ㊻，惟訖於富 ㊼。敬忌，罔有擇言在身 ㊽。惟克天德 ㊾，
自作元命 ㊿，配享在下 ㉛。」

299

注釋

① 命：接受任命。

② 享國：在位。

③ 耄（ㄇㄠˋ）：老。　　荒：老。

④ 度：謀。　　詰：禁。

⑤ 若：句首語氣助詞，無義。

⑥ 蚩尤：傳說中東方九黎族的首領，與黃帝戰於涿鹿，失敗被殺。

⑦ 寇：侵犯。　　賊：殺害。

⑧ 鴟（ㄔ）義：輕率不正。　　奸宄（ㄍㄨㄟˇ）：內外作亂。

⑨ 攘：偷竊。　　矯虔：紛擾不安。

⑩ 苗民：九黎族的後代。　　靈：通「令」，命令。

⑪ 制：制服。

⑫ 虐：殘酷。

⑬ 爰：於是。　　淫：過度。　　劓（一ˋ）：割鼻。　　刵（ㄦˋ）：割耳。一說為刖（ㄩㄝˋ），斷足。　　椓（ㄓㄨㄛˊ）：宮刑，割去生殖器。　　黥（ㄑㄧㄥˊ）：墨刑，在罪犯面額上刺字，後塗黑。

⑭ 越茲：於是。　　麗：法。　　制：管制。

⑮ 差：選擇，此意為「區分」。　　有辭：申述理由，指無罪的人。

⑯ 興：起。　　胥：互相。　　漸：欺詐。

⑰ 泯泯棼棼（ㄈㄣˊ）：紛亂的樣子。泯、棼，紛亂。

⑱ 中：合。

⑲ 覆：反，背。　　詛盟：誓約。

⑳ 虐：殘暴。　　威：懲罰。　　庶戮：眾多被殺戮的人。

㉑ 方：同「旁」，普遍。　　辜：罪。

㉒ 監：視。

㉓ 皇帝：上帝。　　哀矜：憐憫。

㉔ 遏：讀為「竭」，盡。

㉕ 世：即「嗣」，後代。　　下：人間。

㉖ 重、黎：二臣名。重主持天神，黎主持臣民。

㉗ 絕地天通：指斷絕人與神溝通的方法。

㉘ 格：同「假」，升。

㉙ 後：君。　　逮：屬。

㉚ 明明：努力。明，勉。下文「明明在下」、「故乃明於刑之中」同義。　　棐：非。

㉛ 鰥（ㄍㄨㄢ）寡：孤苦無依的人。　　蓋：害。

㉜ 清：仔細。　　下民：指除苗民以外的民眾。

㉝ 三後：指伯夷、大禹、后稷三位首領。

㉞ 恤：慎。　　功：事，治事。

㉟ 降：頒布。　　典：法。

㊱ 折：制。

㊲ 平：治。

㊳ 農：努力。　　殖：種植。

㊴ 殷：正。

㊵ 士：官名，掌管獄訟。　　百姓：百官。　　中：適當，指公正。

㊶ 祗（ㄓ）：敬。

㊷ 穆穆：恭敬的樣子。穆，敬。

㊸ 灼：明。

㊹ 率：用。　　乂（ㄧˋ）：治理。　　彝：法。

㊺ 典：掌管。

㊻ 訖：止，終。

㊼ 富：福，造福。

㊽ 擇：通「斁（ㄉㄨˋ）」，敗壞。

㊾ 克：肩任。

㊿ 元：大。

51 配：配合天意。　　享：享有國運。

譯文

呂侯接受任命時，穆王已在位百餘年，王老了，就考慮著制

定刑法來禁止天下的不守法的人。

王說：「古時有這樣的教訓，蚩尤開始作亂，後來擴大到平民，沒有人不侵犯他人、殺害他人，他們輕率不正、違法作亂，又搶奪偷竊、紛擾不安。苗民不聽從命令，他們的君王就用刑罰來制服他們，於是制定了五種酷刑，並稱之為刑法。殺害無罪的人，開始過度地施行劓刑、刵刑、宮刑、墨刑，將這些刑法一同用來管制民眾，並不區分有罪無罪。

「民眾間興起互相欺詐的風氣，紛紛擾擾，沒有合乎誠信的，以至背叛了誓約。這君王還殘暴地懲罰眾多被殺害的人，人們都大告上天自己無罪。上帝視察民間，沒有芳香的美德，只有刑罰所散發出的腥臭味。上帝憐憫這些無罪而被殺害的人，就用懲罰來報復那施加虐刑的人，滅絕苗民，使他們沒有後代留在人間。又命重、黎，斷絕人和神的溝通，人神之間就不再升降雜糅了。在人間的君王諸侯，（治理民眾）都非常努力，這樣孤苦無依的人就不會受到傷害。

「上帝仔細詢問天下民眾，孤苦無依的人對苗民有控訴之辭。用善德來施加懲罰，那麼罪人就會心生畏懼而服從；用善德來任用賢士，那麼賢士就會顯明。於是命令伯夷、大禹、后稷三位首領，謹慎地治理民事。伯夷頒布法典，用刑法來管制民眾；大禹治理水土，主管為山川命名；后稷教民播種，努力種植好莊稼。三位首領都取得了成功，於是民間的風氣大正。士官用公正的刑罰制約百官，教導他們敬重德行。君王在上能恭敬，臣民在下能努力，功績顯明，照耀四方，沒有人不勤於德政。所以能努力地做到刑罰公正，用來治理不守常法的民眾。掌管刑罰，最終不是為了懲罰人，而是為了造福人。要恭敬、要警戒，自身不要說敗壞的話。肩負著上天的美德，自己造就了美好的大命，要配合天意在人間享有國運。」

⊃ 原文

王曰：「嗟！四方司政典獄①，非爾惟作天牧②？今爾何監③，非時伯夷播刑之迪④？其今爾何懲⑤？惟時苗民匪察於獄之

麗，罔擇吉人，觀於五刑之中⑥；惟時庶威奪貨⑦，斷制五刑，以亂無辜。上帝不蠲⑧，降咎於苗⑨；苗民無辭於罰，乃絕厥世⑩。」

王曰：「嗚呼！念之哉。伯父、伯兄、仲叔、季弟、幼子、童孫，皆聽朕言，庶有格命⑪。今爾罔不由慰曰勤⑫，爾罔或戒不勤。天齊於民⑬，俾我一日⑭，非終惟終，在人。爾尚敬逆天命⑮，以奉我一人。雖畏勿畏，雖休勿休⑯。惟敬五刑，以成三德⑰。一人有慶⑱，兆民賴之⑲，其寧惟永。」

注釋

① 司政典獄：指掌管政事、刑獄的諸侯。

② 惟：為。　　牧：治民。

③ 監：取法，效法。

④ 時：是。　　迪：道。

⑤ 懲：懲戒。

⑥ 觀：視，引申為「考察」。

⑦ 庶威：眾多殘暴的人。　　奪貨：掠奪財物的人。

⑧ 蠲（ㄐㄩㄢ）：赦免。

⑨ 咎：災禍。

⑩ 厥：其。

⑪ 庶：也許可以。　　格命：大命。

⑫ 由：用。　　曰：即「曰」，說。

⑬ 齊：整治。

⑭ 俾（ㄅㄧˋ）：一作「假」，給予。

⑮ 逆：迎。

⑯ 休：喜。

⑰ 三德：即《洪範》篇中「剛、柔、正直」。

⑱ 一人：指天子。　　慶：善。

⑲ 賴：利。

譯文

王說：「啊！四方掌管政事、刑獄的諸侯們，不是你們為上

天治理民眾嗎？現在你們效法什麼呢？難道不是伯夷頒布刑法的道理嗎？現在你們懲戒什麼呢？就是這苗民不詳察獄事的刑法；不選擇善良的人來考察五刑是否施行得公正；只是任用殘暴的、掠奪財物的人，來裁斷五刑，亂罰無辜。上帝不會赦免，降下災禍給苗民；苗民對所受的懲罰無話可說，於是就滅絕了他們的後代。」

王說：「啊！記住這個教訓吧。伯父、伯兄、仲叔、季弟和年輕的子孫們，你們都聽從我的話，就應該可以享有大命了。現在你們沒有人不自我安慰說已經很勤勞了，你們也沒有人警戒自己不勤勞。上天治理民眾，給了我們一定的時間，不能善終與能善終，都全在於人為。你們要恭敬地迎接上天的命令，來擁護我！雖然遇到可怕的事也不要害怕，雖然遇到可喜的事也不要歡喜。只要恭敬地施行五刑，來成就三種美德。天子行善，億萬百姓都受益，國家的安寧就可以長久了。」

➲ 原文

王曰：「籲！來，有邦有土①，告爾祥刑②。在今爾安百姓，何擇，非人？何敬③，非刑？何度④，非及⑤？兩造具備⑥，師聽五辭⑦；五辭簡孚⑧，正於五刑⑨；五刑不簡，正於五罰⑩；五罰不服，正於五過。五過之疵⑪：惟官、惟反、惟內、惟貨、惟來⑫，其罪惟均，其審克之⑬。五刑之疑有赦⑭，五罰之疑有赦，其審克之。簡孚有眾，惟貌有稽⑮，無簡不聽⑯，具嚴天威⑰。

「墨辟疑赦⑱，其罰百鍰⑲，閱實其罪⑳。劓辟疑赦，其罰惟倍，閱實其罪。剕辟疑赦㉑，其罰倍差㉒，閱實其罪。宮辟疑赦，其罰六百鍰，閱實其罪。大辟疑赦㉓，其罰千鍰，閱實其罪。墨罰之屬千㉔，劓罰之屬千，剕罰之屬五百，宮罰之屬三百，大辟之罰其屬二百。五刑之屬三千。

「上下比罪㉕，無僭亂辭㉖，勿用不行㉗，惟察惟法，其審克之。上刑適輕㉘，下服㉙；下刑適重，上服。輕重諸罰有權㉚。刑罰世輕世重㉛，惟齊非齊㉜，有倫有要㉝。罰懲非死，人極於病㉞。非佞折獄㉟，惟良折獄，罔非在中㊱。察辭於差㊲，非從惟從。

哀敬折獄 [38]，明啟刑書胥占 [39]，咸庶中正 [40]。其刑其罰，其審克之。獄成而孚 [41]，輸而孚 [42]。其刑上備 [43]，有並兩刑。」

注釋

① 有邦：指諸侯。　　有土：指大夫。

② 祥：善。

③ 敬：謹慎。

④ 度：謀。

⑤ 及：作「宜」，適宜。

⑥ 兩造：即兩曹，指原告、被告。

⑦ 師：士師，即法官。　　五辭：五刑之辭。辭，即口供。

⑧ 簡：核實。　　孚：驗正。

⑨ 正：治。

⑩ 五罰：指根據罪行輕重用五等罰金處罰。

⑪ 疵：弊病。

⑫ 官：指畏強權。　　反：指報恩怨。　　內：通私情。　　貨：受賄賂。　　來：受人請求。

⑬ 克：作「核」，核實。

⑭ 赦：指從輕處治。

⑮ 貌：訊。　　稽：考。

⑯ 聽：受理。

⑰ 嚴：敬。　　天威：上天的懲罰。

⑱ 墨：指墨刑。　　辟：罪。　　疑赦：指罪有可疑時，就赦免肉刑，用罰金代替。

⑲ 鍰（ㄏㄨㄢˊ）：古代的重量單位，約為六兩。

⑳ 閱實：核實。

㉑ 剕（ㄈㄟˋ）：斷足。

㉒ 倍差：指倍之又半，五百鍰。

㉓ 大辟：死刑。

㉔ 屬：刑罰的條文。

㉕ 上下比罪：指無明文規定的罪，就上下比照刑律來定罪。

㉖ 僭（ㄐㄧㄢ丶）：差錯。　　辭：供詞。

㉗ 不行：指已廢除的法律。

㉘ 上刑：重刑。　　適：宜。

㉙ 下服：指服減輕的刑罰。服，服刑。

㉚ 權：變，指靈活處理。

㉛ 世輕世重：指根據社會情況定刑罰的輕重。

㉜ 齊非齊：指靈活調整輕重刑罰。非齊，指重刑、輕刑。

㉝ 倫：道理。　　要：要求。

㉞ 極：困厄。　　病：痛苦。

㉟ 佞：佞人，指巧言獻媚的人。　　折獄：審判。

㊱ 中：公正。

㊲ 差：指不一致。

㊳ 哀敬：即「哀矜」，哀憐。

㊴ 啟：開。　　胥（ㄒㄩ）：相。　　占：揣度。

㊵ 咸：都。

㊶ 孚：信。

㊷ 輸：變更。

㊸ 上備：指把案情寫成文書奏上朝廷。

譯文

　　王說：「啊！來，諸侯大夫們，我告訴你們善刑。現在你們安定百姓，要選擇什麼呢，不是吉人嗎？要謹慎什麼呢，不是刑法嗎？要考慮什麼呢，不是刑罰的公正適宜嗎？原告、被告都到齊了，法官便依照五刑審問口供；五刑的口供核實驗證之後，就按照五刑來治罪；如果用五刑治罪不能核實，就用五等罰金來治罪；如果用五等罰金不能使罪犯服從，就用五種過失來治罪。用五種過失治罪的弊端是：（法官）畏強權、報恩怨、通私情、受賄賂、受人請求，如果這樣的話，那麼法官的罪就與罪犯相同，要仔細核實啊。按照五刑所定的罪，有懷疑的可以從輕處治；按照五罰所定的罪，有懷疑的也可以從輕處治，都要仔細核實。核實檢驗罪犯，只有用審問的辦法來考察，不能核實的（案件），就不受理。

都要敬待上天的懲罰。

「判處墨刑而有疑問的，可從輕處治，罰金一百鍰，要核實他的罪行；判處劓刑而有疑問的，可從輕處治，罰金二百鍰，要核實他的罪行；判處剕刑而有疑問的，可從輕處治，罰金五百鍰，要核實他的罪行；判處宮刑而有疑問的，可從輕處治，罰金六百鍰，要核實他的罪行；判處死刑而有疑問的，可從輕處治，罰金一千鍰，要核實他的罪行。關於墨刑的處治條文有一千條，劓刑的處治條文有一千條，剕刑的處治條文有五百條，宮刑的處治條文有三百條，死刑的處治條文有兩百條。五刑的處治條文共三千條。

「無明文規定的罪行，就上下比照著刑法來定罪，不要錯亂了犯人的供詞，不要使用已廢棄的法律，判斷案件時要細細地考察、要依照刑法，要仔細地核實。重刑宜減輕，就服減輕後的刑罰，輕刑宜加重，就服加重後的刑罰，輕重刑罰都要靈活處理。刑罰的輕重還要根據社會情況而定，要靈活調整，這有一定的道理和要求。懲罰雖不置犯人於死地，但犯人會陷於懲罰的困苦之中。不要用巧言獻媚的人來審判案件，要用忠良的人來審判，那麼案件就沒有不公正的。仔細考察供詞中不一致的地方，那麼不服從的人就會服從。懷著哀憐的心來審判案件，明白地打開刑書仔細揣度，那麼案件就都會公正。對於刑法、懲罰，都要仔細核實。（這樣，）案件判定後，人們會信服，改變判決時，人們也會信服。判定後要把案情奏上朝廷，有時把兩種罪行合併為一種刑罰（也要統統奏上朝廷）。」

○ 原文

王曰：「嗚呼！敬之哉！官伯族姓 ①，朕言多懼。朕敬於刑，有德惟刑 ②。今天相民 ③，作配在下 ④。明清於單辭 ⑤，民之亂 ⑥，罔不中聽獄之兩辭 ⑦，無或私家於獄之兩辭 ⑧。獄貨非寶 ⑨，惟府辜功 ⑩，報以庶尤 ⑪。永畏惟罰，非天不中，惟人在命 ⑫。天罰不極 ⑬，庶民罔有令政在於天下 ⑭。」

王曰：「嗚呼！嗣孫，今往何監 ⑮，非德？於民之中 ⑯，尚明聽之哉！哲人惟刑，無疆之辭 ⑰，屬於五極 ⑱，咸中有慶。受王嘉

307

師⑲，監於茲祥刑⑳。」

注釋

① 官伯：諸侯，即上文「四方司政典獄」。　　族姓：同姓大臣。

② 有德：有德的人。　　惟：乃。　　刑：主持刑罰。

③ 相：助。

④ 作配：配合天意。

⑤ 明清：明察。　　單辭：一面之辭。

⑥ 亂：治。

⑦ 中聽：以公正的態度審理案件。　　兩辭：指原告、被告的說辭。

⑧ 私家：指謀利。

⑨ 獄貨：指判案時所受的賄賂。

⑩ 府：取。　　功：事。

⑪ 報：判決。　　尤：罪。

⑫ 在：終。

⑬ 極：至。

⑭ 令：善。

⑮ 今往：從今以後。

⑯ 中：案情。

⑰ 無疆：無窮。

⑱ 屬：合。　　五極：五刑。

⑲ 嘉：善。　　師：眾。

⑳ 監：視。　　茲：這。

譯文

　　王說：「啊！要謹慎啊！諸侯大夫們，我說的話多是讓人害怕的。我謹慎刑罰，便讓有德的人來主持。現在上天扶助民眾，我們在人間就要配合天意，要明察那些一面之辭。民眾得到治理，無不是因法官能公正地審理雙方的供詞，不要為私利而偏袒任何一方。判案所得的賄賂不是寶物，只是讓你獲得罪惡，這將要判

處眾人有罪。永遠要敬畏的就是刑罰，並不是上天不公正，是人自己終結了福命。上天如果不懲罰這些貪贓枉法的人，天下的民眾就沒有美好的政治了。」

王說：「啊！後世的子孫們，從今以後，你們效法什麼呢？難道不是美德嗎？對於民眾的案情，要明白地審理啊！只有明智的人才能主持刑罰，獲得無窮無盡的美譽，判案合於五刑，能都公正，這就是行善事，造福民眾。你們接受治理王朝善良的民眾，一定要重視這善刑啊。」

❀ 文侯之命

題解

◆ 文侯，指晉文侯，名仇，字義和。西周末期，周幽王荒淫無道，廢申后和太子宜臼，立寵妃褒姒為后，伯服為太子。申后的父親申侯便聯合犬戎攻打幽王。西周滅亡後，諸侯擁戴太子宜臼為周平王。晉文侯、鄭武公輔助平王遷都雒邑，建立東周，立下了汗馬功勞。本篇是平王表彰晉文侯偉大功績的冊書。今文《尚書》、古文《尚書》都有。

➲ 原文
平王錫晉文侯秬鬯、圭瓚①，作《文侯之命》。

注釋

① 錫：賜。 秬鬯（ㄐㄩˋ　ㄔㄤˋ）：黑黍酒，用於祭祀。圭瓚（ㄗㄢˋ）：古代用圭作柄的灌酒器。

譯文

平王賜給晉文侯秬鬯、圭瓚，（史官記載下來，）作了《文侯之命》。

➲ 原文

王若曰①：「父義和②！丕顯文武③，克慎明德④，昭升於上⑤，敷聞在下⑥，惟時上帝集厥命於文王⑦。亦惟先正⑧，克左右昭事厥辟⑨，越大小謀猷⑩，罔不率從⑪，肆先祖懷在位⑫。嗚呼！閔予小子嗣⑬，造天丕愆⑭。殄資澤於下民⑮，侵戎我國家純⑯。即我御事⑰，罔或耆壽俊在厥服⑱，予則罔克。曰惟祖惟父⑲，其伊恤朕躬⑳！嗚呼！有績予一人永綏在位㉑。父義和！汝克紹乃顯祖㉒，汝肇刑文武㉓，用會紹乃辟㉔，追孝於前文人㉕。汝多修㉖，扞我於艱㉗，若汝，予嘉㉘。」

注釋

① 若曰：這樣說。

② 父：天子對同姓諸侯的尊稱。

③ 丕：大。

④ 克：能。　　明：勉。

⑤ 昭：明。　　上：上天。

⑥ 敷：通「溥」，遍。　　下：人間。

⑦ 惟時：於是。　　集：降。　　厥：其。

⑧ 先正：指先王的眾臣。

⑨ 左右：輔佐。　　昭：通「詔」，導。　　辟：君。

⑩ 越：於。　　猷（一ㄡˊ）：謀。

⑪ 率：循。

⑫ 肆：故，所以。　　懷：安。

⑬ 閔：猶言「可憐」。予小子：平王自稱。嗣：指繼承王位。

⑭ 造：即遭，逢。　　愆：過失，此指災禍。丕愆，指西周滅亡，平王被迫東遷雒邑（詳見《史記·周本紀》）。

⑮ 殄：絕。　　資：財貨。　　澤：祿，俸祿、祿

⑯ 侵戎：侵伐，指兵禍。　　純：通「屯」，困難。

⑰ 即：今。　　御事：治事的官員。

⑱ 或：有。　　耆（く一ˊ）壽：六十歲的老人，後為對老人的通稱。。　　俊：通「駿」，長久。　　服：職位。

⑲ 曰：通「聿」，句首語氣助詞。

⑳ 其：副詞，表示祈使語氣。　伊：語氣助詞，無義。　恤：憂。　朕躬：我自身。

㉑ 績：功。　予一人：平王自稱。　綏（ㄙㄨㄟ）：安。

㉒ 紹：繼。　乃：你。

㉓ 肇（ㄓㄠˋ）：勉。　刑：法，指效法。

㉔ 會：會合。　紹：通「昭」，顯揚。

㉕ 追孝：指祖先過世，不能當面盡孝，故言「追孝」。　前文人：指祖先。文人，有文德的人。

㉖ 多：指戰功。　修：美。

㉗ 扞：同「捍」，保護。　艱：指艱難的時候。

㉘ 嘉：美。

譯文

　　平王這樣說：「伯父義和啊！偉大顯赫的文王、武王，能謹慎地、勉力地施行德政，他們的光輝明升到天上，美名廣布在人間，於是上帝把治理天下的大命降到文王身上。也因為過去的大臣，都能輔佐、引導、侍奉他們的君王，對於大大小小的謀略，沒有不遵從的，所以先祖們能安享君位。啊！可憐我小子剛繼位，就遇到上天降下大災禍，斷絕人們的財貨和祿位，造成兵禍，使我們國家遭受苦難。現在我的眾位治事官員，（如果）沒有年長德高的人長期在位，我就不能勝任（治理天下的事）。因此祖輩、父輩們，希望你們要為我分憂。啊！你們有功績，我就會永遠安然地在天子之位。伯父義和！你能夠繼承你顯赫的祖先，努力效法文王、武王，用會合他們的大道來顯揚你的君王，追孝你的祖先。你戰功卓著，在我危難的時候保衛了我，像你這樣，我要大加讚美。」

● 原文

　　王曰：「父義和！其歸視爾師 ①，寧爾邦 ②。用賚爾秬鬯一卣 ③；彤弓一 ④，彤矢百；盧弓一 ⑤，盧矢百；馬四匹。父往哉！柔遠能邇 ⑥，惠康小民 ⑦，無荒寧 ⑧。簡恤爾都 ⑨，用成爾顯德。」

注釋

① 指治理。　　師：眾，指民眾。

② 寧：安定。

③ 賚（ㄌㄞˋ）：賜。　　卣（一ㄡˇ）：古代盛酒的一種酒器，多為橢圓形，口小肚大。

④ 彤：紅色。

⑤ 盧：黑色。

⑥ 柔：安撫。　　能：親善。　　邇（ㄦˇ）：近。

⑦ 惠：愛。　　康：安。

⑧ 荒：荒廢政事。　　寧：指貪圖安樂。

⑨ 簡：指一心一意。

譯文

王說：「伯父義和！希望你回去治理你的民眾，安定你的國家。我來賜給你黑黍酒一壺；紅色的弓一張，紅色的箭一百枝；黑色的弓一張，黑色的箭一百枝；四匹馬。伯父去吧！安撫遠方的臣民，親善近處的鄰國，慈愛安定你的百姓，不要荒廢政事、貪圖享樂，要一心一意地顧慮你的國家，來成就你顯耀的美德。」

❀ 費　誓

題解

◆ 費（ㄅㄧˋ），古地名。在今山東費縣西北。誓，是作戰前鼓舞士氣、申明紀律的言辭。魯僖公時，東邊的徐戎、淮夷發動叛亂，於是僖公出兵討伐。本篇是僖公討伐徐戎、淮夷前，在費地發表的誓師辭。他告誡將士要積極備戰，謹慎言行，不要為非作歹，並申明了相應的處罰。關於本篇的創作時間，《書序》和《史記》認為是魯侯伯禽時；近人余永梁認為是春秋魯僖公時（見余永梁《〈柴誓〉的時代考》）。今從餘說。今文《尚書》、古文《尚書》都有此篇。

➲ 原文

魯侯伯禽宅曲阜①，徐、夷並興②，東郊不開③。作《費誓》。

注釋

① 伯禽：周公的兒子。　　宅：居。　　曲阜：魯國國都。
② 徐：徐戎，指徐州一帶的少數民族。　　夷：淮夷，指淮河一帶的少數民族。　　興：起，指作亂。
③ 東郊：指東郊之門。東郊不開，《孔疏》：「此戎夷在魯之東，諸侯之制，於郊有門，恐其侵逼魯境，故東郊之門不開。」

譯文

魯侯伯禽住在曲阜，徐戎、淮夷一同作亂，於是魯國緊閉東郊的城門。（魯侯將要出兵討伐，）作了《費誓》。（以上是序）

➲ 原文

公曰：「嗟！人無譁①，聽命。徂茲淮夷、徐戎並興②。善敹乃甲胄③，敿乃干④，無敢不吊⑤！備乃弓矢，鍛乃戈矛⑥，礪乃鋒刃⑦，無敢不善！今惟淫舍牿牛馬⑧，杜乃擭⑨，敜乃阱⑩，無敢傷牿⑪。牿之傷，汝則有常刑。

「馬牛其風⑫，臣妾逋逃⑬，勿敢越逐⑭，祗復之⑮，我商賚汝⑯。乃越逐不復，汝則有常刑。無敢寇攘⑰，踰垣牆，竊馬牛，誘臣妾，汝則有常刑。

「甲戌，我惟征徐戎。峙乃糗糧⑱，無敢不逮⑲，汝則有大刑⑳。魯人三郊三遂㉑，峙乃楨干㉒。甲戌，我惟築㉓，無敢不供，汝則有無餘刑㉔，非殺㉕。魯人三郊三遂，峙乃芻茭㉖，無敢不多，汝則有大刑。」

注釋

① 譁：喧譁。
② 徂：讀為「且」，今。　　茲：這。
③ 善：好。　　敹（ㄌㄧㄠˊ）：縫綴。　　乃：你。　　甲：

313

指穿在身上防禦兵器的軍衣。　　冑（ㄓㄡˋ）：頭盔。

④ 敿（ㄐㄧㄠˇ）：繫結。　　干：盾牌。

⑤ 吊：善。

⑥ 鍛：鍛鍊。

⑦ 礪：磨。

⑧ 淫：大。　　舍：放牧。　　牿（ㄍㄨˋ）：牛馬的圈。牿牛馬，指圈養的牛馬。

⑨ 杜：閉塞。　　擭（ㄏㄨㄛˋ）：捕獸的工具。

⑩ 敜（ㄋㄧㄝˋ）：填塞。　　阱：陷阱。

⑪ 牿：指上文「牿牛馬」。

⑫ 風：走失。

⑬ 臣妾：指奴隸。男為臣，女為僕。　　逋（ㄅㄨ）：逃跑。

⑭ 越：逾，指離開隊伍。

⑮ 祇（ㄓ）：敬。　　複：還。

⑯ 商：即賞。　　賚（ㄌㄞˋ）：賜。

⑰ 寇：搶劫。　　攘：偷竊。

⑱ 峙（ㄓˋ）：準備。　　糗（ㄑㄧㄡˇ）糧：乾糧。糗，指炒熟的米、麥等穀物。

⑲ 不逮：不及，指不準時到達。

⑳ 大刑：死刑。

㉑ 郊：指城外近郊。　　遂：遠郊之外。　　三郊三遂，據屈萬里，指魯國東西南三方的近郊、遠郊。成西元年《左傳疏》：「諸侯出兵，先盡三郊三遂，鄉遂不足，然後總征境內之兵。」

㉒ 楨干：築牆用的木板。楨，指立在兩端的木板。干，指立在兩邊的木板。

㉓ 築：修建壁壘。

㉔ 無餘刑：無不用之刑，指用盡各種刑罰。

㉕ 非殺：除了死刑。

㉖ 芻（ㄔㄨˊ）：新割的草。　　茭（ㄐㄧㄠ）：乾草。

譯文

秦誓

公說：「啊！將士們不要喧譁，聽我的命令！現在這淮夷、徐戎一同作亂。縫好你們的甲衣和頭盔，繫好你們的盾牌，不敢不準備好！準備你們的弓箭，鍛鍊你們的戈矛，磨利你們的鋒刀，不敢不準備好！現在要大放圈養的牛馬，關閉你們的捕獸工具，填塞你們捕獸的陷阱，不敢傷害這些圈養的牛馬。如果這些牛馬受到傷害，你們就要受到經常的刑罰。

「牛馬走失，男女奴隸逃跑，你們都不敢離開隊伍去追趕。如果追到了，能恭敬地還給失主，我將賞賜你們。如果離開隊伍去追趕，追到了也不還給失主，那麼你們就要受到經常的刑罰。不敢搶劫偷盜，如果翻過圍牆，偷竊人家的牛馬，引誘人家的男女奴僕，那麼你們就要受到經常的刑罰。

「甲戌這天，我要征伐徐戎。準備好你們的乾糧，不敢不準時到達，如果不準時到達，你們就要受到死刑。在魯國東西南三面近郊遠郊的人，要準備好你們的楨幹。甲戌這天，我要修築堡壘，不敢不供應，如果不供應，你們就要受到各種刑罰，除了死刑。在魯國東西南三面近郊遠郊的人，要準備好新割的草和乾草，不敢不充足，如果不充足，你們就要受到死刑。」

✿ 秦 誓

題解

◆ 本篇是秦穆公的誓詞。穆公討伐鄭國，大臣蹇叔極力勸諫，穆公不從。在行軍途中，聽聞鄭國已有防備，便率領軍隊返回。不想，當軍隊經過崤山時，遭遇了晉軍的伏擊，幾乎全軍覆沒。後來，晉國釋放秦軍將領，穆公便作了這番誓告，重在表明自己的悔過之心。今文《尚書》、古文《尚書》都有此篇。

○ 原文

秦穆公伐鄭，晉襄公帥師敗諸崤①，還歸②，作《秦誓》。

① 諸：之於。崤（ㄧㄠˊ）：山名，是晉國的要塞，在今河南省西部。

② 還歸：指晉國釋放秦軍的將領。

譯文

秦穆公討伐鄭國，晉襄公率領軍隊在崤山大敗秦軍，秦軍將領被晉國釋放回秦國，（穆公悔過，誓告群臣，）史官記載下來，作了《秦誓》。（以上是序）

⊃ 原文

公曰：「嗟！我士①，聽無譁！予誓告汝群言之首②。古人有言曰：『民訖自若③，是多盤④。』責人斯無難，惟受責俾如流⑤，是惟艱哉！我心之憂，日月逾邁⑥，若弗云來⑦。惟古之謀人，則曰未就予忌⑧；惟今之謀人，姑將以為親⑨。雖則云然，尚猷詢茲黃髮⑩，則罔所愆⑪。番番良士⑫，旅力既愆⑬，我尚有之⑭。仡仡勇夫⑮，射禦不違⑯，我尚不欲⑰。惟截截善諞言⑱，俾君子易辭⑲，我皇多有之⑳！昧昧我思之㉑，如有一介臣㉒，斷斷猗㉓，無他技，其心休休焉㉔，其如有容㉕。人之有技，若己有之。人之彥聖㉖，其心好之，不啻若自其口出㉗。是能容之㉘，以保我子孫黎民，亦職有利哉㉙！人之有技，冒疾以惡之㉚。人之彥聖，而違之俾不達㉛。是不能容，以不能保我子孫黎民，亦曰殆哉㉜！邦之杌隉㉝，曰由一人；邦之榮懷㉞，亦尚一人之慶㉟。」

注釋

① 士：群臣。

② 群言之首：指最重要的話。　　首，本。

③ 訖：盡。　　若：順。

④ 盤：樂。

⑤ 俾（ㄅㄧˋ）：使。

⑥ 逾：過。　　邁：行。

⑦ 若：就。　　云：無義的語詞。

⑧ 就：遷就。　　忌：忌恨。

⑨ 姑：姑且。

⑩ 猷（一ヌˊ）：通「猶」。　　茲：這。　　黃髮：老人。

⑪ 愆：過失。

⑫ 番：通「皤（ㄆㄛˊ）」，老人頭髮花白的樣子。

⑬ 旅：同「膂」（ㄌㄩˇ），力。愆（ㄑㄧㄢ）：通「騫」，虧損。

⑭ 有：親。下文「我皇多有之」同義。

⑮ 仡（一ˋ）仡：勇敢強壯的樣子。

⑯ 禦：駕車。　　違：差錯。

⑰ 欲：喜歡。

⑱ 截：善辯的樣子。　　諞（ㄆㄧㄢˇ）言：巧言。

⑲ 易辭：一作「易怠」。

⑳ 皇：大。

㉑ 昧昧：默默。

㉒ 介：個。

㉓ 斷斷：誠實專一。　　猗：通「兮」，語氣助詞。

㉔ 休休：寬容。

㉕ 其：乃。　　如：一作「能」。

㉖ 彥：美士，指賢良。　　聖：明哲。

㉗ 不啻（ㄔˋ）：不僅。

㉘ 是：實，的確。

㉙ 職：實。

㉚ 冒疾：即「嫉」，妒忌。　　惡（ㄨˋ）：厭惡。

㉛ 違：阻撓。　　不達：指不被重用。

㉜ 殆：危險。

㉝ 杌（ㄨˋ）隉（ㄋㄧㄝˋ）：不安。

㉞ 懷：安寧。

㉟ 尚：主。　　慶：善。

[譯文]

公說：「啊！我的官員們，聽我說，不要喧譁！我來告訴你

317

們最重要的話。古人說:『民能盡情地順從自己,是很快樂的。』責備他人並不困難,接受責備又能像水流一般順從,這樣就困難了!我心中的憂愁,是時間一天天過去,就不再回來。從前的謀臣,不遷就我,我反而忌恨他們;今天的謀臣,我姑且把他們當作親近的人。雖說這樣,我還是要詢問那些老人,這樣就不會有過失。白髮蒼蒼的忠良老臣,體力已經衰弱了,我還是要親近他們。勇敢強壯的武士,射箭、駕車的技術都不錯,我卻不大喜歡他們。那些善辯的、善說花言巧語的小人,使君子容易懈怠,我竟然大大地親近過他們!我默默地在想,如果有一個大臣,誠實專一,沒有其他的才能,他的心很寬容,那麼就能容人。他人有才能,就像自己有一樣。他人賢良明哲,他就發自內心地喜歡,不僅僅像他口中說的那樣。真的能夠容人,用他來保護我的子孫百姓,也真是有利啊!他人有才能,就妒忌而厭惡對方。他人賢良明哲,就加以阻撓使對方不被重用。真的這樣不能容人,用他就不能保護我的子孫百姓,也可以說是很危險的!國家的不安,是由於一個人;國家的興旺安寧,也主要是由於一個人的善良。」

國家圖書館出版品預行編目 (CIP) 資料

尚書新解 / 唐婷編譯. -- 初版. -- 臺北市：
華志文化事業有限公司, 2021.08 面 ;
公分. -- (諸子百家大講座 ; 22)
ISBN 978-986-06755-4-2(平裝)

1. 書經 2. 注釋

621.112　　　　　　110010495

系列／諸子百家大講堂 22

書名／尚書新解

書號／D022

華志文化事業有限公司

原著　不詳

編譯　唐婷

執行編輯　簡煜哲

美術編輯　楊雅婷

封面設計　王志強

文字校對　陳欣欣

企劃執行　張淑芬

總編輯　黃志中

社長　楊凱翔

出版者　華志文化事業有限公司

電子信箱　huachihbook@yahoo.com.tw

電話　0937075060

地址　116 台北市文山區興隆路四段九十六巷三弄六號四樓

總經銷商　旭昇圖書有限公司

地址　235 新北市中和區中山路二段三五二號二樓

電話　02-22451480

傳真　02-22451479

郵政劃撥　戶名：旭昇圖書有限公司（帳號：12935041）

出版日期　西元二○二一年十一月初版第一刷

Printed In Taiwan

版權所有　禁止翻印

本書由三晉出版社授權獨家發行繁體字版權

華志文化